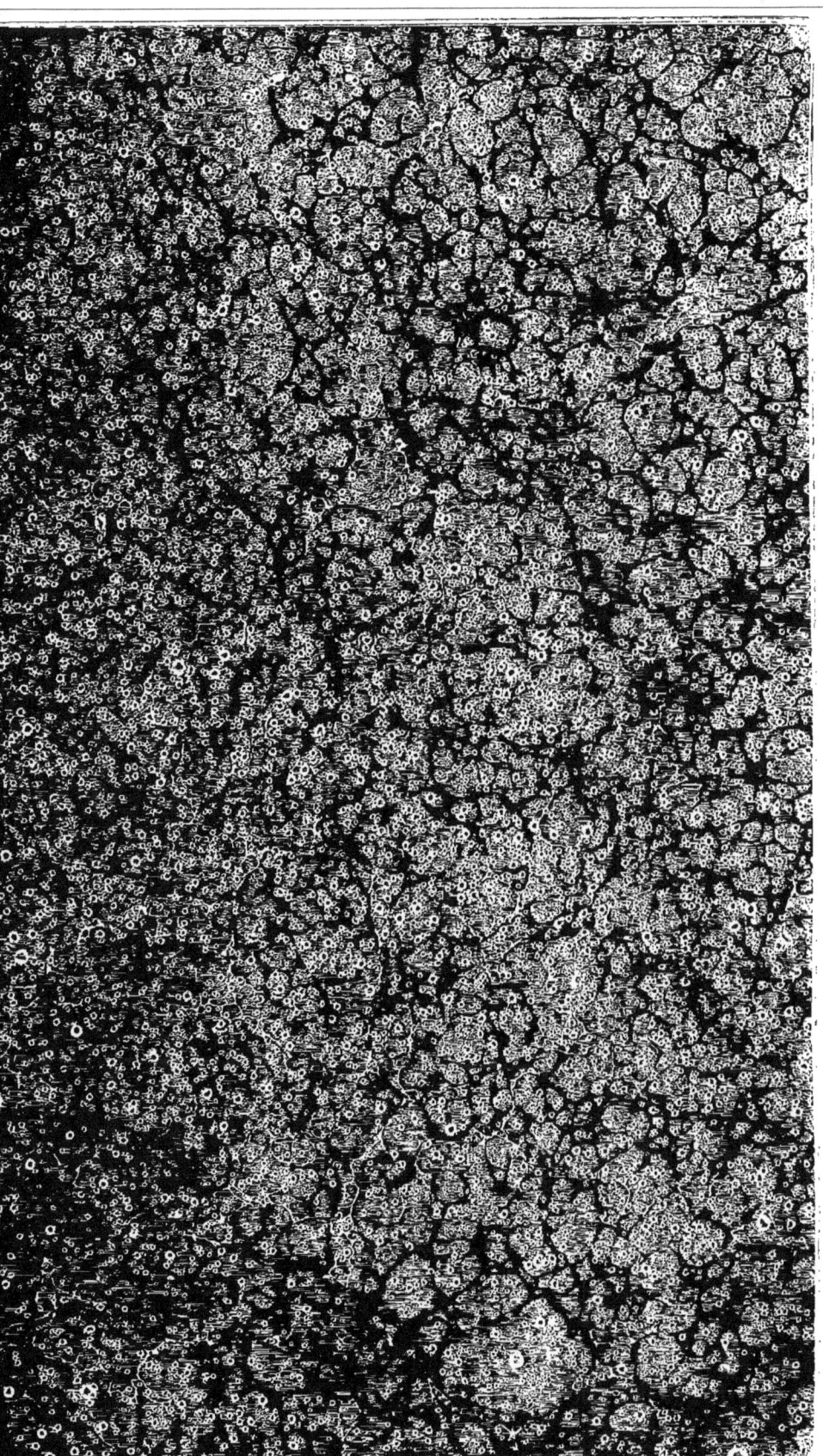

BIOGRAPHIE
DES PREMIÈRES ANNÉES
DE
NAPOLÉON BONAPARTE.

I.

Les contrefacteurs et débitants de contrefaçons seront poursuivis suivant toute la rigueur des lois.

Marc Aurel frères.

VALENCE, IMPRIMERIE DE MARC AUREL FRÈRES.

BIOGRAPHIE

DES

PREMIÈRES ANNÉES

DE

NAPOLÉON BONAPARTE

C'EST-A-DIRE DEPUIS SA NAISSANCE JUSQU'A L'ÉPOQUE DE SON
COMMANDEMENT EN CHEF DE L'ARMÉE D'ITALIE,

AVEC

UN APPENDICE

RENFERMANT DES DOCUMENTS OU INÉDITS OU PEU CONNUS, POSTÉRIEURS A CETTE ÉPOQUE.

PAR M. LE BARON DE COSTON,

LIEUTENANT-COLONEL D'ARTILLERIE EN RETRAITE,
Officier de l'ordre royal de la Légion-d'Honneur, chevalier de l'ordre royal et militaire
de Saint-Louis et de l'ex-ordre royal des Deux-Siciles.

TOME PREMIER.

PARIS,

LIBRAIRIE DE **MARC AUREL FRÈRES**, ÉDITEURS,
BOULEVART DES ITALIENS, 23.

VALENCE,
MÊME MAISON, RUE DE L'UNIVERSITÉ, 8.

—

1840.

DESSIN
d'un Front d'Hexagone régulier.

PRÉFACE.

Je pourrais dire au lecteur comme un ancien officier général d'artillerie : « Si mon ouvrage est bon, la préface n'est pas nécessaire ; » — « s'il est mauvais, elle est inutile ».

J'ajouterai seulement que, né à Valence, département de la Drôme, j'y ai connu toutes les personnes qui, à deux reprises différentes, ont eu, dans cette ville, avec Napoléon Bonaparte, des rapports intimes qu'elles ont entretenus plus tard avec le Grand Homme.

De plus, ayant servi pendant seize ans dans le 4ᵉ régiment d'artillerie à pied, qui, en Egypte, a reçu deux compagnies du 1ᵉʳ régiment de la même arme, j'ai aussi été à même de voir et d'entendre beaucoup d'officiers qui avaient connu particulièrement, dans ces deux corps, le Héros aux mânes de qui j'ose dédier cet ouvrage.

Par conséquent, j'ai pu, peut-être mieux que tout autre, recueillir une grande quantité de notes, de documents et d'anecdotes sur les premières années de Napoléon, soit à Valence, où je le répète, il a été deux fois en garnison, soit dans les 1er (la Fère) et 4e régiment d'artillerie (Grenoble), où il a successivement servi.

D'ailleurs, depuis long-temps je me suis livré avec persévérance à de nombreuses recherches ; j'ai entretenu une correspondance très-étendue et très-coûteuse ; enfin je puis assurer au lecteur que je n'ai négligé aucun des moyens possibles, pour satisfaire sa juste curiosité.

Heureux si mon travail, qui aura au moins le mérite d'être consciencieux, réveille le souvenir de ceux des anciens compagnons d'armes de Napoléon, qui eux-mêmes ne se sont pas encore endormis, et si les nombreux matériaux que j'ai recueillis avec une patience dont je ne me croyais pas capable, peuvent concourir à l'édification d'une partie du monument historique dont aucun architecte contemporain ne s'est encore occupé.

AVERTISSEMENT.

Le premier volume contient le texte de l'ouvrage et celles des pièces justificatives qui, trop courtes ou liées trop intimément avec le sujet, ne pouvaient en être séparées sans rompre le fil du discours.

L'Appendice, ou XXVe Chapitre, embrasse plusieurs documents peu, mal ou pas connus, qui se rapportent à une période postérieure à celle que j'ai décrite.

Ces pièces seront désignées par des lettres majuscules qui seront reproduites avec le numéro des pages, dans la table qui accompagnera cet Appendice.

J'ai cru devoir scinder quelques notes biographiques qui concernent des personnes avec qui Bonaparte a eu des relations, et cela pour que chacune de ces notes fût moins longue et que le lecteur fût moins long-temps distrait de l'objet principal.

On voudra bien avoir égard à la grande quantité de dates (parmi lesquelles plusieurs ont dû être doubles sous l'empire de deux calendriers) dont cet ouvrage est surchargé.

Le second volume renferme toutes celles des pièces justificatives qu'on n'a pas cru devoir intercaler dans le texte. Elles sont indiquées en chiffres romains, répétés avec le numéro des pages, dans la table qui précède ce volume.

Celles des pièces justificatives qui embrassent une période marquée sont comprises sous un seul numéro, mais elles sont différenciées entre elles par de petites lettres dans chaque cahier, dont la première page présente la classification.

Les dates que je ne connais qu'à huit ou dix jours près sont indiquées sous la forme dubitative, mais celles dont je n'ai pu approcher que de deux ou trois jours, sont insérées entre deux parenthèses dont la dernière est suivie d'un point d'interrogation.

Enfin, je recevrai, avec empressement et reconnaissance (sans qu'il soit nécessaire d'affranchir), tous les avis et toutes les observations qui tendraient à la rectification d'une erreur, au redressement d'une omission ou à l'amélioration d'un article incomplet.

BIOGRAPHIE
DES
PREMIÈRES ANNÉES
DE
NAPOLÉON BONAPARTE.

CHAPITRE Ier.

Généalogie (1), Naissance, Enfance de Napoléon;
son départ pour la France continentale.

(DU 15 AOUT 1769 A LA FIN DE 1778.)

Charles - Marie (2) Bonaparte était fort grand de taille, beau, bien fait; son éducation avait été soignée à Rome et à Pise, où il avait étudié la jurisprudence; il avait de la chaleur et de l'énergie; plein de patriotisme

---

(1) Le second volume de cet ouvrage, qui contient les pièces justificatives, présente la généalogie des trois branches de la famille Bonaparte sous les n°ˢ II, III, IV et V.

(2) Qu'on appelait communément Charles, comme on le verra plus tard. — Une fois pour toutes, je pré-

et de dévouement, on l'avait vu à la tête de sa piève (1), combattre avec courage, dans la guerre qu'il avait contribué à allumer contre les Génois, oppresseurs de son pays; aussi occupait-il un rang distingué dans l'estime de ses compatriotes et l'amitié de Paoli. C'est lui qui, à la Consulte extraordinaire de Corse où l'on proposait de se soumettre à la France, prononça un discours qui enflamma tous les esprits : « Si pour être libres il ne s'agissait » que de le vouloir, disait-il, tous les peuples » le seraient; cependant l'histoire nous apprend » que peu sont arrivés au bienfait de la » liberté, parce que peu ont eu le courage, » l'énergie et les vertus nécessaires. »

Charles Bonaparte avait épousé Mlle Marie-Letitia (2) Ramolino, dont la mère devenue

---

viens le lecteur que les membres de la famille Bonaparte introduisaient ou retranchaient indifféremment l'*u* dans leur nom.

(1) La *pieve* était une subdivision de la Corse.

(2) Qu'on appelait seulement *Letitia*, orthographe que je dois respecter, en copiant rigoureusement M. d'Hozier qui, dans sa lettre du 8 mars 1779, à Charles Bonaparte (pages 21 et suivantes), écrivait ainsi ce prénom, ayant sous les yeux les titres originaux de cette famille.

veuve, avait convolé avec M. Fesch, capitaine (1) dans un des régiments suisses que la république de Gênes entretenait en Corse (2).

Mme Letitia Bonaparte était une des plus belles femmes de son temps; sa beauté était connue dans l'île. Paoli, au temps de sa puissance, ayant reçu une ambassade de Tunis (3), et voulant donner aux Barbaresques une idée

---

(1) De ce second mariage est issu, le 3 janvier 1763, le cardinal Fesch, qui se trouve ainsi frère utérin de Madame et oncle de l'empereur.

(2) Suivant une autre version que je crois plus vraie, dans le régiment d'infanterie suisse de Boccard, au service de France depuis 1672.

(3) Un bâtiment tunisien, échoué sur les côtes de la Corse, avait été pillé par les habitants, qui avaient fait l'équipage prisonnier. Paoli, voulant donner une leçon d'humanité aux Barbaresques, et même à ses compatriotes, fit remettre à flot le bâtiment, en fit restituer la cargaison, et le renvoya avec son équipage au bey de Tunis, sous la conduite de deux officiers corses. Le souverain reconnaissant expédia au général Paoli une ambassade magnifique, pour le remercier en son nom du traitement généreux qui avait été exercé envers ses sujets. L'ambassade se rendit à Corté, remplit sa mission, et offrit à Paoli un cheval barbaresque avec une selle brodée en or, le mors et les étriers en argent, deux autruches et un tigre.

des attraits de la Corse, en rassembla toutes les beautés : Mme Bonaparte y tenait le premier rang (1).

La famille de Mme Letitia était originaire d'Italie, et issue des comtes de Colalto; le premier qui vint s'établir à Ajaccio, avait épousé la fille du doge de Gênes, et reçut, de cette république, de grandes distinctions.

Madame, lors de la guerre de l'indépendance corse, partagea souvent les périls de son mari. Elle le suivait à cheval dans ses expéditions, même pendant sa grossesse de Napoléon. Elle avait un grand caractère, de la force d'âme, beaucoup d'élévation et de fierté.

Mme Letitia Bonaparte qui, après l'échec décisif de *Ponte-Novo* (2), s'était réfugiée, avec Charles, sur le sommet *del Monte Rotondo*, avait reçu de M. le comte de Vaux, lieutenant-général, et commandant-général en Corse, des passeports pour se rendre à Ajaccio.

Ses larmes, et les supplications de Lucien Bonaparte, archidiacre d'Ajaccio, oncle de son

---

(1) Plus tard, dans un voyage qu'elle entreprit pour voir son fils à Brienne, elle fut remarquée même à Paris. Mais je n'ai pas la certitude du fait du voyage.

(2) Le 9 mai 1769.

mari, firent renoncer celui-ci à accompagner Paoli dans son exil (1).

Le 15 août 1769, Mme Bonaparte, encore souffrante des fatigues qu'elle avait éprouvées dans la guerre de la liberté, dont elle avait partagé les dangers avec les insulaires, touchait au terme de sa grossesse. Elle se crut assez de force pour assister à la solennité de la fête de l'Assomption; mais à peine fut-elle arrivée à l'église, qu'elle éprouva des douleurs, fut obligée de retourner chez elle à la hâte, atteignit avec peine son appartement, et déposa, sur un vieux tapis à grands dessins étendu sur un lit, dans la maison (2) de Charles Bonaparte, un enfant mâle qu'on

15 août 1769.

---

(1) Ce général s'embarqua à Porto-Vecchio, le 13 juin 1769, sur un vaisseau anglais.

(2) Cette maison forme un des côtés d'une cour qui donne dans la rue Saint-Charles, à Ajaccio; elle a appartenu à la famille Ramolino, et est dévolue par héritage à M. Napoléon Levie, qui, dit-on, l'a entièrement défigurée en la faisant restaurer à la moderne, en ne respectant pas même l'appartement où est né le grand homme, et en reléguant dans les combles les meubles dont il s'était servi.

Le prince de Joinville, lors de son voyage récent à Ajaccio, s'est procuré, dans cette maison, des fauteuils qu'il a fait emporter à Paris.

appela Napoléon (1), et qui fut aussitôt confié à Mammuccia Caterina (2).

Ainsi, dès les entrailles de sa mère, celui qui devait être le plus grand capitaine du siècle fut jeté au milieu des agitations de la guerre, comme s'il était destiné par la nature à la carrière des armes.

Ce fils fut le second de treize enfants qu'a eus Mme Letitia (3).

Quelques historiens ont prétendu que Napoléon, né, selon les uns, le 5 février 1768, et selon d'autres, le 15 août suivant, avait

---

(1) C'était, depuis des siècles, le nom que portait le second enfant de la famille Bonaparte, qui voulait ainsi conserver des relations avec un Napoléon des Ursins, célèbre dans les fastes militaires d'Italie.

(2) Suivant d'autres rapports, Napoléon aurait été allaité par Camilla Ilari, à qui, lors de son séjour à Ajaccio*, en revenant d'Egypte, il fit donation d'une maison et de plusieurs fonds.

Devenu empereur, Napoléon accorda sur sa cassette, à cette nourrice, une pension de 3,600 fr.

(3) Née le 24 août 1750, et mariée au commencement de 1767.

* Aussitôt après l'arrivée de Napoléon, Camilla Ilari se précipite vers lui, l'embrasse, et lui dit en lui offrant une bouteille de lait : « Món fils, je vous avais donné le lait de mon cœur ; il est tari, » et je vous offre celui de ma chèvre. »

plus tard porté la date de sa naissance au 15 août 1769.

Mais cette dernière époque est établie d'une manière irréfragable, par l'acte de baptême du 21 juillet 1771, par la note que donna sur son compte à Brienne, en 1783, M. de Keralio, maréchal-de-camp, sous-inspecteur, général des écoles royales militaires de France, et par le bulletin de sortie du 17 octobre 1784.

D'ailleurs, comment concilier les dates des 5 février et 15 août 1768 avec l'époque de la naissance de Joseph, frère immédiatement aîné de Napoléon, qui a eu lieu, sans aucune contradiction, le 7 janvier de la même année?

Caterina était entêtée, pointilleuse, en guerre continuelle avec tous ceux qui l'entouraient; elle se querellait surtout avec la grand'mère de Napoléon, qu'elle aimait pourtant beaucoup. Caterina était cependant bonne, affectueuse, et avait un soin particulier des enfants de sa maîtresse.

21 juillet 1771, acte de baptême de Napoléon Bonaparte (1).

21 juillet 1771.

---

(1) Cette pièce, écrite en italien et traduite en

Napoléon a dit au docteur Antomarchi, que lui aussi était entêté dans son enfance; rien ne lui imposait, rien ne le déconcertait; il était querelleur, lutin; il ne craignait personne; il battait l'un, il égratignait l'autre, et déjà se rendait redoutable à tous.

Son frère Joseph était celui avec qui Napoléon avait le plus souvent affaire. Le premier était battu, mordu, grondé, et n'était pas encore remis que le cadet avait déjà porté plainte; il était heureux d'être alerte, car Mme Letitia eût réprimé son humeur belliqueuse, et n'eût pas souffert ses algarades. La tendresse de cette mère était sévère; elle punissait, récompensait indistinctement; le bien, le mal, elle tenait compte de tout à ses enfants.

Le père, Charles Bonaparte, homme éclairé, mais trop ami des plaisirs pour s'occuper à fond de ses enfants, cherchait quelquefois à excuser leurs fautes auprès de leur mère, qui lui répondait : « *Laissez, ce n'est pas votre*

---

français, se trouve aux pièces justificatives sous le n° VI.

En Corse, on ajournait ainsi la cérémonie du baptême.

affaire ; c'est moi qui dois veiller sur eux. »
Elle y veillait en effet avec une sollicitude qui
n'a pas d'exemple. Les sentiments bas, les actions peu généreuses étaient écartés, flétris ;
elle ne laissait arriver à ses enfants que ce qui
était grand et élevé ; elle abhorrait le mensonge, sévissait contre la désobéissance ; elle
ne leur passait rien. En voici un exemple :

La famille Bonaparte avait des figuiers dans
une vigne ; Napoléon et Joseph les escaladaient. Ils pouvaient faire une chute, éprouver des accidents : Mme Letitia leur défendit
d'en approcher à son insu. Cette injonction
contraria surtout Napoléon ; mais elle était
faite, et il fallait s'y soumettre. Un jour, cependant, qu'il était désœuvré, ennuyé, il
s'avisa de convoiter les figues ; elles étaient
mûres ; personne ne l'observait, n'en devait
rien savoir : il s'éclipsa, courut à l'arbre, et
récolta tout. Son appétit satisfait et ses poches
garnies, il songeait à la retraite, quand un
garde parut. Napoléon, stupéfait, resta collé
sur la branche où il avait été surpris. Le garde
voulait l'enchaîner, le conduire à Mme Letitia :
la crainte inspira de l'éloquence au jeune prisonnier, qui dépeignit ses ennuis au garde,
lui promit de respecter les figues à l'avenir,

lui prodigua des promesses, et parvint à l'apaiser.

Napoléon se félicitait d'avoir échappé au danger; il se flattait que sa mésaventure ne transpirerait pas; mais le traître avait tout conté. Le lendemain, Mme Letitia feignit de vouloir cueillir des figues; il n'y en avait plus. Le garde survint : grands reproches, révélation, et le coupable expia sa faute.

Napoléon était entier; mais les emportements auxquels il s'abandonnait étaient souvent bien motivés.

1774. Vers l'année 1774, on l'avait mis dans une pension de petites demoiselles dont la maîtresse était de la connaissance de la famille Bonaparte. Napoléon était d'une jolie figure, seul de son sexe dans cet établissement, dont toutes les élèves le caressaient; mais il avait toujours ses bas sur ses souliers, et dans les promenades, il ne lâchait pas la main d'une charmante enfant, qui fut l'occasion de bien des rixes. Les camarades de Napoléon, espiègles comme lui, jaloux de sa *Giacominetta*, réunirent les deux circonstances dont je parle, et les mirent en chanson. Il ne paraissait pas dans la rue, qu'ils ne l'escortassent en fredonnant :

Napoleone, di mezza calzetta,
Fa l'amore à Giacominetta (1).

Il ne pouvait supporter d'être le jouet de cette cohue : bâtons, cailloux, il saisissait tout ce qui se présentait sous sa main, et s'élançait en aveugle au milieu de la mêlée. Heureusement, il se trouvait toujours quelqu'un pour séparer les contendants ; mais le nombre n'arrêtait pas Napoléon.

En 1777, Charles Bonaparte se rendit à Paris, accompagnant la députation que l'assemblée générale des États de Corse avait envoyée à Versailles auprès de Louis XVI.

A cette époque, deux lieutenants-généraux français se trouvaient dans cette île et s'en disputaient le commandement; leurs querelles y formaient deux partis : c'était M. le comte de Marbeuf, doux et populaire, et M. le vicomte de Narbonne, haut et violent; ce dernier, d'une naissance et d'un crédit supérieurs, devait être naturellement dangereux pour son rival. Heureusement pour M. de Marbeuf, plus aimé en Corse, la députation de cette province arriva à Versailles; Charles Bona-

---

(1) Napoléon, à moitié chaussé, fait la cour à Jacquette (Jacqueline).

parte fut consulté, et la chaleur de ses témoignages, ainsi que les démarches de M. de Marbeuf, évêque d'Autun (1), chargé de la feuille des bénéfices (2), et neveu du lieutenant-général de ce nom, firent triompher ce dernier, qui appuyait ses démarches de sa présence à Versailles (3). Ce prélat vint faire ses remercîments à Charles Bonaparte. De là l'intérêt et les rapports de bienveillance des Marbeuf envers la famille Bonaparte : la malignité s'est égayée à créer une autre cause.

C'est pendant son séjour à Versailles que Charles Bonaparte fut nommé assesseur à la justice royale d'Ajaccio, et directeur de l'une des trois pépinières que le roi avait ordonné d'établir en Corse.

---

(1) En avril 1767; sacré le 12 juillet suivant; chargé de la feuille des bénéfices en 1777; archevêque de Lyon en 1788.

(2) Ce qui équivalait à peu près à la dignité de ministre des cultes.

(3) Voir aux pièces justificatives, sous le n° XXIV, l'inscription que firent graver, en 1777, les États de l'île, en l'honneur de M. de Marbeuf, qui y revint triomphant, et de laquelle on peut induire que Charles Bonaparte, un des députés, fit en cette année un voyage à Paris.

Il reçut aussi, pour son fils Napoléon, une bourse à l'école royale militaire de la Flèche (1), qui, par la protection de la famille de Marbeuf reconnaissante, fut échangée contre une bourse à l'école royale militaire de Brienne-le-Château, en Champagne.

En d'autres termes, Napoléon fut nommé élève du roi (2) à l'école de Brienne.

Charles Bonaparte revint dans sa patrie satisfait de son voyage. Malgré son absence, ou plutôt à cause de cette absence, les affaires de sa maison étaient rétablies par les soins de

---

(1) Louis XVI ordonna, à cette époque, que l'école militaire de la Flèche, et la maison de Saint-Louis à Saint-Cyr, recevraient à ses frais des Corses nobles des deux sexes (les garçons devant y être élevés militairement).

Par ordre de ce monarque, d'autres bourses furent créées indistinctement dans le collège des Quatre-Nations, pour des jeunes gens roturiers de cette île.

Enfin, le roi admettait encore à ses frais, dans le séminaire d'Aix, vingt insulaires choisis par les États généraux de la Corse, concurremment avec les cinq évêques de l'île.

C'est dans cet établissement ecclésiastique qu'a été élevé le cardinal Fesch.

(2) On désignait ainsi les jeunes gens qui recevaient leur éducation, aux frais du souverain, dans les écoles militaires de France.

Madame et les économies de son vieil oncle Lucien (1), pourvu de l'archidiaconat d'Ajaccio, l'une des premières dignités de l'île.

Les libéralités de ce vénérable ecclésiastique, qui était riche, avaient comblé les dépenses occasionnées par le luxe de son neveu et les expéditions militaires qu'il avait commandées dans la guerre de l'indépendance.

Ce vénérable pasteur jouissait d'une grande considération et d'une véritable autorité morale dans le canton; il était le conseil des habitants, l'arbitre de leurs procès; pieux, instruit, doué de beaucoup de pénétration sous des formes simples et naïves, d'un caractère sage et enjoué, mais regrettant avec amertume ses chèvres (2) et les Génois.

1778. A la fin de 1778, Charles Bonaparte, dont le fils cadet, Napoléon, que sa précocité faisait

---

(1) Né en 1715.

(2) Plus tard, Napoléon déclamait devant son grand-oncle contre les chèvres trop nombreuses dans l'île, et qui y causaient de grands dégâts : il voulait qu'on les extirpât entièrement. Il avait à ce sujet des prises terribles avec le vieil archidiacre, qui en possédait de grands troupeaux et les défendait en patriarche. Dans sa colère, il reprochait à son petit-neveu d'être déjà un novateur, et accusait les idées philosophiques du péril de ses chèvres.

remarquer, était sur le point d'atteindre l'âge fixé pour entrer à l'École militaire (1), ayant d'ailleurs à faire les preuves de noblesse exigées (2), voulant aussi accompagner à Autun ses deux autres fils, Joseph et Lucien, pour qui il avait obtenu deux bourses au collége de cette ville par la protection de M. de Marbeuf, encore évêque de ce diocèse (3); Charles Bonaparte, dis-je, se mit en route pour le continent avec ses trois fils.

---

(1) Art. 15 de l'édit de Louis xv, en date de janvier 1751, portant création d'une école royale militaire, à Paris, où d'après l'ordonnance du 24 août 1760, les enfants étaient admis depuis l'âge de huit à neuf ans jusqu'à celui de dix à onze.

(2) Qui consistaient en quatre degrés, au moins, de noblesse de père, y compris le proposant, et ce, d'après des titres originaux.

(3) Et, quoique l'on ait dit le contraire, non encore archevêque de Lyon. (Voir la note 1 de la page 12.)

CHAPITRE II.

Florence; le grand Duc; collége d'Autun; Ch. Bonaparte à Paris; preuves de noblesse; admission à l'École royale militaire de Brienne; arrivée dans cet établissement.

(DE LA FIN DE 1778 AU 23 AVRIL 1779.)

A la fin de 1778, Charles Bonaparte partit d'Ajaccio pour la France avec ses trois fils, Joseph, Napoléon et Lucien.

Il passa à Florence (1), obtint une audience

---

(1) Ce qui prouverait, à l'appui de l'assertion de plusieurs historiens, que Charles Bonaparte et ses enfants passèrent à Florence, c'est que, plus tard, Napoléon, dans une de ses lettres impériales à son beau-frère le prince Borghèse, gouverneur-général du Piémont, dit : « *J'ai vu la Spezzia quand je suis venu pour la première fois de Corse sur le continent.* » Or, Napoléon n'aurait probablement pas reconnu ce golfe si, partant d'Ajaccio, il se fût dirigé sur un des ports de la Provence. Enfin Napoléon a dit à Sainte-Hé-

de l'archiduc d'Autriche, Pierre-Léopold-Joseph de Lorraine, grand-duc de Toscane, qui lui donna une lettre de recommandation pour sa sœur, Marie-Antoinette, reine de France.

Charles Bonaparte dut aussi cette faveur au rang et à la considération que la notoriété publique, à Florence, assignait à son nom et à son origine toscane.

Il profita de son séjour dans la capitale de ce duché pour se procurer quelques-uns des titres originaux de noblesse qu'il devait produire pour l'admission de son fils Napoléon à l'école de Brienne.

Janvier 1779. En janvier 1779, Charles Bonaparte arriva à Autun accompagné de ses trois fils.

Il laissa comme boursiers, au collége de cette ville (1), Joseph et Lucien, sous l'inspection de M. l'abbé de Va..... (2), qui ne se faisait pas scrupule, disait-on, de garder les

---

lène (et cela est encore plus clair) : « En allant de » Corse à Brienne, *j'ai vu la Toscane, Florence et le* » *grand-duc.* »

(1) Voir la page 15.

(2) Cet ecclésiastique devint un des grands-vicaires de ce diocèse, sans doute à son grand étonnement; plus tard il se maria, fut nommé commissaire des guerres, etc., etc.

petites sommes que la famille corse lui envoyait de temps en temps pour les fils Bonaparte, ce qui laissait ceux-ci, ou du moins Joseph (1) et Lucien (2), dans un dénûment auquel un de leurs professeurs a plus d'une fois pourvu.

Charles Bonaparte déposa provisoirement au même collége son autre fils Napoléon, et partit seul pour Versailles à l'effet d'y faire les preuves nécessaires.

« Napoléon avait alors neuf ans et demi. Il
» y apporta (au collége) un caractère sombre
» et pensif; il ne s'amusait avec personne et
» se promenait ordinairement seul, ayant,
» pour ainsi dire, l'air de calculer déjà l'ave-
» nir, du moins je le suppose (3) d'après une
» petite conversation auprès du poêle, dans

---

(1) Il y resta jusqu'en 1785, après avoir achevé ses humanités. *

(2) Il en partit vingt ou vingt-deux mois après y être entré.

(3) Fragment d'une lettre adressée par M. l'abbé Ch.... à M. l'abbé F...., extrait du *Recueil des Testaments remarquables*.

* Cependant il paraît, d'après une lettre du 12 ou du 13 septembre 1783, qu'on lira plus tard, que Joseph Bonaparte retourna en Corse, dans ladite année, avec son père malade.

» la salle d'études, entre lui et les autres pen-
» sionnaires, qui le contrariaient sur la prise
» de la Corse, et qui taxaient les habitants de
» lâcheté. Il écouta leurs réflexions avec cet
» air flegmatique et froid qui formait son ca-
» ractère; mais quand ils eurent fini, il al-
» longea avec vivacité et même avec humeur
» son petit bras de neuf ans et demi, et répon-
» dit que si l'on n'avait été que quatre contre
» un, on n'aurait jamais pris la Corse, mais
» qu'on était venu dix contre un. J'étais à côté
» de Napoléon, et je lui dis : *Cependant vous*
» *aviez un bon général dans Paoli.* Il me ré-
» pondit avec un air peiné : *Oui, monsieur, et*
» *je voudrais bien lui ressembler.*

» Il paraît que dès l'enfance le caractère de
» Napoléon s'était annoncé, puisque, quoique
» le cadet de Joseph, on l'avait destiné aux
» armes. Il avait beaucoup de dispositions,
» comprenait et apprenait facilement. Quand
» je lui donnais une leçon, il fixait sur moi ses
» regards, bouche béante; cherchais-je à ré-
» capituler ce que je venais de lui dire, il
» n'écoutait plus, et si je lui en faisais des
» reproches, il me répondait avec un air froid,
» on pourrait même dire impérieux : *Mon-*
» *sieur, je le sais.*

» Je ne l'ai eu que trois mois ; pendant ce
» temps, il a appris le français de manière à
» faire librement la conversation, et même de
» petits thêmes et de petites versions. »

En mars 1779, Charles Bonaparte, ayant remis son dossier héraldique (1) à M. d'Hozier de Sérigny, juge d'armes de la noblesse de France, et, en cette qualité, commissaire du roi pour certifier à Sa Majesté la noblesse des élèves des écoles royales militaires, chevalier, grand'croix honoraire de l'ordre royal de Saint-Maurice, de Sardaigne, en reçut la lettre suivante : Mars 1779.

Lettre de M. d'Hozier (2).	*Réponse de M. de Buonaparte.*
« Paris, 8 mars 1779.	« Versailles, 8 mars 1779.
	» Monsieur,
» Je vous prie, monsieur, de me mander quel est le nom de famille de madame votre épouse. Elle est nommée Maria-Letitia	» Le nom de famille de ma femme est celui de Ramolino, et il n'est guère possible de le traduire en français.

---

(1) Il est déposé aux archives générales du royaume. J'en ai analysé et classé chronologiquement les pièces qui m'ont servi à établir (pièces justificatives, n° IV) la généalogie de la famille Bonaparte, de Corse.

(2) L'original est ainsi écrit à mi-marge, avec la réponse en regard.

» Zemolina dans la permission que M. l'évêque d'Ajaccio donna, le 2 juin 1764, de vous marier. Le troisième nom est-il nom de famille ou un troisième nom de baptême ? Quelle est la première lettre de ce nom ? J'ai figuré cette lettre, plus haut, telle qu'elle l'est dans ledit acte de 1764. Comment ce nom doit-il se traduire en français ?

» Votre acte de baptême vous nomme Carlo-Mia : ce dernier nom, écrit en abrégé, est sans doute Maria. Vous vous appelez donc Charles-Maria, quoique vous n'ayez d'autre nom que celui de Charles, soit dans ledit acte de 1764, soit dans l'extrait de baptême de monsieur votre fils et dans l'arrêt de noblesse de 1771 ?

» Il est vrai que mon nom est de Charles-Marie, mais je ne me suis jamais servi que de celui de Charles.

» Votre nom est constamment écrit, dans les actes, même dans cet arrêt de noblesse, sans être précédé de l'article de; cependant vous signez de Buonaparte.

» La république de Gênes, depuis deux cents ans environ, a donné à mon ancêtre Jérôme le titre d'*egregium Hieronimum de Buonaparte*. Cet article a été omis, n'étant presque pas d'usage en Italie de s'en servir.

» Le même arrêt de noblesse de 1771 donne à votre famille le nom Bonaparte, et non Buonaparte : ne dois-je pas me conformer, pour l'orthographe, à celle dudit arrêt de 1771 ?

» L'orthographe de mon nom de famille est celui de *Buonaparte*.

» Vous donnerai-je, dans mon
» certificat de noblesse, la qua-
» lité de député de la noblesse de
» Corse?

» Je n'entends rien, monsieur,
» à l'explication de vos armes
» telle qu'on la lit dans votre in-
» ventaire; il faudra me les en-
» voyer peintes.

» Enfin comment faut-il tra-
» duire en français le nom de bap-
» tême de votre fils, qui est *Napo-
» leone* en italien ? .

» Vous voudrez bien répondre
» exactement à toutes les ques-
» tions que je vous fais dans cette
» lettre, vis-à-vis chaque article.

» J'ai l'honneur d'être, avec
» des sentiments respectueux,
» monsieur, votre très-humble et
» très-obéissant serviteur,

» D'HOZIER DE SÉRIGNY. »

» J'ai l'honneur d'être présenté
» le 10 de ce mois à Sa Majesté
» comme député de la noblesse
» corse.

» J'ai l'honneur de vous en-
» voyer les armes peintes telles
» que vous les désirez.

» Le nom *Napoleone* est ita-
» lien.

» J'ai l'honneur d'être, avec
» respect et reconnaissance, mon-
» sieur, votre très-humble et très-
» obéissant serviteur,

» DE BUONAPARTE. »

« *A M. de Buonaparte, député
» de la noblesse de Corse,
» chez M. Ratte, rue Saint-
» Médéric, à Versailles.* »

Le 10 mars 1779, Charles Bonaparte a dû être présenté à S. M. Louis XVI (1).

---

(1) D'après la réponse du 8 mars, à M. d'Hozier.

15 mars 1779.

Le 15 mars 1779, il écrivit de Versailles la lettre suivante à M. d'Hozier :

« J'ai l'honneur de vous faire passer les ar-
» moiries peintes de ma famille, avec la ré-
» ponse aux questions que vous m'avez faites,
» et je vous rends un million de grâces de la
» bonté que vous avez eue d'envoyer aussi
» promptement le certificat au ministre. »

Avril 1779.

Au commencement d'avril 1779, Charles Bonaparte, dont l'admission du fils à l'école de Brienne avait été prononcée, lui écrivit de Paris de s'y rendre d'Autun, tandis que lui-même allait l'y attendre pour le présenter.

23 avril 1779.

Le 23 avril 1779, Napoléon arriva à Brienne (1). Son père l'y avait précédé depuis cinq ou six jours (2).

25 avril 1779.

Le 25 avril 1779, Charles Bonaparte invita, de Brienne, M. Armand, commis de la

---

(1) M. de Champeaux a prétendu n'être arrivé à Brienne, avec son fils cadet et Napoléon, que le dimanche 25 avril 1779.

(2) M. d'Autun lui avait donné une lettre de recommandation pour la famille de Brienne, qui habitait pendant une partie de l'année le chef-lieu du comté de son nom.

loterie royale de France, à retirer des mains de M. d'Hozier de Sérigny les titres énoncés en l'inventaire, qui avaient été confiés à ce généalogiste pour être transmis au ministre de la guerre, qui avait dû les lui renvoyer (1).

---

(1) M. Armand reçut les pièces de M. d'Hozier à qui il en donna décharge au pied dudit inventaire, le 2 juillet 1779.

CHAPITRE III.

Arrivée à l'école militaire de Brienne-le-Château ; Napoléon fabuliste ; cartel ; départ pour Paris.

(DU 25 AVRIL 1779 AU 17 OCTOBRE 1784.)

Le nombre des élèves de ce collége (1) n'excédait guère cent dix, dont cinquante aux frais du roi, qui payait pour chacun 600 livres par an, et soixante environ aux frais de leurs parents, qui étaient astreints à une pension de 700 livres.

Le monastère, desservi par des minimes, n'avait que 8 ou 10,000 livres de rente.

On dit que ces moines étaient bien infé-

---

(1) Dans la ci-devant Champagne ; aujourd'hui dans le département de l'Aube, arrondissement de Bar-sur-Aube.

rieurs en connaissances aux congrégations qui dirigeaient les autres écoles militaires.

Obligés d'avoir recours à des professeurs étrangers, et trop pauvres pour leur assurer un traitement convenable, ils n'avaient que des sujets médiocres (1).

La pauvreté de ces moines n'attirait pas beaucoup de sujets chez eux; ils ne pouvaient pas se suffire, et ils eurent recours aux minimes de la Franche-Comté, qui envoyèrent à Brienne, sous le principalat de M. Dupuis (2) et le sous-principalat de M. Berton, le père Patrault comme professeur de mathématiques (3), homme assez ordinaire, qui aimait

---

(1) A quinze ans, un élève ne pouvait plus rien apprendre chez eux, parce qu'on ne pouvait plus rien lui enseigner.

Il est étonnant qu'avec une telle pénurie de professeurs savants, tous les élèves ne soient pas restés dans une triste médiocrité : ceux qui s'y distinguaient ne le devaient donc qu'à leur naturel heureux et à la force de leur caractère, sans lesquels ils ne pouvaient un jour se faire remarquer par de grands talents et une haute capacité.

(2) Mort depuis à la Malmaison, où il occupait l'emploi de bibliothécaire particulier de Napoléon.

(3) Après la révolution de 1789, il rentra dans la vie séculière, et devint secrétaire du général Bonaparte quand celui-ci commanda en chef l'armée d'Italie.

beaucoup Napoléon, dont il faisait grand cas.

Une tante de Pichegru, sœur de la charité, suivit ce minime à Brienne, et y amena son neveu Pichegru, alors jeune, Franc-Comtois comme elle, et à qui l'on donna gratuitement la même éducation qu'aux élèves.

Pichegru (1), doué d'une grande intelligence, devint, aussitôt que son âge le permit, un des maîtres de quartier, et répétiteur, pour les quatre règles d'arithmétique, du père Patrault, son professeur de mathématiques, qui a eu ainsi la gloire de compter parmi ses élèves deux des plus grands généraux de la France moderne.

Un autre professeur à l'école de Brienne, était le père ***, qui fut sécularisé par M. de Brienne, archevêque de Sens et cardinal de Lomenie (2).

---

(1) Pichegru songeait à se faire minime : c'était là toute son ambition, c'étaient les idées de sa tante; mais le père Patrault l'en dissuada en lui disant que leur profession n'était plus du siècle, qu'il devait songer à quelque chose de mieux, ce qui le porta à s'enrôler dans le régiment d'artillerie de Metz, où il devint bientôt après bas-officier, et obtint sous la république le grade de général de division et les fonctions de général en chef.

(2) Ce père ***, s'étant réclamé de son ancien

L'aumônier était le père Charles, qui enseigna le catéchisme à Napoléon et lui fit faire sa première communion (1).

élève, le suivit à l'armée d'Italie, où il se montra plus propre à calculer la courbe des projectiles que décidé à en braver les effets.

Il fut employé à Milan dans l'administration des domaines, et avait gagné plus d'un million de francs lorsque le général Bonaparte revint d'Egypte à Paris.

Deux ans après, chétif, mal vêtu, et ruiné à la suite de banqueroutes qu'on attribuait à l'usure, il vint revoir le premier consul, qui répondit à ses doléances : « *J'ai déjà payé ma dette; je ne peux plus désormais rien pour vous. Je ne saurais faire deux fois la fortune d'un homme.* » Et le premier magistrat de la république lui fit donner une petite pension.

(1) En 1790, lorsque Napoléon, lieutenant d'artillerie, allait d'Auxonne à Dôle, où était alors retiré le père Charles, il ne manquait jamais d'aller le visiter.

Devenu premier consul, Napoléon n'oublia pas cet ecclésiastique vénérable, lui accorda une pension de 1,000 fr., lui en adressa le brevet, en lui disant dans une lettre autographe : « *Je n'ai point oublié que c'est à votre vertueux exemple et à vos sages leçons que je dois la haute fortune à laquelle je suis arrivé. Sans la religion, il n'est point de bonheur, point d'avenir possible. Je me recommande à vos prières.* »

Quelque temps après, Napoléon, traversant Dôle pour aller en Italie, où il allait ouvrir sa plus brillante campagne, voulut revoir le père Charles; il le fit appeler auprès de sa voiture pendant qu'on re-

Il y avait dans l'école un maître d'écriture, qui donna pendant quinze mois des leçons à Napoléon (1); un maître d'escrime, le sieur Daboval (2), qui donna aussi des leçons à Napoléon.

---

layait. Touché de cette attention délicate, le vieux pasteur ne put que verser des larmes en abordant le héros; mais au moment du départ, il s'écria d'une voix prophétique : « *Vale prosper, et regna!* »

(1) Le premier consul venait d'être proclamé empereur : un homme âgé, et d'une mise plus que modeste, arrive à Saint-Cloud, et sollicite du grand-maréchal Duroc la faveur d'une audience particulière du souverain.

Introduit presque aussitôt dans le cabinet de Napoléon : « Qui êtes-vous, et que me voulez-vous ? » demande sèchement l'empereur. — « Sire, » lui répond le solliciteur, fort intimidé, « c'est moi qui ai eu le » bonheur de donner des leçons d'écriture à Votre » Majesté, pendant quinze mois, à Brienne. » — « Le » bel élève, ma foi, que vous avez fait là ! » répond vivement l'empereur; « je vous en fais mon compli- » ment. » Puis, se prenant à rire de sa vivacité, Napoléon, en le congédiant, lui adresse quelques paroles bienveillantes, et ajoute : « C'est bien, c'est » bien; je n'oublierai pas mon maître d'écriture. »

En effet, quelques jours après, le professeur de Brienne reçut le brevet d'une pension de 1,200 fr.

(2) Devenu sous-officier de gendarmerie, et retiré à Nogent-sur-Seine (Aube), où il est mort, au commencement de février 1834, âgé de plus de quatre-vingts ans.

Enfin, et pour terminer la liste, sans doute incomplète, des diverses personnes attachées à l'école de Brienne pendant que Napoléon y était (1), je citerai le sieur Hauté et sa femme, concierges (2).

En arrivant à Brienne, Napoléon avait été reçu dans une salle où se trouvait le portrait du duc de Choiseul (3). La vue de cet homme,

---

(1) Après la sortie de Napoléon, les minimes de Brienne firent venir de Paris deux professeurs, MM. Durfort et des Ponts. Sans ce secours, l'école ne pouvait plus aller.

(2) Ils furent ensuite concierges à la Malmaison, où ils sont morts.

(3) Comme secrétaire-d'État, ayant le département de la guerre, le duc de Choiseul était de droit surintendant des écoles royales militaires.

Ce n'est pas précisément sous son ministère qu'a été érigé en école militaire le collège de Brienne*, mais au commencement de l'administration de son successeur, le comte de Saint-Germain, et d'après le travail du duc de Choiseul.

* Par sa déclaration du 1er février 1776, le monarque, confirmant l'édit rendu par son aïeul en janvier 1751 (notes 1 et 2 de la page 15), porte de cinq cents à six cents le nombre des élèves, qui, au lieu d'être réunis, comme auparavant, dans les établissements de Paris et de la Flèche, seront, à l'avenir, répartis dans divers colléges et pensionnats.

Par le réglement du 28 mars 1776, les dix colléges et pensionnats suivants furent désignés sous le titre d'écoles royales militaires :

Beaumont, Brienne, Effiat, Pont-à-Mousson, Pont-le-Voy, Rabais, Sorrèze, Tiron, Tournon et Vendôme**.

S. M. établit un concours annuel dans le collége de Brienne, etc.

** Plus tard, Auxerre.

qui avait trafiqué de la Corse (1), lui avait arraché une expression flétrissante : c'était déjà un blasphème qui devait effacer ses succès futurs. Mais le vif regret que lui causait la soumission de sa patrie à la France était l'idée dominante du jeune Napoléon, si profondément gravée dans son âme, qu'elle l'éloignait de ses camarades ; il ne prenait que rarement part à leurs jeux et à leurs exercices, et se tenait, pour ainsi dire, en constante communication avec ses auteurs de mathématiques ou avec Plutarque; enfin la lecture était, pour ce jeune élève, une passion poussée jusqu'à la rage.

Le nom de Napoléon, que son accent corse lui faisait prononcer à peu près *Napoilloné*, lui valut de ses nouveaux camarades le sobriquet de *la Paille-au-nez*.

Le premier ami de Napoléon, à Brienne, fut M. Fauvelet de Bourienne (2), qui se livrait

---

(1) En qualité de ministre secrétaire-d'état, ayant déjà le département de la guerre et celui des affaires étrangères. Le traité par lequel la république de Gênes mit cette île à la disposition de la France est du 15 mai 1768, ratifié par Louis XV le 15 août suivant.

(2) Lors de la seconde campagne d'Italie, Bou-

aussi avec une ardeur particulière à l'étude des sciences mathématiques, et qui, par son naturel doux, prévenant et modeste, savait captiver l'amitié de tous ses compagnons.

25 août 1780. Le principal de l'école de Brienne avait le prénom de *Louis*. Le 25 août 1780, les élèves avaient fabriqué, pour sa fête, des pétards qui étaient rangés sur un banc : le feu y prit par accident. Bonaparte, quoique tout proche, n'eut aucun mal; mais le jeune Gudin, qui était à côté de lui, fut tout noir de l'explosion.

Un jour, le maître du quartier, brutal de sa nature, sans consulter les nuances physiques du jeune Napoléon, dont la vie studieuse et retirée arrêtait le développement, le condamna à porter l'habit de bure et à dîner à genoux sur le seuil de la porte du réfectoire. C'était une espèce de déshonneur. Bonaparte avait beaucoup d'amour-propre, une grande fierté intérieure : le moment de l'exécution

---

rienne devint secrétaire intime du général en chef*
des armées d'Italie et d'Égypte, du premier consul,
et chargé d'affaires à Hambourg..... Il est mort, je
me tais.

* Qui l'avait fait rayer de la liste des émigrés.

fut celui d'un vomissement subit et d'une violente attaque de nerfs. Le supérieur, qui passait par hasard, l'arracha au supplice en grondant le maître de son peu de discernement; et le père Patrault, son professeur de mathématiques, accourut et se plaignit que, sans nul égard, on dégradait ainsi son premier élève.

Dévoré du désir d'apprendre, et déjà pressé du besoin de parvenir, Napoléon se faisait remarquer de ses maîtres par une application forte et soutenue; il était, pour ainsi dire, le solitaire de l'école.

On croit que l'éloignement de Napoléon pour ses condisciples prenait aussi sa source dans les douceurs qu'ils se donnaient, et dont il était privé.

La lettre suivante, si elle est réelle, le prouverait:

« De l'école militaire de Brienne, le 5 avril 1781.

» Mon père,

» Si vous ou mes protecteurs ne me donnent
» pas les moyens de me soutenir plus hono-
» rablement dans la maison où je suis, rap-
» pelez-moi près de vous, et sur-le-champ.

» Je suis las d'afficher l'indigence, et d'y voir
» sourire d'insolents écoliers qui n'ont que
» leur fortune au-dessus de moi, car il n'en
» est pas un qui ne soit à cent piques au-
» dessous des nobles sentiments qui m'ani-
» ment. Eh quoi! monsieur, votre fils serait
» continuellement le plastron de quelques
» nobles *paltoquets* qui, fiers des plaisirs qu'ils
» se donnent, insultent en souriant aux pri-
» vations que j'éprouve! non mon père, non.
» Si la fortune se refuse absolument à l'amé-
» lioration de mon sort, arrachez-moi de
» Brienne; donnez-moi, s'il le faut, un état
» mécanique : que je voie des égaux autour
» de moi, je saurai bientôt être leur supérieur.
» A ces offres, jugez de mon désespoir. Mais,
» et je vous le répète, je préfère être le pre-
» mier d'une fabrique que l'artiste dédaigné
» d'une académie.

» Cette lettre, veuillez le croire, n'est point
» dictée par le vain désir de me livrer à des
» amusements dispendieux; je n'en suis pas
» du tout épris : j'éprouve seulement le besoin
» de montrer les moyens que j'ai de me les
» procurer comme mes compagnons d'études.

» Buonaparte. »

Napoléon se livrait presque exclusivement à l'étude des mathématiques, et y obtenait de grands succès. La chimie, la physique et l'astronomie étaient à peu près négligées à l'école de Brienne. Napoléon n'avait de dispositions ni pour les arts d'agrément, ni pour les langues étrangères, ni pour la littérature.

Cependant, en 1782, il composa la fable suivante (1) :

1782.

« LE CHIEN, LE LAPIN ET LE CHASSEUR.

» César, chien d'arrêt renommé,
» Mais trop enflé de son mérite,
» Tenait arrêté dans son gîte
» Un malheureux lapin de peur inanimé.
» Rends-toi ! lui cria-t-il d'une voix de tonnerre
» Qui fit au loin trembler les peuplades des bois :
» Je suis César, connu par ses exploits,
» Et dont le nom remplit toute la terre.
» A ce grand nom, Jeannot-Lapin,
» Recommandant à Dieu son âme pénitente,
» Demande d'une voix tremblante :
» Très-sérénissime mâtin,
» Si je me rends, quel sera mon destin ?
» — Tu mourras. — Je mourrai ! dit la bête innocente.
» Et si je fuis ? — Ton trépas est certain.
» — Quoi ! reprit l'animal qui se nourrit de thym (2),

---

(1) Tirée du cabinet de M. le comte de Weymars.
(2) Je copie.

» Des deux côtés je dois perdre la vie ?
» Que votre auguste seigneurie
» Veuille me pardonner, puisqu'il me faut mourir,
    » Si j'ose tenter de m'enfuir.
» Il dit, et fuit en héros de garenne.
» Caton l'aurait blâmé : je dis qu'il n'eut pas tort ;
» Car le chasseur le voit à peine
» Qu'il l'ajuste, le tire....... et le chien tombe mort.
» Que dirait de ceci notre bon Lafontaine ?
    » Aide-toi, le ciel t'aidera.
» J'approuve fort cette méthode-là.

M. le comte Durosel de Beaumanoir, maréchal-de-camp (1), commandait à Ajaccio sous les ordres de M. le comte de Marbeuf, dont la résidence était à Bastia. Dans ses tournées d'inspection de troupes, et dans ses voyages à Cargèse, où il faisait bâtir un château, M. de Marbeuf passait et s'arrêtait à Ajaccio chez M. de Beaumanoir, qui lui faisait avec empressement ses honneurs, en invitant à sa table et à ses soirées l'élite de la population de cette ville.

Ce fut ainsi que M. Durosel fit la connais-

---

(1) Commandeur de l'ordre de Saint-Louis en 1777, lieutenant-général des armées du roi le 1ᵉʳ janvier 1784, et grand'croix en 1787, en dédommagement du commandement en chef de l'île, dont le priva le marquis de Jaucourt, qui remplaça M. de Marbeuf.

sance de la famille Bonaparte. Vers 1782, il fut dans le cas de rendre un service à Charles Bonaparte (1).

Le jour des fêtes auxquelles devaient assister tous les habitants de Brienne, on établissait des postes pour maintenir l'ordre dans

---

(1) Peu de temps après la translation du gouvernement consulaire aux Tuileries, Napoléon reçut une lettre assez singulière de M. Durosel de Beaumanoir, alors émigré et retiré à Jersey.

La manière dont cette lettre fut accueillie, les faits qu'elle contenait, et la réponse qu'y fit faire le premier consul, prouvent combien ceux-là se trompent qui affectent de croire qu'au temps de sa haute fortune Napoléon craignait qu'on lui rappelât le souvenir de temps moins heureux.

M. Durosel de Beaumanoir disait, entre autres choses :

« Vous vous ressouviendrez, citoyen premier consul,
» que lorsque monsieur votre père fut obligé d'aller
» retirer messieurs vos frères du collége d'Autun *,
» d'où il fut vous voir à Brienne, il se trouva sans
» argent comptant. Il me demanda 25 louis, que je
» lui prêtai avec plaisir. A son retour, il n'eut pas
» occasion de me les rendre; et lorsque je quittai
» Ajaccio, madame votre mère m'offrit de se défaire
» de quelque argenterie pour me les donner. Je re-
» jetai cette offre en lui disant que quand elle pour-

* Il paraîtrait néanmoins que Joseph et Lucien Bonaparte (notes 1 et 2 de la page 19), entrés ensemble au collége d'Autun, n'en sont pas sortis en même temps, ce qui prouverait qu'en route Charles Bonaparte a modifié son projet de les ramener tous les deux.

l'école : personne ne pénétrait dans l'intérieur sans une carte signée du principal ou du sous-principal.

Comme les grades d'officiers et de bas-officiers ne se conféraient qu'aux meilleurs sujets,

---

» rait le faire, je laisserais à M. Souirez le billet de
» monsieur votre père, et qu'elle le reprendrait à sa
» commodité. Je juge qu'elle n'a pas trouvé le mo-
» ment favorable, lorsque la révolution est arrivée,
» pour effectuer son désir.

» Vous trouverez singulier, citoyen premier consul,
» que pour une somme aussi modique, j'aille troubler
» vos occupations ; mais ma position est si dure que
» ce petit objet serait quelque chose pour moi. Chassé
» et exilé de ma patrie, obligé de me réfugier dans
» cette île, dont le séjour m'est aussi odieux que dis-
» pendieux, ce sera une ressource pour moi si vous
» voulez me faire toucher cette petite somme, qui
» jadis m'aurait été indifférente.

» Vous conviendrez, citoyen premier consul, qu'à
» quatre-vingt-six ans *, après avoir bien servi la
» patrie pendant près de soixante ans **, sans la
» moindre interruption et sans parler du temps de
» l'émigration, chassé de partout, j'ai été obligé de
» me réfugier ici pour y subsister avec les faibles
» secours que le gouvernement accorde aux émigrés
» français. Je dis émigrés, parce qu'on m'a obligé de
» l'être : je n'en avais pas la moindre idée ; mais j'a-
» vais commis un grand crime vis-à-vis une horde de

* Il était donc né vers 1717.
** Il serait entré au service en 1733.

il arriva à Bonaparte, qui commandait un poste, une petite aventure qui prouva la fermeté de son caractère.

Le 25 août 1782, M.ᵐᵉ Hauté, concierge de l'école (1), et qui était bien connue des élèves,

25 août 1782.

» brigands venus dans ma maison, à Caen, pour
» m'assassiner, parce que je me trouvais le plus an-
» cien général du canton, et que j'étais décoré de la
» grande croix de Saint-Louis *, c'en était trop
» pour eux. Je vivais là tranquille et retiré de toutes
» les affaires du monde. Sans les cris de mes voisins,
» j'étais assassiné ; on enfonçait ma porte, et je n'eus
» que le temps de fuir par une porte de derrière, sans
» emporter autre chose que ce que j'avais sur le
» corps. »

Je supprime le reste de la lettre, dans lequel M. Durosel de Beaumanoir traçait un tableau aussi simple que touchant de sa malheureuse position.

Napoléon la lut en entier. Pendant cette lecture, il était sous l'influence d'une émotion visible et qu'il manifestait rarement à un degré aussi éminent.

Quand il l'eut terminée : « Cela est sacré, » dit-il en se tournant vers son secrétaire : « ne perdez pas
» une minute. Ce bon vieillard !...... Envoyez dix fois
» la somme. Écrivez au général Durosel que j'aurai
» soin de lui. Je veux qu'il soit immédiatement rayé
» de la liste des émigrés !..... Que de mal ont fait ces
» brigands de la Convention !..... Je le vois, je ne
» pourrai jamais tout réparer. »

(1) Note 2 de la page 32.

* En 1787, comme on a vu.

puisqu'elle leur vendait journellement du lait, du fruit et des gâteaux, se présenta pour assister à la représentation de *la Mort de César, corrigée*, dans laquelle M. de Bourienne jouait le rôle de Brutus.

Comme cette femme n'avait pas de carte d'entrée, et qu'elle insistait, en faisant du bruit, dans l'espérance de passer outre, le sergent du poste en fit son rapport à l'officier Napoléon de Bonaparte, qui, d'une voix impérieuse, s'écria : « *Qu'on éloigne cette femme,* » *qui apporte ici la licence des camps.* »

1783. En 1783, Mgr le duc d'Orléans et Mme de Montesson (1) vinrent à Brienne. Le magnifique château du comte de ce nom (2) fut pendant plus d'un mois un petit Versailles; on embellit par les plus brillantes fêtes le séjour des augustes voyageurs, auxquels une magnificence presque royale fit oublier un moment les palais qu'ils venaient de quitter.

---

(1) Déjà mariée à ce prince avec le consentement conditionnel du roi, qui portait : qu'elle ne changerait pas de nom; qu'elle ne s'attribuerait aucune prérogative de princesse du sang; qu'elle ne déclarerait point son mariage, et ne paraîtrait jamais à la cour.

(2) Note 2 de la page 24.

Le 25 août 1783, Mgr le prince et Mme de Montesson (1) voulurent bien présider à la distribution des prix de l'école royale. Bonaparte eut avec M. de Bourienne le prix de mathématiques, partie à laquelle le premier

---

(1) Lorsque Bonaparte fut élevé au consulat, il fit prier Mme de Montesson de se rendre aux Tuileries. Dès qu'il la vit, il alla au-devant d'elle et l'engagea à demander tout ce qui pourrait lui plaire : « Mais, gé-
» néral, je n'ai aucun droit à tout ce que vous voulez
» bien m'offrir. » — « Vous ne savez donc pas, ma-
» dame, que j'ai reçu de vous ma première couronne ?
» Vous vîntes à Brienne, avec Mgr le duc d'Orléans,
» distribuer les prix, et en posant sur ma tête le lau-
» rier précurseur de quelques autres : *Puisse-t-il vous*
» *porter bonheur*, me dîtes-vous. Je suis, assure-t-on,
» fataliste, madame; ainsi il est tout simple que je
» n'aie pas oublié ce dont vous ne vous souvenez plus.
» Je serai charmé de vous être utile. D'ailleurs, le ton
» de la bonne compagnie est à peu près perdu en
» France; il faut qu'il se retrouve chez vous. J'aurai
» besoin de quelques traditions; vous voudrez bien
» les donner à ma femme; et lorsque quelque étranger
» marquant viendra dans la capitale, vous lui offrirez
» des fêtes, pour qu'il soit convaincu que nulle part
» on ne peut avoir plus de grâce et d'amabilité. »
Le premier consul fit restituer à Mme de Montesson les 60,000 livres de rente qui lui avaient été léguées par le duc d'Orléans et confisquées par la nation.
Quelque temps après, Mme de Montesson, mourante, se fit porter à Saint-Cloud, et obtint de l'em-

avait à peu près borné ses études, et dans laquelle il excellait.

12 ou 13 sept. 1783.

Le 12 ou le 13 septembre 1783 (1), Napoléon écrivit de Brienne, la lettre suivante à son père (2) :

« Votre lettre, comme vous le pensez bien, » ne m'a pas fait beaucoup de plaisir; mais la

---

pereur Napoléon la promotion à la dignité de sénateur de M. le lieutenant-général vicomte de Valence, son petit-neveu par alliance, et neveu direct du lieutenant-général du même nom, qui avait été gouverneur de l'école militaire de Paris quand Napoléon y était élevé.

Le 5 février 1806, Mme de Montesson, née en 1737, remariée en 1773, expira peu après sa visite à l'empereur. Le 18 novembre 1785, le duc d'Orléans l'avait précédée dans la tombe.

(1) Cette lettre est évidemment du 12 ou du 13, puisque Napoléon y dit, dans le dernier paragraphe, que M. l'inspecteur arrivera à Brienne le 15 ou le 16 au plus tard.

Enfin cette lettre est de septembre, parce que c'était pendant ce mois seulement, après les examens d'août et les distributions de prix qui avaient lieu le 25, jour de la Saint-Louis, que les inspecteurs-généraux des écoles royales militaires de France faisaient leur tournée dans ces établissements.

(2) Cette lettre, et plusieurs autres que j'insérerai

» raison de cet intérêt de votre santé et de
» celui de la famille, qui me sont fort chers,
» m'a fait louer votre retour en Corse, et m'a
» consolé tout-à-fait. D'ailleurs, étant assuré
» de la continuation de vos bontés, de votre
» attachement, et de votre empressement à
» me faire sortir et à seconder ce qui peut me
» faire plaisir, comment ne serais-je pas bien-
» aise et content? Cela étant, je m'empresse
» de vous demander des nouvelles de l'effet
» que les eaux ont fait sur votre santé, et de
» vous assurer de mon respectueux attache-
» ment et de mon éternelle reconnaissance.

» Je suis charmé que Joseph soit venu en
» Corse avec vous, pourvu qu'il soit ici le
» 1er de novembre, ou aux environs de cette
» époque. Joseph peut venir ici, parce que le
» père Patrault, mon maître de mathémati-
» ques, que vous connaissez, ne partira point.
» En conséquence, M. le principal me charge
» de vous assurer qu'il sera très-bien reçu ici,

---

dans cet ouvrage, ont été récemment copiées en Corse sur les originaux, par M. Blanqui, membre de l'académie des sciences morales et politiques; elles sont entre les mains de M. Bracini, ancien homme d'affaires de la famille Bonaparte, habitant à Ajaccio.

» et qu'en toute sûreté il peut venir ici. Le
» père Patrault est un excellent maître de
» mathématiques, et il m'a assuré qu'il s'en
» chargera avec plaisir; et si mon frère veut
» travailler, nous pourrons aller ensemble à
» l'examen d'artillerie. Vous n'aurez aucune
» démarche à faire pour moi, puisque je suis
» élève; maintenant, il faudrait en faire pour
» Joseph; mais puisque vous avez une lettre
» de lui, tout est dit. Ainsi, mon cher père,
» j'espère que vous aimerez mieux le placer à
» Brienne qu'à Metz, pour plusieurs raisons :
» 1° parce que cela sera une consolation pour
» Joseph, pour Lucien (1) et pour moi;
» 2° parce que vous seriez obligé d'écrire au
» principal de Metz, ce qui tardera encore,
» parce qu'il vous faudra attendre sa réponse;
» 3° parce qu'il n'est pas ordinaire, à Metz,
» d'apprendre ce qu'il faut que Joseph sache,
» en six mois : en conséquence, comme mon
» frère ne sait rien en mathématiques, on le
» mettrait avec des enfants, ce qui le dégoû-
» terait. Ces raisons, et beaucoup d'autres,
» doivent vous engager à l'envoyer ici, d'au-

---

(1) Il paraîtrait que Lucien est allé d'Autun à Brienne. (Note 2 de la page 19.)

» tant plus qu'il sera mieux. Ainsi, j'espère
» qu'avant la fin d'octobre j'embrasserai Jo-
» seph. Au reste, il peut très-bien ne partir
» de Corse que le 26 ou 27 octobre, pour être
» ici le 12 ou 13 novembre prochain.

» Je vous prie de me faire passer Boswell
» (*Histoire de Corse*), avec d'autres histoires
» ou mémoires touchant ce royaume (1). Vous
» n'avez rien à craindre; j'en aurai soin, et
» les ramènerai en Corse avec moi quand j'y
» viendrai, fût-ce dans six ans. Adieu, mon
» cher père. Chevalée vous embrasse de tout
» son cœur; il travaille fort bien, et a très-
» bien su à l'exercice public (2). M. l'inspec-
» teur sera ici le 15 ou le 16, au plus tard,
» c'est-à-dire dans trois jours. Aussitôt qu'il
» sera parti, je vous manderai ce qu'il m'a
» dit. Présentez mes respects à mamma Sa-
» veria, zia (3) Gertruda, zio (4) Nicolino.
» Mes compliments à mamma Francesca, Santo,
» Juana, Ignazio. Je vous prie d'avoir soin

---

(1) Napoléon s'occupait déjà d'une histoire de la Corse, dont il sera parlé à plusieurs reprises.

(2) Nouvelle preuve que ces exercices précédaient les tournées des inspecteurs.

(3) Tante.

(4) Oncle.

» d'eux. Donnez-moi de leurs nouvelles, et
» dites-moi s'ils sont à leur aise.

» Je finis en vous souhaitant une santé aussi
» bonne que la mienne.

» Votre très-humble et très-obéissant fils,

» DE BUONAPARTE cadet. »

Les élèves de Brienne étaient invités alternativement à la table du principal de l'école. Le tour de Bonaparte étant venu, des professeurs, qui le savaient admirateur de Paoli, affectèrent d'en mal parler : « Paoli, » répliqua son jeune compatriote, « était un grand » homme; il aimait son pays; et jamais je ne » pardonnerai à mon père, qui a été son ad- » judant, d'avoir concouru à la réunion de la » Corse à la France. Il aurait dû suivre sa » fortune, et succomber avec lui. »

15 ou 16 sept. 1783. Le 15 ou le 16 septembre 1783, arriva à Brienne M. le chevalier de Keralio, maréchal-de-camp et sous-inspecteur-général des écoles royales militaires de France (1).

---

(1) M. de Keralio était auteur d'une *Tactique*, et avait été précepteur du duc de Deux-Ponts, depuis roi de Bavière, décédé en 1825.

C'était un vieillard aimable, des plus propres aux fonctions dont il était chargé ; il aimait les enfants, jouait avec eux après les avoir examinés, et retenait avec lui, à la table des minimes, les élèves qui lui avaient plu.

Il avait conçu une affection toute particulière pour le jeune Napoléon, qu'il se plaisait à exciter de toutes manières. Il le nomma pour se rendre à Paris. L'enfant n'était fort que sur les mathématiques, et les moines représentèrent qu'il serait mieux d'attendre à l'année suivante (1), afin de lui donner le temps de se fortifier dans la langue latine, ce que ne voulut pas entendre le chevalier de Keralio, disant : « Je sais ce que je fais. Si je » passe ici par-dessus la règle, ce n'est point » une faveur de famille ; je ne connais pas » celle de cet enfant ; c'est tout à cause de lui-» même. J'aperçois ici une étincelle qu'on ne » saurait trop cultiver. »

Enfin M. de Keralio rédigea la note suivante :

---

(1) Non pas pour le faire passer à Paris, mais seulement pour demander cette faveur.

« ÉCOLE DE BRIENNE.

» *État des élèves du roi susceptibles, par leur âge, d'entrer au service ou de passer à l'école de Paris, savoir :*

» M. de Bonaparte (Napoléon), né le 15 août 1769. — Taille de 4 pieds 10 pouces 10 lignes; de bonne constitution; excellente santé; caractère soumis. Il a fait sa quatrième. Honnête et reconnaissant; sa conduite est très-régulière. Il s'est toujours distingué par son application aux mathématiques; il sait passablement l'histoire et la géographie; il est faible dans les exercices d'agrément. Ce sera un excellent marin. Mérite de passer à l'école de Paris » (1).

1783. A la fin de 1783, et après la retraite de M. de Keralio, Charles Bonaparte adressa au maréchal marquis de Ségur, alors ministre

---

(1) Ce bon chevalier, qui fut bientôt admis à la retraite, mourut peu de temps après.

M. de Reynaud de Mons, brigadier de dragons, qui remplaça M. de Keralio, n'en avait pas la perspicacité; mais il se conforma à ses notes, et l'année suivante, comme on le verra, Napoléon alla à Paris.

de la guerre, une demande (1) dans laquelle il le suppliait de faire placer Napoléon, et d'admettre Lucien à Brienne, aux frais du roi.

Ce placet n'eut pas de suite, parce que, d'après le réglement du 26 juillet précédent, les familles n'étaient autorisées à proposer qu'un seul enfant à la fois, et ne pouvaient obtenir de place pour un second que lorsque l'éducation du premier était entièrement terminée.

Ceux des élèves de Brienne qui cherchaient à contrarier Napoléon feignaient de ne pas comprendre le mot *assesseur*, qui était le titre de son père, et publiaient qu'il était tout simplement huissier.

Le 8 octobre 1783, un écolier nommé Pougin des Ilets, avec qui il se disputait, ne craignit pas de lui dire : « *Votre père est un* » *misérable sergent.* »

8 octobre 1783.

Napoléon se retire avec stupeur, revient bientôt avec un cartel, qui, au lieu d'être remis par un de ses camarades à celui qui venait de l'insulter, tomba entre les mains du préfet des classes; celui-ci condamna Bonaparte à

---

(1) Pièces justificatives, n° VIII.

la chambre de discipline, et Pougin aux arrêts. C'est dans ces circonstances que Napoléon écrivit à M. le comte de Marbeuf, alors à Sens (1), une lettre qu'il termine ainsi :

« Maintenant, monsieur le comte, si je suis
» coupable, si ma liberté m'est ravie à juste
» titre, veuillez ajouter aux bontés dont vous
» m'avez honoré la grâce de me retirer de
» Brienne et de me priver de votre protec-
» tion : ce serait un vol que je ferais à qui
» saurait mieux la mériter que moi. Non,
» monsieur, jamais je n'en serais plus digne;
» je ne me corrigerais point d'une impétuosité
» d'autant plus dangereuse que j'en crois le
» motif sacré. Quel que fût l'intérêt qui me le
» commandât, je n'aurais pas la force de voir
» traîner dans la boue un homme d'honneur,
» mon père, mon respectable père ! Sous ce
» rapport, monsieur le comte, je sentirais
» toujours trop vivement pour me borner à
» en porter plainte à mes chefs; je serais tou-
» jours persuadé qu'un bon fils ne doit point
» commettre un autre à venger un pareil ou-
» trage. Quant aux bienfaits que vous fîtes

---

(1) Chez Mme d'Espinal, avec l'abbé Raynal, le marquis de Saillant et le prieur de Chambonas.

» pleuvoir sur moi, ils seront sans cesse pré-
» sents à ma pensée ; je me dirai : J'avais ac-
» quis une honorable protection ; mais pour
» en profiter, il fallait des vertus que le ciel
» m'a refusées.

» Veuillez, généreux protecteur, ne voir
» dans la présente qu'un jeune homme qui
» préfère à la fortune la douce satisfaction de
» ne point affliger un jour son respectable
» bienfaiteur.

» Napoléon Buonaparte. »

La société de Mme d'Espinal était réunie dans son salon quand un domestique du comte de Marbeuf lui remit la lettre venue de Brienne. Il n'en avait pas terminé la lecture qu'il s'écria que c'était une injustice. La lettre passa de main en main, et l'on prononça unanimement que le jeune écolier n'avait fait qu'obéir aux deux premiers sentiments de la nature, l'honneur et la piété filiale ; on insista enfin pour que M. de Marbeuf partît au plus tôt pour Brienne, où il ferait cesser les persécutions exercées contre son protégé.

Le 9 octobre, le commandant-général de la Corse était en effet chez le directeur de l'école, et une heure après son arrivée,

Napoléon fut mis en liberté, d'après les instances de son protecteur, qui lui dit : « Quel-
» que légitime que soit votre ressentiment,
» je vous en commande le sacrifice, parce que
» je suis certain que jamais outrage ne vous
» sera fait. Soyez désormais moins facile à vous
» irriter; car celui qui se met en colère pour
» de bons motifs finit par s'emporter pour des
» riens. »

Cet événement, minime en apparence, eut cependant pour Napoléon de très-grands résultats. Ses camarades, frappés de l'énergie qu'il avait déployée, ne se hasardèrent plus à le mortifier; ils prirent une haute idée de son courage et de ses qualités personnelles.

Hiver de 1783 à 1784. Dans l'hiver de 1783 à 1784, les inclinations guerrières de Napoléon purent se manifester. Déjà il préludait, dans l'art de la fortification, à l'application de la pratique à la théorie. Sous sa direction, ses camarades construisirent dans la cour de l'école des fortifications en neige qui, pendant quinze jours, c'est-à-dire jusqu'au dégel, furent successivement prises et reprises par ce nouvel ingénieur; tantôt assiégeant, tantôt assiégé, et toujours victorieux, il excita l'admiration de toute l'école et des spectateurs étrangers, émerveillés de la fécondité de ses ressources, de ses ruses et de la précision de ses commandements.

Le 25 avril 1784, Napoléon aurait, par une lettre pressante, prié son père de le mettre de suite à même de restituer à un de ses camarades 200 livres que ce dernier lui avait prêtées ou fait prêter par sa famille.

25 avril 1784.

Le 2 juin 1784, Mme Letitia, qui avait reçu cette lettre à Ajaccio, tandis que son mari était à Bastia, adressa à Napoléon une lettre de change de 300 livres, tirée sur la maison Bahic.

2 juin 1784.

Le 22 juin 1784, Marie-Anne Bonaparte fut reçue à la maison royale de Saint-Louis, établie à Saint-Cyr, comme pensionnaire du roi (1).

22 juin 1784.

---

(1) Charles Bonaparte avait produit pour sa fille les mêmes pièces que pour Napoléon. (Pièces justificatives, n° IV, et de plus des pièces particulières à elle, sous le n° IX.)

Je mentionne la réception de Marie-Anne à la maison de Saint-Louis, parce que plusieurs biographes ont avancé que déjà, en 1779, elle y avait été admise (lorsque Napoléon arriva à Brienne), tandis qu'elle n'y a été nommée que le 24 novembre 1782.

Enfin, comme on a nié qu'en 1792 Bonaparte soit retourné de Corse à Paris, je prouverai qu'à cette

1ᵉʳ septemb. 1784.

Le 1ᵉʳ septembre 1784, Napoléon Bonaparte fut nommé à une place d'élève du roi à l'école militaire de Paris (1).

« Le 17 octobre 1784, est sorti de l'école
» royale militaire de Brienne M. Napoléon de
» Buonaparte, écuyer, né en la ville d'Ajaccio,
» de l'île de Corse, le 15 août 1769, fils de
» noble Charles-Marie Buonaparte, député
» de la Noblesse de Corse, demeurant en la-
» dite ville d'Ajaccio, et de dame Letitia Ra-
» molino, sa mère, suivant l'acte porté au
» registre de réception, f° 31, reçu dans cet
» établissement le 23 avril 1779 » (2).

époque il partit de la capitale avec cette même sœur, obligée de quitter la maison de Saint-Louis, qu'on venait de supprimer.

(1) Par ordonnances des 17 juillet et 18 octobre 1777, sur les écoles royales militaires, le roi s'était réservé de placer dans la compagnie des cadets gentilshommes de l'école royale militaire de Paris, et d'y entretenir à ses frais * ceux des élèves des écoles royales militaires des provinces qui s'étaient distingués par la pureté de leurs mœurs, leur docilité, leur aptitude aux sciences et les progrès qu'ils avaient faits.

(2) Bulletin de sortie de Napoléon.

* Le prix de la pension, pour les non-pensionnaires du roi, était fixé à 2,400 livres pour la première année (à cause des frais d'équipement), et à 2,000 livres pour chacune des années suivantes.

Le 17 octobre 1784, Napoléon partit de Brienne pour Paris (1).

17 octobre 1784.

---

(1) Un grand nombre de détails sur la jeunesse de Napoléon, rapportés en différents écrits, ont été originairement puisés dans une brochure de 45 pages, publiée en l'an 6 de la république, par conséquent après la paix de Campo-Formio, à Paris, chez Dupont, sous ce titre : *Quelques notices sur les premières années de Bonaparte, recueillies et publiées en anglais par un de ses condisciples, enfin traduites en français par le citoyen Bourgoing.*

L'original * était l'ouvrage d'un émigré ; on l'a même attribué à Phelipeaux, ancien camarade de Napoléon, et qui contribua puissamment à la défense de Saint-Jean-d'Acre, où il avait été amené d'Angleterre par le commodore Sidney-Smith. Quoi qu'il en soit, l'auteur de cet écrit, qui, dit-on, porte le caractère de la vérité, le terminait ainsi : « Tel est
» l'homme dont j'ai vu les talents et les vertus au ber-
» ceau. Je ne serai point taxé de partialité à son égard.
» Dans sa première jeunesse, je le considérais, je
» l'admirais même quelquefois, mais je ne l'aimais
» pas, et lui, très-peu liant, ne faisait pas d'exception
» en ma faveur. Depuis, je l'ai perdu de vue. Je n'at-
» tends ni ne crains rien de lui. Peut-être ne serai-je
» jamais son concitoyen, mais je m'honorerai tou-
» jours d'avoir été son condisciple. »

* Je n'ai pu me procurer ni l'original, ni la traduction.

CHAPITRE IV.

Arrivée à l'École royale militaire de Paris; Napoléon législateur; mort de Charles Bonaparte, son père; lieutenant en second; départ pour Valence.

(DU 19 OCTOBRE 1784 AU COMMENCEMENT D'OCTOBRE 1785.)

Le 19 octobre 1784, Napoléon arriva à Paris avec quatre de ses condisciples, nommés comme lui élèves de l'école royale militaire de cette capitale : MM. Nicolas-Laurent Montarby de Dampierre, Jean-Joseph de Cominges, Henri-Alexandre-Léopold de Castries, et Pierre-François-Marie Laugier de Bellecourt (1).

Ces cinq élèves furent accompagnés jusqu'à

19 octobre 1784.

(1.) Aucun de ces quatre élèves n'entra dans l'artillerie aussitôt que Napoléon.

Paris (1) par un minime chargé de veiller sur eux, et jusqu'à Nogent-sur-Seine, où ils prirent le coche, par leur camarade Bourienne, qui allait à Sens, son pays, faire une visite à sa mère.

A l'école militaire de Paris, Napoléon reçut des leçons de mathématiques du célèbre Monge et de M. M.-J.-B. Labbey (2).

M. de l'Éguille, professeur d'histoire (3),

---

(1) Ainsi, Napoléon n'a pu être vu seul dans les rues de la capitale, ni recueilli par l'oncle de Mme la duchesse d'Abrantès, qui est encore dans l'erreur lorsqu'elle assure que ses parents faisaient souvent sortir de l'école militaire de Paris leur jeune compatriote.

Les élèves de cet établissement n'en sortaient jamais, pas même pendant les vacances, ni avec leurs parents, qui ne pouvaient les visiter qu'à de certaines heures de jours déterminés, et en présence d'un officier attaché à l'école, ni, à plus forte raison, avec des étrangers.

(2) Mort à la fin de 1825.

(3) Il était souvent reçu à la Malmaison par Napoléon, premier consul, qui lui dit un jour : « De toutes » vos leçons, celle qui m'a laissé le plus d'impres- » sions, c'est la *Révolte du connétable de Bourbon*. Mais » vous aviez tort de me dire que son plus grand crime » avait été de faire la guerre à son roi : son véritable » crime fut d'être venu attaquer la France avec les » étrangers. »

dans le compte qu'il rendit de ses élèves, avait ainsi noté le jeune Napoléon : « *Corse de nation* » *et de caractère, il ira loin si les circonstances* » *le favorisent.* »

Ce professeur avait vu plus loin que les autres, et se vantait que si l'on faisait des recherches dans les archives de l'École militaire, on y trouverait qu'il avait prédit une grande carrière à son élève, en exaltant dans ses notes la profondeur de ses réflexions et la sagacité de son jugement.

M. Domairon, professeur de belles-lettres, disait qu'il avait toujours été frappé de la bizarrerie des amplifications de Napoléon : il les avait appelées dès-lors *du granit chauffé au volcan.*

Un seul s'y trompa, ce fut M. Bauer, le gros et lourd maître d'allemand. Le jeune Napoléon ne faisait aucun progrès dans cette langue, ce qui avait inspiré un profond mépris à M. Bauer, qui ne supposait rien au-dessus. Un jour que l'écolier ne se trouva pas à sa place, le maître d'allemand s'informa où il pouvait être. On lui répondit qu'il subissait alors un examen préparatoire pour l'artillerie. « Mais, est-ce qu'il sait quelque chose ? » disait ironiquement l'épais M. Bauer. « Comment,

» monsieur! mais c'est le plus fameux mathé-
» maticien de l'école, » lui répondit-on. « Eh
» bien, je l'ai toujours entendu dire, et je
» l'avais toujours pensé, que les mathémati-
» ques n'allaient qu'aux bêtes » (1).

A l'école militaire de Paris, Bonaparte, au milieu de trois cents élèves, ne se lia d'abord qu'avec MM. de Lauriston et Dupont; il contracta ensuite pour le chevalier des Mazis une amitié qui est devenue intime.

1785. Au commencement de 1785, c'est-à-dire à peine arrivé à l'école, Napoléon la trouva sur un pied si brillant (2), si dispendieux, pour l'éducation physique et morale que l'on y recevait, qu'il crut devoir rédiger un mémoire qu'il adressa au sous-principal Berton (3). Il y démontrait que le plan de cette éducation

---

(1) « Il serait curieux, » disait Napoléon à Sainte-Hélène, « de savoir si M. Bauer a vécu assez long-
» temps pour jouir de son jugement. »

(2) Pièces justificatives, n° x, où l'on voit le tableau de l'état-major-général de l'école, indépendant de plusieurs bas-officiers, instructeurs secondaires, tambours, palfreniers, et du nombreux personnel scientifique, dont je n'ai pu énumérer que quelques membres.

(3) A l'école de Brienne.

était réellement pernicieux, et ne pouvait atteindre le but que tout gouvernement sage devait se proposer. Il appuyait fortement sur les résultats de cette éducation, et prétendait que « les élèves du roi, tous pauvres gentils-
» hommes, n'y pouvaient puiser, au lieu des
» qualités du cœur, que l'amour de la gloriole,
» ou plutôt des sentiments de suffisance et de
» vanité tels qu'en regagnant leurs pénates,
» loin de partager avec plaisir la modique ai-
» sance de leurs familles, ils rougiraient peut-
» être des auteurs de leurs jours, et dédaigne-
» raient probablement leur modeste manoir.
 » Au lieu, » continuait Napoléon dans ce mémoire (1), « d'entretenir un nombreux do-

---

(1) Je n'ai pu me résoudre à reléguer parmi les pièces justificatives le règlement que fit le roi le 9 octobre 1787 * et dont les considérants sont basés sur ce mémoire, et doivent être lus, pour ainsi dire, en regard :
« Sa Majesté, forcée par des besoins impérieux à
» rechercher scrupuleusement tout ce qui peut tendre
» au soulagement de ses peuples ; reconnaissant
» qu'une partie de l'établissement de l'école de Paris
» semblait consacrée au luxe et à la magnificence, et

* Sous le ministère du comte de Brienne, qui, en septembre de cette année, remplaça à la guerre M. le maréchal de Ségur.

» mestique autour de ces élèves, de leur donner
» journellement des repas à deux services, de
» faire parade d'un manége très-coûteux (1),
» tant pour les chevaux que pour les écuyers,
» ne vaudrait-il pas mieux, sans toutefois in-
» terrompre le cours de leurs études, les as-
» treindre à se suffire à eux-mêmes, c'est-à-
» dire, moins leur petite cuisine, qu'ils ne
» feraient pas, leur faire manger du pain de

» qu'en la supprimant, il serait possible de multiplier
» le nombre des élèves dans les écoles de provinces,
» et en même temps de faire tourner au profit du
» Trésor royal les sommes considérables absorbées par
» des dépenses inutiles;

« Sa Majesté, mue par toutes ces considérations,
» a décidé qu'au 1er avril 1788, l'école de Paris serait
» supprimée; que les élèves qu'elle y entretient se-
» raient placés dans ses troupes ou envoyés dans les
» colléges de provinces, dont elle porte dès à présent
» le nombre à sept cents, qui sera encore augmenté
» à mesure de l'extinction des pensions et traitements
» affectés sur les revenus de l'école militaire, qui
» continueront d'être administrés sous l'inspection du
» secrétaire-d'État de la guerre. Il y est établi un
» conseil de direction composé de l'inspecteur-général,
» du sous-inspecteur, de quatre gens de lettres, dont
» trois tirés des académies et un de l'Université; ledit
» conseil chargé de l'inspection des études, des exa-
» mens, etc., etc. »

(1) Il se composait de soixante chevaux.

» munition, ou d'un qui en approcherait; les
» habituer à battre, brosser leurs habits, net-
» toyer leurs souliers et leurs bottes, etc.?
» Puisqu'ils sont loin d'être riches, et que tous
» sont destinés au service militaire, n'est-ce
» pas la seule et véritable éducation qu'il fau-
» drait leur donner? Assujettis à une vie sobre,
» à soigner leur tenue, ils en deviendraient
» plus robustes, sauraient braver les intempé-
» ries des saisons, supporter avec courage les
» fatigues de la guerre, enfin inspirer le respect
» et un dévoûment aveugle aux soldats qui
» seraient sous leurs ordres » (1).

---

(1) L'empereur Napoléon a dit à Sainte-Hélène:
« qu'il avait voulu, dans ses écoles militaires, éviter
» le travers qu'il avait signalé autrefois; il avait voulu
» surtout que les jeunes officiers, qui un jour devaient
» commander des soldats, eussent commencé eux-
» mêmes par être de vrais soldats, eussent pratiqué
» *ab ovo* tous les détails techniques, ce qui est d'un
» avantage immense, ajoutait-il, dans le reste de la
» vie, pour pouvoir les suivre et les faire observer par
» ceux qu'on doit commander. Ainsi, à Saint-Ger-
» main, les jeunes gens pansaient leurs chevaux, ap-
» prenaient à les ferrer, etc. A Saint-Cyr, on prati-
» quait de même tous les détails correspondants de
» l'infanterie: on y était vraiment à la chambrée, on
» y mangeait à la gamelle, etc., le tout sans que le
» reste des instructions analogues à la condition

24 février 1785.

Le 24 février 1785, mourut à Montpellier, chez M`<sup>`me Permon (1), d'un cancer à l'estomac, Charles Bonaparte, assisté de son beau-frère Fesch et de son fils Lucien (2).

Au milieu des angoisses d'une pénible agonie, il demandait, il appelait son fils Napoléon, il invoquait le secours de *sa grande épée*.

Charles Bonaparte, peu dévot, qui avait même fait des poésies anti-religieuses, ne vit pas plus tôt le cercueil entr'ouvert qu'il réclama avec ardeur les secours de l'église.

23 mars 1785.

Le 23 mars 1785, Napoléon, instruit de la perte douloureuse qu'il venait de faire, écrivit

---

» future des jeunes gens en souffrît aucunement. En
» un mot, ils ne sortaient de ces diverses écoles
» qu'ayant réellement gagné leur grade d'officier, et
» capables de commander et de faire aller des soldats.
» Ainsi, assurait l'empereur, si les jeunes gens qui
» se présentèrent dans les corps, à l'origine de cette
» institution, y furent reçus d'abord avec une grande
» jalousie, du moins fut-on obligé de rendre pleine
» justice à leur tenue et à leur capacité. »

(1) D'après sa fille, M`<sup>`me d'Abrantès.

(2) Voir aux pièces justificatives, sous le n° xi, l'extrait mortuaire, l'analyse du procès-verbal d'autopsie, et le projet de monument qui ne fut pas agréé par le premier consul.

de Paris (c'est-à-dire de l'École militaire), à son grand-oncle, l'archidiacre Lucien, une lettre ainsi conçue :

« Mon cher oncle,

» Il serait inutile de vous exprimer combien
» j'ai été sensible au malheur qui vient de nous
» arriver. Nous avons perdu *en lui* un père, et
» Dieu sait quel était ce père, sa tendresse,
» son attachement pour nous. Hélas ! tout
» nous désignait en lui le soutien de notre
» jeunesse ! Vous avez perdu en lui un neveu
» obéissant, reconnaissant..... Ah ! mieux que
» moi vous sentez combien il vous aimait. La
» patrie, j'ose même le dire, a perdu par sa
» mort un citoyen zélé, éclairé et désintéressé.
» Cette dignité dont il a été plusieurs fois ho-
» noré, marque assez la confiance qu'avaient
» en lui ses concitoyens, et cependant *le ciel*
» le fait mourir, en quel endroit ? à cent lieues
» de son pays, dans une contrée étrangère,
» indifférente à son existence, éloigné de ce
» qu'il avait de plus précieux. Un fils, il est
» vrai, l'a assisté dans ce moment terrible ;
» ce doit être pour lui une consolation bien

» grande, mais certainement pas comparable
» à la *triste joie* qu'il aurait éprouvée, s'il
» avait terminé sa carrière dans sa maison,
» près de son épouse et de toute sa famille. Mais
» l'Être suprême ne l'a pas ainsi permis. Sa
» volonté est immuable. Lui seul peut nous
» consoler. Hélas ! du moins, s'il nous a privés
» de ce que nous avions de plus cher, il nous
» a encore laissé les personnes qui seules
» peuvent le remplacer. Daignez donc nous
» tenir lieu du père que nous avons perdu.
» Notre attachement, notre reconnaissance
» sera *proportionnelle* à un service si grand.
» Je finis en vous souhaitant une santé sem-
» blable à la mienne.

» NAPOLEONE DI BONAPARTE. »

28 mars 1785.   Le 28 mars 1785, Napoléon adressa de Paris, à sa mère, la lettre suivante (1) :

---

(1) Cette lettre et la précédente, insérées dans plusieurs journaux, y ont été datées de 1784; or, puisqu'elles sont écrites par le fils à raison de la mort récente de son père, décédé le 24 février 1785, elles ne peuvent pas être antérieures à cet événement.

« Ma chère mère,

» C'est aujourd'hui que le temps a un peu
» calmé les premiers transports de ma dou-
» leur, que je m'empresse de vous témoigner
» la reconnaissance que m'inspirent les bontés
» que vous avez eues pour nous. Consolez-
» vous, ma chère mère, les circonstances l'exi-
» gent. Nous redoublerons de soins et de re-
» connaissance, et heureux si nous pouvons,
» par notre obéissance, vous dédommager un
» peu de l'*inestimable* perte de cet époux chéri.
» Je termine, ma chère mère, ma douleur me
» l'ordonne, en vous priant de calmer la vôtre.
» Ma santé est parfaite et je prie tous les jours
» que le ciel vous gratifie d'une semblable.
» Présentez mes respects à zia (1) Gertruda,
» minana Saveria, minana Fesch, etc.
» *P. S.* La reine de France est accouchée

Ces lettres sont donc de 1785, avec d'autant plus de certitude que celle à la mère, écrite le 28 mars, lui annonce la naissance du duc de Normandie, qui a eu lieu la veille, c'est-à-dire le 27 de la même année.

(1) Tante.

» d'un prince, nommé le duc de Normandie,
» le 27 mars, à sept heures du soir.

» Votre très-affectionné fils,

» NAPOLEONE DI BONAPARTE. »

Napoléon était un des premiers mathématiciens de l'école. On lui attribue la solution d'un problème qu'il se proposa alors, et qui avait pour but d'inscrire, avec le compas seulement, un carré dans une circonférence de cercle dont le rayon était donné (1).

Il ne quittait les grands hommes de l'antiquité que pour aller, avec les ouvrages des plus célèbres ingénieurs, passer la plupart de ses heures de récréation dans un des bastions du fort Thimbrune, qu'on avait construit pour l'instruction des élèves, à l'extrémité de leur promenade ordinaire (2). Là, on le voyait, constamment seul, tracer des plans pour l'attaque et la défense de cette petite forteresse.

---

(1) Problème de géométrie. (Pièces justificatives, n° XII.)

(2) Aujourd'hui le Champ-de-Mars, qui dépendait de l'école militaire avant sa suppression en 1787. Note 1 de la page 63.

Après la Pentecôte, ou après le 15 mai 1785, Bonaparte fut confirmé par S. Exc. le Clerc de Juigné, archevêque de Paris, qui lui demanda son nom de baptême : « Napoléon. » — « Mais » ce saint ne figure pas dans le calendrier. » — « Par la raison, monseigneur, qu'il y a plus » de saints que de jours dans l'année. »

Au commencement d'août 1785, Napoléon fut examiné à Paris par M. de Laplace, qui avait remplacé M. Bezout comme examinateur des élèves aspirants du corps royal d'artillerie.

On exigeait alors l'arithmétique, la géométrie, la trigonométrie rectiligne, l'algèbre jusqu'au binôme de Newton, la mécanique et l'hydrostatique du cours de Bezout (1).

Le 16 août 1785, l'archidiacre Lucien Bonaparte fut choisi par le conseil de famille pour être le tuteur des enfants de son neveu Charles Bonaparte (2).

Le 1ᵉʳ septembre 1785, d'après son examen, Bonaparte fut nommé lieutenant en second d'artillerie.

---

(1) En 1789, on ajouta à l'examen les sections coniques, ainsi que le calcul intégral et différentiel, du même auteur.

(2) Acte de tutelle déférée à Lucien Bonaparte, archidiacre. (Pièces justificatives, n° XIII.)

23 septemb. 1785.

Le 23 septembre 1785, il n'avait encore reçu ni son brevet, ni sa lettre de service, puisque, sous cette date et de Paris, il écrivit la lettre suivante à M. Labitte (1) :

« Monsieur,

» L'année *dernier*, mon père venait à Paris
» et était chargé par monsieur Paravicini (2)

---

(1) M. Labitte était marchand de draps rue Saint-Honoré, au coin de celle des Prouvaires, à la *Croix-d'Or*, et fournissait tous les régiments étrangers au service de France.

M. Coster, cité dans cette lettre, devait être un trésorier ou officier d'habillement, ce qui explique son intimité avec ce fournisseur, qui traitait souvent les officiers de ces divers corps qui se trouvaient à Paris.

M. Rattier, gendre et successeur de M. Labitte, s'étant présenté comme tel à l'empereur Napoléon, en reçut pour un autre gendre la place d'avocat-général, et pour lui-même, la fourniture du palais impérial et le titre de marchand de draps de l'empereur.

M. Rattier, négociant, habite rue des Fossés-Montmartre, n° 4, à Paris. C'est de sa complaisance que je tiens et cette note et la copie de la lettre qui y a donné lieu ; enfin un reçu dont il sera question plus tard.

(2) Dont le nom reviendra dans le cours de cet ouvrage.

» mon oncle, de vous remettre ma lettre avec
» le certificat de vie pour *tacher* de retirer sa
» pension, en total ou en partie, mais la mort
» l'a arrêté dans sa course dans la ville de
» Montpellier, ainsi, monsieur, je vous envoye
» ces pièces, espérant que vous aurez la bonté
» de m'envoyer cette pension, ou la partie
» que vous *jugerai* pouvoir m'envoyer pour la
» remettre. Je lui avais *demandés* un autre
» certificat plus *fraix*. Mais l'éloignement fait
» que je ne puis le recevoir à tems, *vue*, l'o-
» bligation où je suis de retourner en Corse
» dans le commencement du mois prochain
» du reste je vous *promet* de vous envoyer ce
» certificat avant la fin d'octobre, dans l'igno-
» rance *ou* je suis de la rue *ou* vous demeurez,
» j'adresse cette lettre à M. Coster, espérant
» qu'il aura la bonté de vous la faire passer.

» Je suis avec le plus sincère *atachement*,

» Votre très-humble, etc.

» BUONAPARTE fils,

» Cadet gentilhomme à l'école
» royale militaire de Paris. »

Au commencement du mois d'octobre 1785, Napoléon reçut et son brevet de lieutenant en

Octobre 1785.

second, et l'ordre de joindre à Valence, en Dauphiné (1), le régiment d'artillerie de la Fère, qui y était en garnison (2).

La promotion dont Napoléon faisait partie se composait de cinquante-huit élèves, dont quarante-et-un avant lui et seize après lui (3).

Cette promotion fournit au régiment de la Fère MM. de Damoiseau (4), le Lieur de Ville-sur-Arce, Guerbert de Bellefonds, Belly de Bussi (5), de Bonaparte, Marescot de la Noue (6) et le chevalier des Mazis (7).

Le lieutenant Bonaparte et son camarade des Mazis partirent bientôt après de la capitale pour joindre leur régiment à Valence.

A son passage à Lyon, Bonaparte rencontra M. Barlet, qui avait connu sa famille en Corse,

---

(1) Aujourd'hui département de la Drôme.

(2) Depuis 1783.

(3) Liste de promotion. (Pièces justificatives, n° XIV.)

(4) Actuellement astronome-adjoint au bureau des longitudes, à Paris.

(5) Dont il sera parlé plus tard.

(6) Frère d'un lieutenant-général qui a été premier inspecteur-général du génie.

(7) Déjà son ami à l'école militaire de Paris.

où il avait été secrétaire des commandements de M. le comte de Marbeuf, commandant-général de cette île.

M. Barlet, entre autres services (1) qu'il rendit à Bonaparte, lui procura une lettre de recommandation pour M. l'abbé de Tardivon, ancien abbé-général de l'ordre de Saint-Ruf (2), et qui tenait à Valence un grand état de maison.

---

(1) Pour rendre hommage à la vérité, je dois avouer que des personnes dignes de foi m'ont assuré qu'en janvier 1802 (nivôse an 10), le premier consul, qui était venu présider à Lyon la consulte cisalpine, avait totalement oublié les bontés qu'y avait eues autrefois M. Barlet pour l'ancien lieutenant d'artillerie; il refusa à lui seul (parce qu'il s'était vanté, dans son placet, de l'avoir obligé) sa radiation de la liste des émigrés, qu'il accorda avec facilité à tous les autres solliciteurs.

(2) Supprimé le 1er juillet 1771, et réuni à l'ordre de Saint-Lazare, par un bref du pape Clément xiv.

CHAPITRE V.

Napoléon lieutenant en second d'artillerie à Valence ; historien.

(DE LA FIN D'OCTOBRE 1785 AU 12 AOUT 1786.)

A la fin d'octobre 1785, en arrivant à Valence, Bonaparte fut logé par billet dans la maison de Mlle Bou, qui forme l'angle de la Grand'rue et de celle du Croissant.

L'école d'artillerie de Valence était alors commandée par M. de Bouchard, maréchal-de-camp, et le régiment de la Fère par M. le chevalier de Lance, colonel d'artillerie, avec rang de brigadier des armées du roi (1).

Octobre 1785.

---

(2) Voir aux pièces justificatives, au n° XV, l'état des officiers de ce corps, par ancienneté ; au n° XVI, l'état des mêmes officiers, par compagnies ; au n° XVII, l'état des bas-officiers, par compagnies ; au n° XVIII,

Le lieutenant Bonaparte fut placé dans une des compagnies de la brigade de bombardiers (1); il eut pour premier capitaine M. le

---

l'état des mêmes, par ancienneté; et enfin au n° xix, le tarif des appointements et de l'indemnité de logement pour les officiers subalternes.

(1) D'après l'ordonnance du roi, en date du 3 novembre 1776, chacun des sept régiments d'artillerie qui existaient alors fut subdivisé en deux bataillons et une brigade de bombardiers.

Chacun de ces régiments se formait aussi de cinq brigades de quatre compagnies l'une, savoir:

Deux brigades chacune de quatre compagnies de canonniers; deux autres chacune de trois compagnies de canonniers et d'une de sapeurs; une autre qui comprenait les quatre compagnies de bombardiers, que, dans l'ordre de bataille, on plaçait entre les deux bataillons, c'est-à-dire entre les quatre autres brigades.

Comme la même ordonnance donnait le commandement de chacune des deux compagnies de sapeurs aux deux premiers capitaines en second (qui, sur les états militaires de cette époque, figurent à la gauche des capitaines-commandants), il en résultait beaucoup de mutations dans le commandement de ces deux compagnies.

Il en était de même dans les quatre compagnies de bombardiers, qui étaient données aux quatre moins anciens capitaines-commandants, qui, à mesure des vacances, passaient à une compagnie de canonniers.

Cela explique l'assertion, souvent reproduite et souvent déniée, que Bonaparte a eu beaucoup de capitaines dans le régiment de la Fère.

chevalier Masson d'Autume (1), pour lieutenant en premier M. de Coursy (2), et pour lieutenant en troisième (ou officier de fortune) M. Grosbois (3).

---

(1) Au château de qui Napoléon se rendit quelquefois, dans les courses qu'il fit d'Auxonne à Dôle, en 1790.

En 1802, le premier consul nomma M. d'Autume à la place de conservateur de la bibliothèque de l'école d'application d'artillerie et du génie, qui venait d'être établie à Metz.

(2) Lors du départ du régiment de la Fère, M. de Coursy était déjà capitaine en second * attaché à l'école de Valence, où il se retira lors de l'organisation de 1791. Marié dans cette ville, et estimé de tous, il y est mort au commencement de la restauration.

Napoléon ne manquait pas, chaque fois qu'il passait à Valence, d'aller visiter son ancien lieutenant en premier, et le remercier des bons conseils qu'il en avait reçus lorsqu'ils servaient dans la même compagnie.

(3) Les deux états xv et xvi ne mentionnent pas Napoléon (on y voit seulement son créneau vacant), quoiqu'ils aient été dressés avant son arrivée à Valence. L'absence de son nom dans ces deux états vient, ou d'une erreur de mois dans leurs dates, ou

* On leur donnait improprement cette dénomination, quoiqu'ils ne fussent attachés à aucune compagnie, puisqu'il y en avait seulement douze (tous détachés) par chaque régiment d'artillerie, qui néanmoins comptait vingt compagnies.

Le frère aîné du meilleur ami de Napoléon, M. des Mazis, premier lieutenant (1) au régi-

---

de ce que Napoléon, avant d'être reçu officier, devait faire préalablement, pendant trois ou quatre mois, le service de soldat et de bas-officier d'artillerie, ce qui l'obligeait à monter trois gardes dans chaque grade, et à faire la semaine et la grande semaine des grades qui y étaient astreints.

(1) Mais, commissionné capitaine depuis le 19 juin 1785, ce qui consistait à en porter les insignes et à remplir les fonctions de ce grade dans les garnisons où l'artillerie était dans le cas de faire le service de place; il dut rester dans sa compagnie, et continuer à y faire le service de premier lieutenant jusqu'à ce que son ancienneté le portât, en 1787, au grade effectif de capitaine en second.

Avant la révolution de 1789, l'avancement dans l'artillerie étant très-lent, et les officiers de cette arme ayant employé, pour leur entrée au service, plusieurs années à leur instruction, on les dédommageait honorifiquement en commissionnant d'un grade supérieur au leur un certain nombre des plus anciens officiers de chaque grade. C'est ainsi que les soixante premiers lieutenants avaient rang de capitaine; que M. de Lance, colonel, dont nous venons de parler, avait rang de brigadier, etc.

Les maréchaux-de-camp seuls ne pouvaient jamais avoir, dans l'artillerie, le rang de lieutenants-généraux, M. de Gribeauval, premier inspecteur-général de cette arme (de 1776 à 1789), ayant toujours été unique dans ce grade.

ment de la Fère, fut son mentor dès son arrivée (1).

Parmi les visites qu'eut à faire Napoléon à Valence, il ne négligea pas celle à l'abbé de Saint-Ruf, à qui il était recommandé par M. Barlet (2), et surtout par l'évêque d'Autun, Mgr de Marbeuf (3), qui, encore chargé de la feuille des bénéfices, allait peu dans son diocèse, et habitait ou Versailles, ou le palais abbatial de Saint-Germain-des-Prés, à Paris, où Napoléon venait de le voir.

Le bon prélat (4), très-affable d'ailleurs, accueillit parfaitement Napoléon, l'admit à ses soirées et à ses soupers, dont lui-même, toujours souffrant et constamment à la diète, ne pouvait plus faire les honneurs.

---

(1) J'espère être agréable au lecteur, et ne pas déplaire à M. le chevalier des Mazis, qui survit à son frère, en insérant aux pièces justificatives, n^{os} xx et xxi, deux notices sur ces messieurs; et je m'y suis déterminé parce que je suis certain que le fond en est vrai.

(2) Page 74.

(3) Avant 1761, ils s'étaient connus à Lyon, où M. de Marbeuf était chanoine, et M. de Tardivon prieur de la Plâtière.

(4) Il était crossé et mîtré.

L'abbé de Saint-Ruf présenta son protégé dans plusieurs maisons de Valence, notamment chez Mme Grégoire du Colombier. Cette dame habitait une maison de campagne appelée *Basseaux* (1), où le prélat allait en voiture, y emmenant quelquefois son protégé, qui, plus tard, y fit seul et à pied plusieurs visites.

Mme du Colombier (2) était alors âgée de

---

(1) A deux lieues trois quarts au sud-est de Valence, une demi-lieue nord-ouest d'Étoile, et un quart de lieue nord-est du relais de poste de la Paillasse, d'où, le 12 octobre 1800 (20 vendémiaire an 8), le général en chef Bonaparte, revenant d'Égypte et allant à Paris, voulait expédier aux dames du Colombier, qu'il croyait à Basseaux, un courrier qu'il chargeait d'aller leur présenter ses hommages, lorsqu'il apprit que ces dames étaient à Bressieux, près Tullins, petite ville du département de l'Isère, qu'habitait Mlle Caroline du Colombier depuis que, le 31 mars 1792, elle avait épousé M. Garampet de Bressieux, chevalier de Saint-Louis, ancien capitaine au régiment de Lorraine (infanterie).

(2) M. Grégoire, pour se différencier de ses nombreux homonymes, avait ajouté à son nom, longtemps avant la révolution, celui d'une propriété, que cette famille possède encore, près de la rivière de Véore, entre Basseaux et Étoile.

La famille Grégoire ou Grégoire du Colombier, dont je parle, n'a rien de commun ni avec la famille Boula du Colombier, qui a aussi fourni un préfet à

— 83 —

cinquante-quatre ans (1) : femme de mérite, elle s'engoua du jeune officier d'artillerie, dont elle discerna bientôt l'extrême instruction.

Dans la société de Mme du Colombier, Napoléon devint aimable et enjoué, et fut recherché de tout le monde à cause des brillantes facultés que révélait sa conversation.

Bonaparte, lancé dans les salons de Valence, voulut se mettre à même d'y figurer bientôt comme danseur. Il prit des leçons de M. Dautel (2), à qui, plus tard, il aurait pu faire la

---

l'empire, ni avec la famille d'un autre M. du Colombier qui, en 1734, épousa une demoiselle accompagnée, ainsi que la noce, jusqu'à Romans, où elle s'arrêta, par J.-J. Rousseau, qui continua sa route par Valence *, vers Montpellier, avec une dame de Larnage, qu'il quitta près le Bourg-Saint-Andéol, où elle demeurait.

(1) Anne Carmaignac, née à Lyon, paroisse Saint-Paul, femme du citoyen (style du temps) Philippe Grégoire du Colombier, morte à Valence le 13 janvier 1793, âgée de soixante-deux ans environ. (*Extrait mortuaire.*)

(2) Au commencement de la révolution de 1789, M. Dautel quitta le violon et la danse, fut commis dans

* Où il coucha, dans une chambre que l'on montre encore, dans l'hôtel du Grand-Saint-Jacques, faubourg de ce nom.

même réponse qu'à son professeur de calligraphie (note 1 de la page 3).

Napoléon allait quelquefois visiter Mgr de Grave (1), évêque de Valence. Homme pieux et tolérant, qui aimait à le faire parler de son grand-oncle, l'archidiacre Lucien.

Bonaparte dit un jour au prélat qu'un de

---

une perception, et eut plus tard un modique emploi à la direction des postes aux lettres de Valence.

Le père Dautel, déjà âgé, et ne pouvant subsister que difficilement avec ses modiques ressources, se permit, vers la fin de 1808, d'adresser à l'empereur Napoléon le placet suivant :

« Sire,

» Celui qui vous a fait faire le premier pas dans le
» monde se recommande à votre générosité.

» *Signé* DAUTEL, ancien maître de danse
» à Valence. »

Le 15 décembre suivant, le père Dautel, déjà très-malade, reçut l'avis de sa nomination à une place de contrôleur dans l'administration des droits-réunis ; mais il mourut le 1er janvier 1809.

(1) Fiacre-François de Grave, né le 6 janvier 1724, évêque de Valence en 1771, mort en 1788 * à Paris, où il était allé se faire opérer.

* Le 26 août 1788, M. de Saint-Pierre, un des vicaires-généraux du diocèse de Valence, prononça l'éloge funèbre de ce prélat devant la société académique et patriotique de Valence.

ses ancêtres avait été canonisé (1) à Bologne. Celui-ci répondit : « Mon enfant, voilà un bel » exemple à suivre ; songez-y : un trône dans » le ciel ! » — « Ah ! monseigneur, si en atten- » dant je pouvais passer capitaine ! » (2)

Napoléon s'abonna, ainsi que ses cama-

---

(1) Napoléon se trompait probablement ; car le vieil abbé Buonaparte, chez qui le général en chef logea, à San-Miniato, en 1796, l'engagea fortement à faire des démarches pour obtenir la canonisation de Bonaventure Buonaparte, qui alors était béatifié depuis long-temps. « Le pape ne vous le refusera » pas, » disait le bon chanoine toscan, « si vous le » demandez ; et s'il faut payer aujourd'hui, ce doit » être peu de chose pour vous. »

(2) Je me rappelle un vœu analogue émis à l'empereur par un vieux soldat de sa garde :

« Ah ! c'est toi, mon ami, » lui dit Napoléon en le reconnaissant pour un de ses braves : « que me » veux-tu ?

» — Sire, il m'est arrivé un grand malheur...

» — Une injustice, un passe-droit, n'est-ce pas ?

» — Non, sire. J'ai une bonne femme de mère qui » vivait heureuse et contente du produit de la *paye* » que lui faisaient ses cinq enfants, tous soldats » comme moi. Elle habitait une chaumière que le » feu vient de dévorer ; et comme il ne lui reste plus » que soixante-dix-sept ans et des larmes pour pleurer, » ce n'est pas assez.

» — Tu viens me demander une pension pour elle ? » c'est juste. La mère d'un de mes braves doit compter

rades, au cabinet littéraire de M. Aurel, alors libraire (1), qui avait un salon particulier pour

---

» sur moi. Je verrai le ministre de l'intérieur. Es-tu
» content?
» — Non, sire.
» — Diable! tu es bien difficile. Alors, que veux-
» tu donc? un bon sur le trésor?
» — Non, sire. Ce n'est pas que je trouve votre
» signature mauvaise; mais le temps que les commis
» mettent à enregistrer, timbrer et parapher votre
» bon, il n'y aura plus de vieille mère pour moi.
» Tenez, mon empereur, je n'y vais pas par quatre
» chemins : je viens vous emprunter de l'argent de la
» main à la main; et pour que vous ne pensiez pas
» que je veux vous tromper, voici mon livret; vous
» toucherez mon prêt, la solde de ma croix; le quar-
» tier-maître vous comptera tout cela.
» — Garde ton livret, mon brave : entre deux
» vieilles connaissances comme nous, la parole suffit;
» Voici un rouleau en attendant (c'était 1,000 fr.) :
» tu me rendras cela quand tu seras colonel.
» — Merci, mon empereur; mais, dans votre in-
» térêt, vous devriez bien me nommer caporal, pour
» avancer un peu l'époque du remboursement. »

Quelques jours après, le vieux soldat reçut les galons de sergent.

(1) En 1808, à Erfurt, Napoléon parlait de ce libraire instruit et des plus complaisants (dont il avait lu et relu la bibliothèque) au prince-primat, qui lui soutenait par erreur que la bulle d'or datait de 1409, au lieu de 1336, sous l'empereur Charles IV, ainsi que l'affirmait Napoléon.

les officiers d'artillerie, au rez-de-chaussée des maisons Faure et Pellerin, à l'angle de la place des Clercs et de la Grand'rue, à côté de la maison de la demoiselle Bou.

Bonaparte, d'abord logé militairement chez cette demoiselle, alors âgée de cinquante ans (1), loua d'elle une chambre, au premier étage sur le devant, à côté d'une salle où était un billard exploité, ainsi que le café au-dessous, par Mlle Bou, qui n'avait pas d'enseigne, et qui ne recevait dans son établissement qu'un petit nombre de personnes choisies (2).

Cette maison, qui actuellement est possédée et habitée par M. Fiéron père, avoué près le Tribunal civil, fait l'angle de la Grand'rue et de celle du Croissant, et porte le n° 4.

---

(1) Marie-Claudine Bou est morte à Valence le 4 septembre 1800, ou 17 fructidor an 8, âgée de soixante-quatre ans.

Elle a laissé un frère, ancien agent de change, qui, après la mort de sa sœur, et le 10 juillet 1801, ou 21 messidor an 9, devant Me Chabert, à Valence, par le ministère de M. Colombier, propriétaire dans la même ville, vendit cette maison historique à M. Fiéron.

(2) Liste des habitués du café Bou. (Pièces justificatives, n° XXII.)

Napoléon fit à Valence la connaissance de M. de Sucy (1), avec qui il se lia intime-

---

(1) M. de Sucy de Clisson (Simon-Antoine-François), né à Valence le 19 juin 1764, fut destiné à l'artillerie. Homme aimable et instruit, il avait fait en Italie un voyage artistique à la suite duquel il fut nommé, en 1787, élève commissaire des guerres. A la mort de son père, en 1788, il le remplaça comme commissaire des guerres à Valence.

Le 27 octobre 1794, ou 6 brumaire an 3, il fut député par l'administration municipale de cette ville (qui, deux jours après, lui adjoignit M. de Montalivet) à l'effet de se rendre à Paris et d'y obtenir la conservation de l'école. Il se fit connaître et apprécier par le comité de la guerre, qui, occupé de la réorganisation du commissariat des guerres, nomma M. de Sucy commissaire-ordonnateur à l'armée d'Italie. Il se rendit à Nice, où il fut aussitôt nommé ordonnateur en chef. Il résigna bientôt après ses fonctions, redevint ordonnateur, était employé à Gênes lorsque Napoléon vint prendre le commandement en chef de l'armée, lui refusa de ressaisir les rênes de l'administration, et resta à son ancien poste, d'où il alla plusieurs fois visiter Napoléon à Milan.

Ce fut dans une de ces courses que M. de Sucy, tourmenté par M. de Josselin * de lui donner son

* M. de Josselin, ancien lieutenant-colonel du régiment d'infanterie d'Artois, avait épousé à Valence Mlle de Tardivon, sœur de Mgr l'abbé de Saint-Ruf. Lors du premier séjour de Napoléon dans cette ville, M. de Josselin (dont les petits-fils, MM. Lesage, ont bien voulu me communiquer ce fragment), faisait les honneurs de la maison de son beau-frère, et c'est à l'abbaye surtout qu'il voyait *l'homme*, à qui plusieurs fois il avait prêté des livres.

ment, et de M. de Montalivet, son ami (1).
Napoléon mangeait avec les lieutenants chez

---

opinion sur le général Bonaparte, lui adressa, le 4 août 1797, ou 17 thermidor an 5, une lettre dont voici un fragment :

« Mon respectable mentor et ami,

» .... Ce ne peut être le lieu de traiter le chapitre
» de *l'homme;* d'ailleurs, il faudrait beaucoup trop de
» détails. Je pourrais avoir une opinion sur lui; peut-
» être détruirait-elle une partie de celle que vous avez
» conçue. Au reste, nous tomberions d'accord si vous
» ne l'envisagez que comme ayant fait de grandes
» choses. Je puis même vous ajouter que je ne lui
» connais pas de point d'arrêt autre que le trône ou
» l'échafaud. D'après cela, vous ne devez pas le con-
» sidérer comme au bout de sa carrière...... »

(1) M. Bachasson de Montalivet (Jean-Pierre-Marie) était né le 5 juillet 1766 à Sarguemines, où commandait son père, qui était de Valence.

M. de Montalivet, qui a été sous-lieutenant au régiment de Nassau-Saarbruck (cavalerie), quitta bientôt le service, d'après les instances de sa mère, devenue veuve, et fut nommé, par dispenses d'âge, conseiller au parlement de Grenoble en 1785.

Lors de la première période du séjour que Napoléon a fait à Valence, il y a peu connu M. de Montalivet, qui ne venait dans cette ville que pendant les vacances.

Ce ne fut qu'après la suppression des parlements que M. de Montalivet, revenu à Valence, y vit de nouveau Napoléon, qui y retourna aussi, mais dans un autre régiment, comme on le verra en son temps.

le sieur Geny, qui tenait l'hôtel des Trois-Pigeons, rue Pérollerie.

Les capitaines mangeaient chez le sieur Faure, traiteur, à l'hôtel de France, rue Saint-Félix.

4 décembre 1785. Le 4 décembre 1785, Napoléon fêta très-gaîment dans cet hôtel la Sainte-Barbe, patronne de l'artillerie. Les convives étaient nombreux : outre les lieutenants du régiment de la Fère, il y avait plusieurs officiers en semestre à Valence, au nombre desquels se trouvait M. de Bachasson (1), qui était à cette époque sous-lieutenant de remplacement au régiment de Rouergue (infanterie).

Le soir du même jour, Napoléon assista à un bal brillant donné dans les salles de l'Hôtel-de-Ville, rue Saint-Félix, par les officiers de son régiment, à la société de Valence.

On a remarqué que Bonaparte dansa plu-

Enfin, Bonaparte, passant à Valence en avril 1795, ou floréal an 3, y retrouva M. de Montalivet, qui venait de quitter à Paris M. de Sucy (note 1 de la page 88), pour prendre la direction de l'administration municipale de Valence.

(1) Cousin-germain de M. de Montalivet, à qui Napoléon, dont il a été ministre, a souvent parlé de ce repas très-bruyant et très-*cassant*.

sieurs fois avec Mlle Mion Desplaces, qui était très-jolie et avait en Corse plusieurs parents, qu'il y a connus plus tard.

Le 1er janvier 1786, Napoléon était encore le vingtième, c'est-à-dire le dernier lieutenant en second du régiment de la Fère (1).

1er janvier 1786.

Dans le mois de janvier 1786, Napoléon, qui depuis son arrivée à Valence avait fait le service voulu de canonnier et de bas-officier (voyez note page 80), fut reçu officier, commença à en remplir les fonctions, assista comme tel aux manœuvres du canon, de chèvre, de force, et aux exercices d'infanterie, enfin monta à son tour, et comme lieutenant, la garde au poste de la place des Clercs.

Le 1er avril 1786, Bonaparte était le seizième lieutenant en second du régiment de la Fère (2).

1er avril 1786.

---

(1) D'après l'*État militaire général pour* 1786. Ces ouvrages étaient censés publiés le 1er janvier de chaque année, mais sur des documents qui remontaient au 1er octobre précédent.

Ceux particuliers à l'artillerie (quand ils paraissaient) n'étaient publiés qu'au 1er avril, et présentaient la plus grande partie des mutations survenues depuis l'émission de l'*État militaire général*.

(2) *État militaire de l'artillerie pour* 1786.

Printemps de 1786.

Au printemps de 1786, Napoléon alla plusieurs fois à Basseaux. Il avait distingué Mlle Caroline du Colombier, qui le voyait avec intérêt. Ils se ménageaient, a dit Napoléon à Sainte-Hélène, de petits rendez-vous, et tout leur bonheur se réduisait à manger des cerises (1).

Présenté par Mme du Colombier, Bonaparte alla à Étoile (note 1 de la page 82) chez les dames Dupont, Anglaises, qui avaient aussi une maison à Valence; chez M. Roux de Montagnière, alors garde-du-corps; chez mon oncle, M. des Aymard, qui rencontrait quelquefois Napoléon à Basseaux, et chez M. de Bressac, l'un des présidents au parlement de Grenoble, qui avait un beau château à la Vache.

Juin 1786.

Au mois de juin 1786, Bonaparte et peut-être M. le chevalier des Mazis (car ils étaient deux) allèrent faire une excursion à Roche-Colombe, montagne de l'ancien Dauphiné, à dix lieues sud-est de Valence (2).

---

(1) Il y a quelques années, on voyait encore, dans la haie du jardin du domaine de Basseaux, au midi des bâtiments, le tronc du dernier des cerisiers dont Napoléon aimait à cueillir les fruits.

(2) Quant à la base de cette montagne.

Cette course fut suggérée à Napoléon par M. des Aymard, qui, venant d'y faire une partie de chasse, s'enthousiasma de son petit voyage, sous le rapport de la minéralogie et de la perspective, devant Bonaparte, à Basseaux.

Celui-ci pria mon oncle de vouloir bien lui procurer un guide, et lui dit à plusieurs reprises : « *Je ferai cette course avec plaisir;* » *j'aime à m'élever au-dessus de l'horizon* (1). Mon oncle lui désigna un nommé Frémond (2), et au jour convenu, les deux officiers et leur guide partirent pour Roche-Colombe de chez M. des Aymard, qui les recommanda à un de nos parents, M. le baron de Bruyères Saint-Michel, maréchal des camps et armées du roi, qui habitait la ville de Crest où il commandait, et qui se trouvait alors à sa campagne de Saou, village par où il fallait passer avant de commencer à gravir la montagne.

Le vicomte d'Urtubie, lieutenant-colonel

---

(1) Ces paroles, qui sont devenues prophétiques, m'ont souvent été répétées par mon oncle, et à des époques antérieures à celle où l'ancien lieutenant d'artillerie vit ses vœux exaucés.

(2) Qui vivait encore il y a peu d'années.

du régiment, avait parfaitement jugé Bonaparte. Il ne cessa de lui être favorable, et de lui faciliter tous les moyens d'allier les devoirs du service avec les agréments de la société.

A la rentrée des semestriers, le régiment de la Fère commença ses écoles; les cours de mathématiques et de fortification furent repris; et chaque matin, Napoléon, revenant ou du polygone, ou de la caserne, ou enfin du couvent des Cordeliers, dans lequel les moines louaient à la ville un local pour les instructions théoriques des officiers, Napoléon, enfin, passait chez le père Couriol, très-bon pâtissier, à l'angle des rues Vernoux et Briffaud, prenait deux petits pâtés brûlants parmi ceux qu'on trouvait toujours dans un tiroir en tôle qui était établi au-dessous de l'âtre du four, les avalait, et par-dessus un verre d'eau, pour le prix de deux sous, qu'il déboursait sans mot dire.

Juin 1786. A la fin de juin 1786, Bonaparte alla avec M. Aurel à la chartreuse de Bouvantes, dont celui-ci connaissait le prieur.

Les deux voyageurs durent passer à Romans et à Saint-Jean-en-Royans (1), bourg à dix lieues est-nord-est de Valence.

---

(1) Où, après son débarquement en France, pen-

C'est en allant dans la première de ces villes, que Napoléon fit la connaissance d'un M. Lambert, homme d'esprit, qui fréquentait le café Coppin, sur la grand'place de Romans, et où allait toujours le demander Bonaparte en arrivant dans cette ville.

En 1786, Joseph Bonaparte adressa au grand-duc de Toscane, dans le but d'être décoré de l'ordre de Saint-Etienne, un placet qui paraît n'avoir eu aucun résultat. (Pièces justificatives, n° xxiii.)

C'est vers cette époque, et à Valence, que Napoléon a dessiné le front de fortification qui sert de frontispice à cet ouvrage.

Il alla plusieurs fois explorer la plaine de Guillerand, sur la rive droite du Rhône, en

---

dant les cent jours, l'empereur Napoléon envoya un de ses officiers d'ordonnance pour faire préparer son logement chez M. Grand de Châteauneuf, dans l'incertitude d'arriver à Grenoble aussi facilement et aussi triomphalement, et dans l'espoir, en cas d'échec, de venir, près de l'Isère, s'appuyer sur un point central très-rapproché des ponts volants de la Sône *, Rochebrune et Eymeu, qui auraient rapidement transporté sa petite troupe sur la rive droite de l'Isère, ce qui lui aurait facilité l'entrée de la ville de Romans, dont il connaissait les bonnes dispositions à son égard.

* Où il n'y avait pas encore un pont suspendu.

regard de Valence, et il détermina la hauteur du château de Crussol, qui domine la montagne de ce nom.

Bonaparte allait de temps en temps visiter M. des Landes, qui possédait près de l'embouchure de l'Isère dans le Rhône, une maison de campagne de ce nom.

Au retour de cette promenade, il s'arrêtait pour se rafraîchir chez un cabaretier nommé Marcellin, qui habitait sur le quai, au Bourg-lès-Valence, une maison qui appartient aujourd'hui à M. Perrier, sous-chef de division à la préfecture (1).

C'est pendant son séjour à Valence que Napoléon a vu dans le monde Mlles de Saint-Germain (2), et de Laurencin (3), qui, quoique

---

(1) Dans le petit jardin de cette maison, on voyait encore, il y a quelques années, un cadran solaire dont on lui attribuait la confection, et qui a disparu sous le mortier dont l'a fait enduire le propriétaire, qui ignorait cette circonstance.

(2) Mariée en 1797 à M. de Montalivet, qui devint comte, ministre de l'intérieur; honnête homme que l'empereur, dans son second exil, croyait avec raison lui avoir été toujours tendrement attaché.

(3) Mariée en 1789 à M. le comte Dupont, alors capitaine dans le régiment d'infanterie de Lyonnais.

bien jeunes, en faisaient déjà les délices, et les dames Dupont, qui habitaient Étoile et Valence, et allaient ainsi que lui à la campagne de *Planèze*, possédée par M. Roche, négociant, près Montéléger, et à Montéléger même, où on assure qu'il a entendu la messe dans une tribune commune au château de ce nom et à l'église du lieu.

Il s'occupa sérieusement dans cette garnison à écrire l'*Histoire politique, civile et militaire de la Corse,* depuis ses commencements jusqu'alors (1). Il écrivit les premiers chapitres avec enthousiasme, les lut à ses camarades, qui applaudirent son œuvre, et à Mme du Colombier, qui lui conseilla de les soumettre à l'abbé Raynal. « Je ne le connais pas. »
» — « Oh ! si bien, moi. Je lui ferai recom-
» mander votre histoire par un de mes amis (2),
» et s'il l'approuve, vous continuerez. »

---

(1) Il paraît que déjà il pensait à cet ouvrage lorsque, le 12 ou 13 septembre 1783, il demandait de Brienne, à son père, de lui envoyer l'*Histoire de la Corse*, par Boswel.

(2) C'était l'abbé de Saint-Ruf, chez qui l'abbé Raynal a descendu plusieurs fois lorsqu'il allait de Paris à Marseille.

L'auteur, entraîné par l'avis de sa confidente, adressa à cet abbé l'épître suivante :

« Monsieur l'abbé,

» Le destin des grandes réputations est d'at-
» tirer l'importunité. Chaque débutant veut
» s'attacher à une célébrité établie. Historien
» novice de ma patrie, c'est votre opinion que
» je voudrais connaître, votre patronage qui
» me serait cher : auriez-vous l'indulgence de
» me l'accorder ? Je n'ai pas dix-huit ans, et
» j'écris : c'est l'âge où l'on doit apprendre.
» Mon audace ne m'attirera-t-elle pas vos rail-
» leries? non, sans doute; et si l'indulgence
» est le partage du vrai talent, vous devez
» avoir beaucoup d'indulgence. Je joins à ma
» lettre les chapitres *un* et *deux* de l'histoire
» de la Corse, avec le plan des autres. Si vous
» m'encouragez, je continuerai ; si vous me
» conseillez de m'arrêter, je n'irai pas plus
» avant. Excusez mon audace, et ne me re-
» prochez pas le temps que je vais vous faire
» perdre. Je suis, monsieur l'abbé, avec une
» haute admiration de vos écrits et un profond
» respect pour votre personne, votre, etc. »

Il paraît que l'abbé Raynal donna des éloges au travail de Napoléon, puisqu'il le continua; du moins la lettre suivante (dont je respecte l'*orthographe*), me le fait penser :

« Valence, le 29 juillet 1786.

» *A M. Paul Barde, libraire à Genève.*

» Je m'adresse directement à vous, mon-
» sieur, pour vous prier de me faire passer les
» Mémoires de Madame de *Valens* et de claude
» *Anet* pour servir de suite aux confessions
» de J. J. Rousseau (1).

» Je vous *prirai* également de m'envoyer les
» 2 derniers volumes de l'histoire des révolu-
» tions de Corse, par l'abbé Germanes. Je vous
» serais obligé de me donner note des ou-
» vrages que vous avez sur *lisle* de Corse,

---

(1) Ces mémoires venaient de paraître à Chambéri. Les premiers sont l'ouvrage de M. Doppet, alors médecin, depuis officier-général, mort en 1800 ; les seconds sont de son frère, avocat. A cette époque Napoléon était très-enthousiaste de Jean-Jacques Rousseau, dont les plus beaux ouvrages lui étaient familiers.

» *ouque* vous pourriez me procurer prompte-
» ment.

» *Jentent* votre *reponse* pour vous envoyer
» *largent à quoi* cela montera.

» Vous pouvez *madresser* votre lettre
» A Monsieur de Buonaparte officier d'ar-
» tillerie au Régiment de la Fère, en garnison
» à Valence, en Dauphiné.

» Je suis, Monsieur, avec une parfaite con-
» sidération, votre très-humble et *tres obeis-*
» *sant*, etc., etc.

» BUONAPARTE officier d'artillerie. »

Au dos de cette lettre, M. Barde a écrit :
« Reçu le 4 août, répondu ledit jour. »

CHAPITRE VI.

Révolte à Lyon; départ successif des deux bataillons du régiment de la Fère pour cette ville et plus tard pour Douai; ce corps est détaché sur les côtes de l'Océan dont il s'éloigne bientôt pour aller tenir garnison à Auxonne, où le rejoint Napoléon à l'expiration du semestre qu'il avait obtenu à Douai.

(DU 12 AOUT 1786 AU 1ᵉʳ MAI 1788.)

Au commencement du mois d'août 1786, Août 1786. une révolte éclata à Lyon à cause du droit de *banvin* (1), exigé, et pour cette année et pour plusieurs autres, par Mᵍʳ de Montazet, en sa dignité d'archevêque, et à raison d'une aug-

---

(1) Ce droit était une modification de celui par lequel les anciens seigneurs féodaux, pour débiter avec plus de facilité le vin de leurs récoltes, interdisaient à leurs vassaux ou censitaires, pendant la durée du mois d'août, la faculté de vendre leur propre vin.

mentation dans le prix des salaires réclamée tumultueusement par les ouvriers en soie, les ouvriers chapeliers et autres, dont trois furent arrêtés, jugés et pendus dans la même journée du 12 août.

M. Tolozan de Montfort, prévôt des marchands de cette ville, qui jouissait de la prérogative de n'avoir jamais dans ses murs aucune troupe de garnison ni de passage, prit des mesures énergiques, et fit arriver promptement à Lyon celles des troupes qui en étaient le plus rapprochées.

C'étaient : le régiment de royal-la-marine (infanterie), stationné à Grenoble; le régiment de chasseurs du Gévaudan, stationné à Tournon; le régiment d'artillerie de la Fère, stationné à Valence.

12 août 1786.

Le 12 août 1786, après plusieurs ordres et contr'ordres, marches et contre-marches de Valence à l'Isère, et réciproquement, le 2ᵉ bataillon (1) du régiment de la Fère partit pour Lyon.

---

(2) Il paraît que le 1ᵉʳ bataillon, qui primitivement devait partir pour Lyon, reçut contr'ordre, parce qu'il eût été trop faible, ayant déjà deux compagnies détachées en Corse.

Les lieutenants en second Bonaparte et le chevalier des Mazis firent partie de ce détachement.

Le 15 août 1786, il arriva dans cette ville en même temps qu'un escadron et une compagnie du bataillon des chasseurs du Gévaudan (1), et enfin un bataillon du régiment de royal-la-marine. 15 août 1786.

L'artillerie occupa Vaise, les chasseurs prirent poste à la Guillotière, et le bataillon de royal-la-marine s'établit à la Croix-Rousse.

L'arrivée de ces troupes et l'exemple terrible qui venait d'être donné aux mutins raffermirent complètement la tranquillité publique (2).

Les officiers du régiment de la Fère furent logés militairement chez les principaux négociants de la ville.

Les lieutenants se faisaient tous les jours, à

---

(1) D'après l'ordonnance provisoire du 8 août 1784, chacun des six régiments de chasseurs était formé de quatre escadrons et d'un bataillon.

(2) Voir aux pièces justificatives, sous le n° xxv, la correspondance de M. Tolozan avec le ministre de la guerre, relativement à cette révolte, dite des *deux sous*.

la parade, des confidences mutuelles sur leur manière d'être dans leurs logements.

Napoléon, forcé par son devoir de se rendre à ces réunions quotidiennes, était le seul à ne pas s'épancher avec ses camarades. Un d'eux lui dit : « Et toi, Bonaparte (1), comment es-
» tu dans ton logement ? » — « Moi ? je suis
» dans un enfer. Je ne ne puis ni entrer ni
» sortir sans être accablé de prévenances......
» je ne puis être seul dans mon appartement;
» enfin, il m'est impossible de penser dans
» cette maudite maison. » — « Je voudrais bien
» être à ta place, et je tirerais parti de ma
» position. » — « Eh bien, changeons à l'in-
» stant de logement. »

Ce marché fut exécuté sur-le-champ, à la grande satisfaction des deux camarades, et Bonaparte s'établit dans la maison possédée aujourd'hui par Mme veuve Blanc, à la montée de Montriboul.

Le ministre de la guerre, voulant profiter du mouvement déjà effectué de Valence sur Lyon par le 2e bataillon du régiment de la

---

(1) Tous les lieutenants du régiment de la Fère se tutoyaient. Ils étaient à peu près contemporains, et avaient reçu la même éducation.

Fère, ordonna au 1er bataillon de l'y joindre, et au régiment de se rendre à Douai. Il devait être remplacé à Valence par le régiment de Grenoble, qui tenait garnison à la Fère.

Le 17 septembre 1786, le 1er bataillon de la Fère partit de Valence pour Lyon.

17 septemb. 1786.

Le 20 (1), il y arriva.

20 septemb.

Le 21 septembre 1786, le régiment de la Fère se dirigea sur Douai, en passant par Châlons-sur-Saône, Dijon, Montseaugeon (2), Langres, Reims et la Fère.

21 septemb.

---

(1) Pour ne pas scinder le mouvement du régiment de la Fère, je porte en note la mort de M. le comte de Marbeuf, qui a eu lieu le 20 septembre 1786, à Bastia.

Voir aux pièces justificatives, n° XXIV, son extrait mortuaire, et parmi d'autres documents, celui qui prouve que Napoléon, étant empereur, n'avait pas oublié les services qu'il avait reçus de lui.

(2) Où le régiment de la Fère, plus ancien * que celui de Grenoble, le traita à la halte.

Ce dernier régiment, parti de la Fère le 15 septembre 1786, arriva à Lyon le 7 octobre suivant, et y

* Avant l'organisation de 1791, l'artillerie ne formait qu'un seul corps (royal), sous le n° 64, et marchait au centre de l'infanterie.

L'ancienneté des colonels de deux régiments d'artillerie qui se rencontraient déterminait leur ordre de bataille.

L'artillerie marchait toujours par régiment.

17 octobre 1786. Le 17 octobre 1786 (1), ce régiment arriva à Douai, dont l'école d'artillerie était commandée par M. le chevalier de Frédy, maréchal-de-camp.

La troupe fut casernée, et les officiers logés au pavillon (2). Ils furent reçus chez MM. Ho-

---

séjourna. Le 9, le 1er bataillon et l'état-major continuèrent leur route pour Valence, tandis que le 2e bataillon, retenu à Lyon, ou par la crainte d'un autre mouvement populaire, ou par la réparation d'une des ailes de la caserne de Valence, ne l'y rejoignit que le 29 novembre 1786.

Je ne me suis aussi étendu sur le régiment de Grenoble, qui, le 1er avril 1791, prit le n° 4 dans l'arme, que parce qu'alors il a eu l'honneur de compter dans ses rangs Bonaparte, qui y est entré à Valence comme premier lieutenant, et qui y a été capitaine en second et capitaine-commandant.

Plus tard, j'ai eu moi-même l'avantage d'y servir avec de bons camarades dont je prie les survivants de vouloir bien agréer l'assurance de mes souvenirs pour eux.

(1) Pièces justificatives, n° XXVI, itinéraires des dix-huit compagnies* du régiment de la Fère et du régiment de Grenoble.

(2) Le pavillon étant trop petit, on n'y logeait que les lieutenants et très-peu de capitaines; le reste était en ville.

* Les deux compagnies qui étaient détachées en Corse y furent relevées par deux compagnies du régiment de Grenoble, qui partirent de Valence pour cette île le 1er mars 1787.

noré, lieutenant des maréchaux de France, Bruneau de Beaunes, avocat-général, et La Grange, conseiller au parlement de Douai, seules maisons qui reçussent alors dans cette ville.

M. le vicomte d'Urtubie, lieutenant-colonel du régiment de la Fère, ayant été, dans une de ces sociétés, témoin d'une plaisanterie, ou injuste ou prolongée, que Bonaparte avait lancée à grands traits contre une dame de la ville, le fit venir chez lui le lendemain matin, et l'admonesta bénignement, plutôt en père (1) qu'en chef, sur sa conduite de la veille.

Cet officier-supérieur, croyant avoir réussi à prouver à son subordonné les torts qu'il avait eus, cessa enfin de lui faire des reproches, pensant que Napoléon allait s'excuser et le remercier. Pas du tout : le lieutenant dit à son supérieur : « *Vous n'avez plus rien à m'or-» donner ? j'ai l'honneur de vous saluer.* » Et il se retira, laissant ébahi M. d'Urtubie, qui en fit ses doléances au capitaine des Mazis, mentor de Napoléon.

---

(1) Comme cela était d'usage dans l'arme, ainsi que Napoléon se le rappelait dans son exil.

1ᵉʳ janvier 1787.   Le 1ᵉʳ janvier 1787, Bonaparte était encore, d'après l'*État militaire général*, le seizième lieutenant en second de son régiment.

Fin janvier 1787.   A la fin de janvier 1787, il obtint un congé et partit pour la Corse, laissant à Douai son régiment (1).

Février 1787.   En février 1787, Napoléon arriva à Valence, débarqua dans son ancien logement, chez Mˡˡᵉ Bou, dont il avait eu à se louer pendant son précédent séjour dans cette ville.

Il y fut reçu avec plaisir par ses anciennes connaissances, et fit raccommoder sa modeste

---

(1) En 1787, l'horizon politique s'étant rembruni, deux rassemblements eurent lieu en France :

1° Un vers les frontières du nord, aux ordres de M. le comte de Rochambeau, et composé des régiments d'infanterie d'Auvergne, la couronne, Condé, Poitou, Vigier-suisse, royal-comtois, Boulonnais, Dillon-suédois, Chartres, Auxerre et Rouergue, tous à deux bataillons; des chasseurs des Alpes, des hussards d'Estérazy et d'une brigade d'artillerie.

Cette petite armée, forte de 15,000 hommes, fut cantonnée un moment à Maubeuge, Givet, Philippeville et Rocroy.

2° Un autre sur les côtes de l'Océan. Le 18 octobre 1787, le régiment de la Fère partit de Douai, savoir : le 1ᵉʳ bataillon pour la Bretagne, le 2ᵉ pour la Normandie, et l'état-major pour Fougères.

Peu après, ces divers détachements, qui étaient

tabatière par le sieur Jeannot, alors ouvrier chez le sieur Drojat, maître ferblantier à Valence.

Enfin, à la fin de février 1787, il partit pour sa ville natale (1), en passant par Marseille, où il alla visiter M. l'abbé Raynal.

Février 1778.

Au commencement de mars, il arriva malade dans son pays (2). Il trouva l'archidiacre Lucien perclus par la goutte et alité depuis long-temps. Sain de tête, il ne laissait échapper aucun abus. Il connaissait la force, le nombre des pièces de bétail ; faisait abattre

---

déjà réunis à S¹-Denis *, furent dirigés sur Auxonne, où le régiment entier arriva le 25 décembre 1787. Napoléon l'y rejoignit plus tard, ce qui m'a forcé à présenter ce mouvement, quoique effectué en l'absence du lieutenant.

(1) Qu'il n'avait pas vue depuis la fin de 1778.

(2) D'après la lettre qu'on va lire, du 1ᵉʳ avril 1787, de Napoléon au docteur Tissot.

* Puisque le corps d'officiers fit une visite à Mᵐᵉ Louise-Marie de France, tante de Louis XVI, née à Versailles le 15 juillet 1737, religieuse carmélite le 1ᵉʳ octobre 1771, élue prieure le 25 novembre 1773.

Cette princesse reçut dans un parloir à double grille, et drapée, ces officiers, à qui elle demanda seulement qui ils étaient, d'où ils venaient et où ils allaient, et les congédia de suite en leur disant : « *C'est bon.* »

l'une, vendre, conserver l'autre : chaque berger avait son lot, ses instructions. Les moulins, la cave, les vignobles étaient soumis à la même surveillance. L'ordre et l'abondance régnaient partout. La situation de la famille Bonaparte n'avait jamais été plus prospère.

Le grand-oncle était riche, mais n'aimait pas à se dessaisir; il tenait surtout à prouver à sa famille qu'il ne faisait pas d'économies. Napoléon lui demandait-il de l'argent : « Tu » sais bien, » lui répondait-il, « que je n'en ai » pas; que les expéditions de ton père ne » m'ont rien laissé. » En même temps, il l'autorisait à vendre une tête de bétail, une pièce de vin. Mais on avait aperçu un sac; on était piqué de l'entendre prêcher misère avec des pièces d'or dans ses draps : on résolut de le mystifier. Pauline était toute jeune : Napoléon lui donna ses instructions. Elle tira le sac; les doublons roulèrent. On riait aux éclats. Le bonhomme étouffait de colère et de confusion. La mère Bonaparte accourut, gronda, ramassa les espèces, et l'archidiacre de protester que cet argent n'était pas à lui; mais on savait dans la famille à quoi s'en tenir à cet égard, et on n'eut garde de le contredire.

L'attachement de Napoléon pour son grand-oncle, toujours souffrant et constamment obligé de garder le lit, lui inspira la lettre suivante au docteur Tissot :

« 1ᵉʳ avril 1787. Ajaccio, en Corse.

» Monsieur,

» Vous avez passé vos jours à instruire l'hu-
» manité, et votre réputation a percé jusque
» dans les montagnes de Corse, où l'on se sert
» peu de médecins. Il est vrai que l'éloge
» court, mais glorieux, que vous avez fait de
» leur aimé général (1), est un titre bien suf-
» fisant pour les pénétrer d'une reconnais-
» sance que je suis charmé me trouver, par la
» circonstance, dans le cas de vous témoigner
» au nom de tous nos compatriotes.
» Sans avoir l'honneur d'être connu de vous,
» n'ayant d'autre titre que l'estime que j'ai
» conçue pour vos ouvrages, j'ose vous im-
» portuner en demandant vos conseils pour
» un de mes oncles qui a la goutte.

---

(1) Paoli.

» Ce sera un mauvais préambule pour ma
» consultation, lorsque vous saurez que le ma-
» lade en question a (70 ans) soixante-dix ans;
» mais, monsieur, considérez que l'on vit jus-
» qu'à cent ans, et plus, et mon oncle, par sa
» constitution, devrait être du petit nombre
» de ces privilégiés : d'une taille moyenne,
» n'ayant fait aucune débauche d'aucune es-
» pèce; ni trop sédentaire, ni trop peu; n'ayant
» été agité d'aucune de ces passions violentes
» qui dérangent l'économie animale, n'ayant
» presque point eu de maladie dans tout le
» cours de sa vie. Je ne dirai pas, comme Fon-
» tenelle, qu'il avait les deux grandes qualités
» pour vivre, bon corps et mauvais cœur ;
» cependant, je crois qu'ayant eu du penchant
» à l'égoïsme, il s'est trouvé dans une situa-
» tion heureuse qui ne l'a pas mis dans le cas
» d'en développer toute la force.

» Un vieux goutteux génois lui prédit, dans
» le temps qu'il était encore jeune, qu'il serait
» affligé de cette incommodité : prédiction
» qu'il fondait sur ce que mon oncle a des
» mains et des pieds extrêmement petits, et la
» tête grosse. Je crois que vous jugerez que
» cette prédiction accomplie n'est qu'un effet
» du hasard.

» La goutte lui prit, en effet, à l'âge de
» trente-deux ans : les pieds et les genoux en
» furent le théâtre. Il s'est écoulé quelquefois
» jusqu'à quatorze ans sans qu'elle revînt : un
» ou deux mois étaient la durée des accès. Il
» y a dix ans, entre autres, qu'elle lui revint,
» et l'accès dura neuf mois. Il y aura deux ans
» au mois de juin que la goutte l'attaqua aux
» pieds. Depuis ce temps-là, il garda toujours
» le lit. Des pieds, la goutte se communiqua
» aux genoux; les genoux enflèrent considé-
» rablement. Depuis cette époque, tout usage
» du genou lui a été interdit. Des douleurs
» cruelles s'en suivirent dans les genoux et les
» pieds; la tête s'en ressentit, et dans des crises
» continuelles, il passa les deux premiers mois
» de son séjour au lit. Peu à peu, sans aucun
» remède, les genoux se désenflèrent, les
» pieds se guérirent, et le malade n'eut plus
» d'autre infirmité qu'une inflexibilité de ge-
» noux occasionnée par la fixation de la goutte
» aux jarrets, c'est-à-dire aux nerfs et aux
» artères qui servent au mouvement. S'il es-
» saie de remuer le genou, des douleurs aiguës
» lui font cesser. Son lit ne sera jamais refait;
» simplement, l'on décout les matelas et l'on
» remue la laine et les plumes. Il mange bien,

» digère bien, parle, lit, dort, et ses jours
» s'écoulent, mais sans mouvement, mais sans
» pouvoir jouir des douceurs du soleil. Il im-
» plore le secours de votre science, sinon pour
» le guérir, du moins pour fixer dans une autre
» partie ce mal gênant.

» L'humanité, monsieur, me fait espérer
» que vous daignerez répondre à une consul-
» tation si mal digérée. Moi-même, depuis un
» mois, je suis tourmenté d'une fièvre tierce,
» ce qui fait que je doute que vous puissiez
» lire ce griffonnage. Je finis, monsieur, en
» vous exprimant la parfaite estime que m'a
» inspirée la lecture de vos ouvrages, et la
» sincère reconnaissance que j'espère vous
» devoir.

» Monsieur, je suis avec le plus profond
» respect votre très-humble et très-obéissant
» serviteur,

» Buonaparte,
» Officier d'artillerie au régiment
» de la Fère. » (1)

---

(1) Voir aux pièces justificatives, sous le n° xxvii, cette lettre *pro ut jacet*, à laquelle M. Tissot ne fit aucune réponse.

Ce médecin célèbre est mort à Lausanne le 12 juin 1797, à l'âge de soixante-dix ans.

— 115 —

Pendant ce séjour en Corse, Napoléon, entouré de tous les matériaux qui pouvaient encore lui être nécessaires, mit la dernière main à son *Histoire de Corse*, qui devait former deux volumes in-12.

Le 1ᵉʳ janvier 1788, Bonaparte était le treizième lieutenant en second de son régiment.

A la fin du mois de janvier 1788, Napoléon partit de Corse pour rejoindre son régiment à Auxonne (1).

Dans le commencement du mois de février 1788, il arriva à Valence et prit part aux nombreuses réunions qui y eurent lieu.

Vers le milieu de ce mois, la chaire de philosophie de l'université de Valence étant devenue vacante, cinq concurrents se présentèrent dans l'arène des arguties, et chacun d'eux, pendant cinq jours, soutint alternativement les assauts de la dialectique de ses adversaires.

Le 4 mars 1788, le concours s'ouvrit. Parmi les combattants était un jeune abbé nommé Bosc (2), qui, absent, fut lâchement attaqué

---

(1) Note 1 de la page 108.
(2) Frère d'un capitaine d'artillerie de la garde impériale, tué le 4 juillet 1809 à la bataille de Wagram.

par un de ses compétiteurs, dominicain, appelé Pajet. Les curieux étaient nombreux, et l'un d'eux, lieutenant d'artillerie, paraissait suivre avec beaucoup d'intérêt les chances de la lutte orale; il recueillait des notes, et surtout improuva hautement la conduite déloyale du moine envers le jeune abbé. Ce lieutenant était Bonaparte.

Au sortir de l'une des séances, ayant rencontré l'abbé Bosc, il le conduisit dans le café Bou (1), lui parla de matières théologiques et philosophiques avec science et sagacité, ce dont s'émerveillait fort le jeune clerc; puis, lui mettant entre les mains une carte à jouer: « Voici, » lui dit-il, « le relevé succinct des » erreurs avancées par cet impertinent moine, » dans le cours de son argumentation. A l'aide » de ces documents, il vous sera facile de le » confondre. Prenez courage. » Puis, le contraignant d'avaler coup sur coup, malgré l'insistance de ses refus, six tasses de café, il ajouta: « Buvez. Voltaire puisait ses inspira» tions dans cette liqueur généreuse : elle vous

---

(1) Où il logeait encore, disant dès son arrivée, en plaisantant : « *Je viens me reposer chez moi.* »

» suggérera des arguments contre ce coquin
» de moine. »

Le 6 mars 1788, l'abbé Bosc (1) se présenta de nouveau dans la lice, et, grâces aux renseignements écrits que lui avait fournis Bonaparte, il fit chèrement expier au dominicain et ses erreurs et ses imputations calomnieuses.

<small>6 mars 1788.</small>

Dans les derniers jours du mois de mars 1788, trois officiers, M. de Foucault, du régiment de Grenoble, et MM. de Marquet et Duperreau, qui étaient en semestre, firent insérer dans le *Courrier d'Avignon* (seul journal qu'on reçût alors à Valence) que les ambassadeurs envoyés à Versailles par Tippoo-Saïb, étaient arrivés à Marseille, où ils

---

(1) Quelques années après, le lieutenant Bonaparte devint empereur, et l'abbé Bosc curé de village. Alors celui-ci se rappela et les six tasses de café, et la carte aux notes, qui, de babiole qu'elle était, devint à ses yeux chose précieuse émanant d'un grand homme.

Un jour que le curé Bosc contait cette anecdote au fameux Fourcroy, avec qui il dînait au château d'Alex, celui-ci le pria instamment de lui donner la note qu'il tenait de Napoléon, ce à quoi consentit le bon abbé.

devaient subir une légère quarantaine; ensuite qu'ils étaient attendus prochainement à Avignon, où l'on se disposait déjà à les recevoir solennellement.

Les esprits étant ainsi préparés, les auteurs du poisson d'avril s'établirent à Morlon, dans une campagne entre le Rhône et le relais de la Paillasse, et là, après s'être noirci la figure, ils se déguisèrent en courriers des prétendus ambassadeurs, et, revêtus de lambeaux de vieilles tapisseries (que les curieux préféraient à celles des Gobelins), ils arrivèrent successivement pour les annoncer, dès le 31 mars, à l'hôtel de la poste, à Valence; et le 1er avril, ces officiers, fatigués d'avoir trop ri, présentèrent, du balcon de leur hôtel, le fin poisson à la foule agglomérée depuis la veille dans le faubourg Saunière.

M. de Bouchard, commandant d'école, se préparait à faire tirer le canon pour les soi-disant ambassadeurs; mais il en fut empêché par une de ses connaissances, M. de Ravel, ancien officier supérieur de dragons, qui, étant dans le secret, et ne voulant pas plus tard recevoir des reproches mérités de M. de Bouchard, lui persuada qu'il ne devait aucuns honneurs à ces envoyés, dont le passage ne lui avait pas été annoncé par le ministre de la guerre (1).

On assure que Bonaparte a été témoin tout aussi crédule que les autres de cette facétie, qui fit beaucoup rire la reine Marie-Antoinette.

Le 1er avril 1788, Napoléon était le onzième lieutenant en second de son régiment (2).

1er avril 1788.

Au commencement d'avril 1788, Napoléon partit pour Paris en passant à Lyon, où il s'arrêta.

Arrivé peu après dans la capitale, son premier soin fut d'aller voir sa sœur, Marie-Anne (Élisa), à la maison de Saint-Louis, près Saint-Cyr.

Il retrouva à Paris son camarade des Mazis, qui y était en semestre.

Bonaparte allait souvent à Passy voir (3)

---

(1) Les vrais ambassadeurs n'arrivèrent à Valence que le lundi 30 juin suivant. (Pièces justificatives, n° xxviii.) M. de Bouchard, à qui ils furent alors annoncés officiellement, hésitait à les recevoir militairement; néanmoins, il leur offrit une école.

(2) *État militaire de l'artillerie pour* 1788.

(3) Ou revoir, car Napoléon aurait déjà fait sa connaissance à Marseille, en février 1787.

M. Raynal, à qui il aurait soumis son *Histoire de Corse*, qu'il avait entièrement terminée. L'abbé lui prodigua des éloges. Il désirait que Napoléon publiât cet ouvrage, qui lui ferait beaucoup d'honneur et servirait puissamment la cause qu'il y traitait avec talent.

On assure que l'abbé Raynal avait envoyé l'œuvre de Napoléon à M. de Mirabeau, qui l'approuva aussi et chargea l'ecclésiastique d'engager le jeune auteur à venir le voir.

Napoléon envoya son travail à un père minime du collége de Brienne, qui ne partagea pas l'opinion de l'abbé Raynal, et lui manda, après l'avoir examiné, qu'il le trouvait trop contraire à la France et dans un trop grand esprit de liberté. Napoléon lui répondit qu'il croyait avoir envoyé son *Histoire* à un homme de sens, et non à un moine.

Pendant son séjour à Paris, Bonaparte fut admis à l'intimité des déjeûners scientifiques de l'abbé Raynal.

1ᵉʳ mai 1788. Le 1ᵉʳ mai 1788, il partit de la capitale pour aller rejoindre son régiment à Auxonne, en passant exprès par Brienne, où il se rappelait avec plaisir d'avoir été élevé.

CHAPITRE VII.

Napoléon rejoint son régiment à Auxonne ; phrénologie ; lettre à Paoli ; révoltes ; course à Montcenis ; semestre.

(DU 1ᵉʳ MAI 1788 AU 1ᵉʳ SEPTEMBRE 1789.)

Le 1ᵉʳ mai 1788, Napoléon arrive à Auxonne, où il rejoint le régiment d'artillerie de la Fère (1), auquel il appartenait toujours.

Cette école était commandée par M. le baron du Teil, maréchal-de-camp d'artillerie.

M. Pillon d'Arquebouville, commissionné maréchal-de-camp (2), y était directeur d'artillerie.

Ces deux maisons étaient à peu près les seules d'Auxonne où on reçût.

---

(1) Ce régiment y était en garnison depuis le 25 décembre 1787. (Note 1 de la page 108.)

(2) Note 1 de la page 80.

C'est là qu'il fit connaissance de Mme Naudin (1), dont il recherchait la conversation.

M. de la Gohière était son capitaine de bombardiers ; il fut remplacé, peu après, par M. de Cocquebert.

Les officiers du régiment de la Fère logeaient dans les pavillons. Napoléon habita celui du sud, au troisième, en face de l'ancien moulin de Béchau. Sa chambre était soignée par une nommée Thérèse Guérin, dont la fille vit encore. Outre son logement au pavillon, Bonaparte eut plus tard un cabinet très-retiré dans la maison Phal, chez M. Lombard, professeur de mathématiques de l'école d'Auxonne, qui, semblant pressentir les grandes destinées qui attendaient son élève, répétait sans cesse : « *Ce jeune homme ira loin.* »

Bonaparte était très-studieux et très-assidu aux leçons du célèbre Lombard ; il donnait au

---

(1) Femme aimable d'un commissaire des guerres auquel Napoléon, qui l'aimait, adressa de Valence, une lettre sous la date du 27 juillet 1791. (Pièces justificatives, *autographe* n° XLII.

On a dit aussi qu'il correspondait avec Mme Naudin. Les héritiers de cette dame, MM. Titon (Remy) et Charles (Anatole), propriétaires à Dôle, posséderaient quelques lettres de lui.

travail presque tout le temps que son service n'exigeait pas; et pour être moins souvent dérangé, il allait sans façon manger un peu de bouillie de maïs, de millet, et quelquefois de riz, chez une bonne femme qui demeurait dans la maison, et dont la fille, qui existe encore aujourd'hui, se trouvait ainsi la commensale du grand homme.

Plus tard, Bonaparte fut en pension chez un M. Aumont, qui habitait vis-à-vis la maison Phal ou Lombard. On l'appelait souvent pour les repas; il se faisait fréquemment attendre, et s'excusait avec beaucoup de politesse sur sa lenteur à arriver.

Quand il se promenait, il avait toujours des livres ou des papiers à la main. Il dirigeait quelquefois ses excursions vers le village de Villers-Rôti, à une lieue d'Auxonne, et s'asseyait sous un très-gros tilleul qu'on appelle *l'arbre de Sully* (1), où il se faisait apporter du lait; ou bien il allait en prendre chez le père de la femme Papeut (2), à qui il donna

---

(1) Parce qu'il fut planté sous son ministère.

(2) Aujourd'hui ensevelisseuse à Auxonne, où elle conserve soigneusement une pièce de 3 sous, unique reste des cadeaux que lui fit autrefois Napoléon.

successivement une bague en argent, une espèce de foulard et une pièce de 6 livres, en lui disant : « *J'aime beaucoup les petites Marie.* » (C'est le prénom de la femme Papeut.)

Si Napoléon s'arrêtait dans ces promenades, c'était, le plus souvent, pour tracer sur le sable ou les chemins des figures de géométrie avec le bout du fourreau de son épée.

Une de ses promenades favorites était la grande chaussée établie à l'extrémité du pont sur la Saône ; arrivé à une chaumière qui est au bout de cette chaussée, Bonaparte y demandait une tasse de lait. C'est depuis cette époque que cette chaumière a pris et conserve encore la dénomination de *Café Bonaparte*.

Les officiers se prirent d'une belle passion pour la musique, et déchiraient impitoyablement les oreilles de leurs voisins. On se plaignit au commandant d'école, qui n'était pas plus tendre que mélomane, et il défendit ce tapage depuis la retraite jusqu'au roulement du matin. On assure que Napoléon n'était pas au nombre des artistes, mais des plaignants.

On fait dire à Bonaparte qu'un camarade (1)

---

(1) Au reste, l'empereur prouva en 1814, à M. Belli de Bussy, qu'il avait oublié la rancune du lieutenant, puisque, après avoir reçu de lui des renseignements

logé au-dessus de lui avait pris le goût funeste de donner du cor, et l'assourdissait de manière à le distraire de toute espèce de travail. On se rencontre dans l'escalier : « Mon
» cher, vous devez bien vous fatiguer avec
» votre maudit instrument ? » — « Mais non,
» pas du tout. » — « Eh bien, vous fatiguez
» beaucoup les autres. » — « J'en suis fâché. » —
« Mais vous feriez bien mieux d'aller donner
» de votre cor plus loin. » — « Je suis maître
» dans ma chambre. » — « On pourrait vous
» donner quelque doute là-dessus. » — « Je ne
» pense pas que personne fût assez osé. »
Duel arrêté. Le conseil des camarades (1) examine avant de le permettre, et prononce qu'à l'avenir l'un ira donner du cor plus loin et l'autre sera plus endurant.

Enfin, on assure que Napoléon eut à Auxonne, à propos de musique, une altercation

---

importants sur la position de l'ennemi, pendant la campagne de France, il le nomma d'emblée son aide-de-camp, avec le grade de colonel d'artillerie, tandis qu'il s'était retiré comme lieutenant. Enfin, pour subvenir à son équipement, il lui remit sur le trésor un bon de 25,000 fr., que Louis XVIII paya un mois après.

(1) Dans le régiment de la Fère, à moins de courir la chance d'être renvoyés, deux lieutenants ne pouvaient se battre qu'après avoir préalablement fait juger le duel par leurs camarades.

avec M. Desroches, son camarade, et qu'elle a donné lieu aux deux versions que je n'ai rapportées que parce que la seconde se lit dans toutes les biographies de Napoléon.

1788. En 1788, le général du Teil ordonna dans le polygone d'Auxonne divers travaux dont il chargea le lieutenant Bonaparte, auquel il adjoignit le sieur Floret, alors sergent au régiment de la Fère.

Le commandant d'école, qui était sévère, trouvant que ses instructions n'avaient pas été suivies, mit le lieutenant aux arrêts, et le sergent en prison (1).

---

(1) A une affaire assez importante de la première campagne de Saxe, ce même Floret, qui était devenu capitaine commandant d'artillerie au 1er régiment à pied, ayant été retardé pour venir se mettre en ligne, l'empereur Napoléon arrive :

« Monsieur Floret, » s'écrie-t-il, « votre batterie est toujours en retard !... Je vous ferai arrêter à la tête de votre compagnie ! »

— « Sire, si vous me faites arrêter, ce ne sera pas le moyen de me faire aller plus vite ! » répond froidement le capitaine.

Deux jours après, rencontrant cet officier, Napoléon ne pensant plus à ce qui s'était passé, s'approche de Floret, cause amicalement avec lui, et lui rappelle entre autres choses, le temps où ils étaient en garnison à Auxonne.

En 1788, quoique étant un des derniers lieutenants en second du régiment de la Fère, Bonaparte aurait été désigné par le général du Teil pour commander une grande école en l'honneur de Mgr le prince de Condé, gouverneur-général du duché de Bourgogne (1).

1788.

« Te souviens-tu, » lui dit-il en lui tirant l'oreille, « de ces travaux que nous fûmes chargés d'exécuter au polygone ? »

— « Oui, sire. »

— « Te rappelles-tu que nous les effectuâmes si mal, que le sergent Floret fut mis en prison pour huit jours, et le lieutenant Bonaparte aux arrêts pendant vingt-quatre heures ? »

— « C'est vrai, sire » répondit Floret, avec une sorte de vivacité; « vous avez été toujours plus heureux que moi. »

(1) Cette préférence donnée au lieutenant Bonaparte (dans une circonstance que révoquent en doute plusieurs de ses camarades, et que d'autres rapportent au prince de Lambesc* ou à son frère, le prince de Vaudemont) par le général du Teil qui a eu beaucoup d'autres bontés pour lui, pourrait bien n'avoir pas

(*) J'ai entendu dire qu'en l'honneur de ce prince, M. le général du Teil avait voulu faire faire au polygone d'Auxonne, la petite guerre qu'auraient dû commander contradictoirement, MM. César du Teil son fils, simple élève d'artillerie, et le lieutenant Bonaparte, mais que ce dernier ou s'étant méfié de ses forces, ou craignant que son rival ne l'emportât sur lui, avait fait le malade, ce qui avait beaucoup contrarié le commandant d'école, parce qu'il n'eut pas le temps de donner, au dernier moment, de nouvelles instructions à un autre officier.

Il allait quelquefois à Mailly, chez Mme de Berbis, que visitait souvent le général du Teil, dont le fils, premier lieutenant au régiment de la Fère, a épousé la fille.

1788. Vers le milieu de 1788, Napoléon fit partie d'une commission chargée par le commandant d'école de faire des épreuves sur le tir des bombes, et avec des mortiers et avec un tronçon de canon (1).

Bonaparte faisait autour d'Auxonne de fréquentes promenades, accostait tout le monde, questionnait beaucoup et notait les réponses.

Il s'occupait avec ardeur de mathématiques, et, très-fort dans cette science, il expliquait avec plaisir et complaisance à ses camarades, et même aux élèves (2), les dé-

---

été indifférente au souvenir de l'illustre exilé, lorsque le 24 avril 1821, il rédigea à Longwood son quatrième codicile. Voyez appendice : lettre Z.

(1) Pièces justificatives, n° XXIX.
(2) Après la suppression de l'école des élèves de Bapaume, et par ordonnance du 8 avril 1779, le roi établit dans chacune des écoles de l'artillerie six places d'élèves. Ils portaient l'uniforme des officiers de cette arme, mais sans épaulettes ; ils étaient aux ordres des commandants des écoles, et étaient examinés annuellement dans l'une d'elles.

monstrations qu'ils n'avaient pas comprises dans les salles.

Napoléon, extrêmement simple dans sa tenue, contrastant ainsi avec plusieurs de ses camarades qui étaient très-élégants, était souvent plaisanté par eux; mais jamais il ne se fâchait, et il réussissait à mettre les rieurs de son côté.

Il travaillait alors (1) à un ouvrage de phrénologie au moyen duquel, disait-il, il prétendait parvenir à la connaissance des facultés morales d'un homme par l'inspection des traits de sa figure et de sa conversation.

Dans l'hiver de 1788 à 1789, MM. Bonaparte, des Mazis et un autre camarade, essayèrent pendant quelque temps de vivre avec du lait (2).

Le 1ᵉʳ janvier 1789, Bonaparte est le dixième lieutenant en second du régiment de la Fère.

1ᵉʳ janvier 1789.

Au commencement de 1789, il y eut à Seurre, petite ville de Bourgogne, une émeute occasionnée par des achats de blé, venant de

---

(1) D'après ce qu'il confia à un de ses camarades qui me l'a dit.
(2) Pièces justificatives, n° XXI.

Gray, qu'y faisaient, entre autres, les sieurs Gayet et Morlet, de Lyon. Ces deux négociants regardés comme accapareurs, furent tués par la populace, poussée contre eux par les nommés Coste Moustache, Morlet et Granet, qui renversèrent l'administration municipale, firent nommer maire le second d'entre eux, tandis que le troisième devint procureur de la commune.

Ces nouveaux administrateurs se permirent de taxer à leur profit ces grains que le peuple avait retenus à Seurre.

Le marquis de Gouvernet, lieutenant-général, commandant en chef le duché de Bourgogne à Dijon, informé aussitôt de cette révolte, fit partir immédiatement d'Auxonne pour Seurre un détachement de cent hommes du régiment d'artillerie de la Fère, chargé d'y protéger le commerce et la circulation des subsistances.

Ce détachement était commandé, entre autres officiers, par MM. de Menoir (1), qui devait déjà être lieutenant en premier, et Bonaparte, lieutenant en second.

---

(1) Mort, près d'Agen, colonel d'artillerie en retraite.

Ce dernier logea quelque temps chez M. Lambert, alors procureur, Grand'rue, n° 13 (aujourd'hui n° 17).

Celui-ci donna un bal auquel il invita son hôte, qui accepta ; mais comme à minuit il n'avait pas encore paru, le maître de la maison alla le chercher, et le trouva couché sur des plans. Napoléon descendit et alla au bal, où il ne resta que trois quarts d'heure.

Il logea ensuite chez M. Philippot, aux Capucins.

Pendant le séjour que Bonaparte a fait à Seurre, il a assisté à plusieurs des réunions qui avaient lieu alternativement chez M. de Montot et chez M. Milot, qui fut nommé maire après la répression des troubles.

Napoléon fut remarqué à Seurre comme étant très-studieux, très-sérieux et peu communicatif ; on s'aperçut aussi dans cette ville qu'il était moins que recherché dans sa tenue.

Il émettait déjà des avis fort tranchants contre les révoltes de haut et bas parage. Une riche bibliothèque lui était ouverte, et on s'aperçut que les livres d'histoire n'étaient pas seulement ceux que recherchait Bonaparte, mais qu'il lisait avec plus d'avidité ceux qui traitaient des révolutions de tous les peuples.

Napoléon s'afficha dans sa petite garnison pour être l'adorateur de Mme P....r, née N...s, femme belle et aimable du receveur du grenier à sel, et étrangère à Seurre.

Il passait aussi pour avoir des relations avec une Mme G....t, fermière à F...y, près de cette ville, dont il avait fait la connaissance en se livrant encore, dans ses promenades champêtres, à son goût décidé pour le lait.

Mai 1789. Dans les premiers jours du mois de mai 1789 (1), le lieutenant Bonaparte et son ca-

---

(1) Au retour de cette course de peu de jours, ces messieurs apprirent la mort de M. de Gribeauval, qui eut lieu le 9 mai 1789.

Jean-Baptiste-Vaquette de Gribeauval, né à Amiens, le 4 décembre 1715; volontaire au régiment royal d'artillerie, en 1732; officier pointeur en 1735; capitaine en 1747; lieutenant-colonel, et colonel en 1757; fut général de bataille, et commandant l'artillerie, le génie et les mineurs de l'armée autrichienne, de 1757 à 1762; rentra en France comme maréchal-de-camp d'artillerie, le 25 février 1762; commandeur de l'ordre royal et militaire de Saint-Louis, en 1764; lieutenant-général des armées du roi, le 19 juillet 1765; grand'croix de l'ordre de Saint-Louis, premier inspecteur-général de l'artillerie et commandant en chef le corps des mineurs, en 1776.

A sa mort, M. le comte de Gribeauval ne fut pas remplacé dans ses fonctions de premier inspecteur-

marade des Mazis, qui vint le prendre à Seurre, partirent de cette ville pour aller visiter Montcenis (1) et le Creuzot (2), bourgs voisins, à cinq lieues environ d'Autun.

Peu après sa course à Montcenis, le lieutenant Bonaparte revint de Seurre à Auxonne avec le détachement dont il avait fait partie.

Le 12 juin 1789, Napoléon écrivit d'Auxonne

12 juin 1789.

---

général, qui furent supprimées par le décret du 2—15 décembre 1790.

J'ai cru devoir consacrer cette notice rapide au chef d'une arme dans laquelle Napoléon a pris son essor, et à un officier-général qui a eu le grand mérite, malgré les obstacles de la routine, d'arracher le matériel de l'artillerie au cahos dans lequel il était plongé avant lui.

(1) Et non le Mont-Cenis, comme l'ont avancé plusieurs historiens qui ont ajouté que Bonaparte avait voulu décrire ce voyage à la manière de Sterne.

(2) Le Creuzot, qui était, il y a 60 ans, un domaine appelé de *la Charbonnière*, n'est redevable de son accroissement qu'à l'exploitation de ses mines et à l'établissement des forges et fonderies dont une compagnie puissante jeta les premiers fondements en 1777.

En 1784, M. Lambert*, fondateur de la cristallerie en France, avait transporté de Sèvres, près de Paris, au Creuzot, sa manufacture de cristaux.

* Mort en septembre 1835, chevalier de la Légion-d'honneur, à Sèvres.

à Paoli, qui était encore en Angleterre (1), une lettre politique (2) dans laquelle il l'entretient de son *Histoire de Corse.*

14 juillet 1789.

Le 14 juillet 1789, Bonaparte était à Auxonne, et prit les armes avec son régiment,

---

(1) Pascal Paoli naquit, le 25 avril 1725, d'Hyacinthe Paoli, au village de Stretta, piève de Rostino, en Corse.

Son père, qui s'était fait général de la nation, en 1737, fut forcé de sortir de l'île, d'après des arrangements intervenus entre M. le maréchal de Maillebois, et la république de Gênes ; il conduisit son fils à Naples où il le fit élever par le célèbre Genovesi. Sorti de l'enfance, Pascal fut officier dans une des compagnies corses qu'avait levées le roi des Deux-Siciles.

A la fin de 1754, Pascal revit sa patrie dont il fut nommé général, vers le milieu de 1755, dans une assemblée tenue au couvent des pères Servites de Santo-Antonio-di-Casabianca.

Le 13 juin 1769, après d'infructueux efforts pour rendre son pays indépendant, P. Paoli s'embarqua à Porto-Vecchio, pour Livourne et Londres, d'où il se rendit à Paris, où il arriva le 3 avril 1790, en vertu du décret de l'assemblée nationale du 30 novembre 1789, rendu sur la proposition de Mirabeau. (*Moniteur* n° 100, du 30 novembre 1789 ; séance du même jour.)

(2) Cette lettre qu'on lira aux pièces justificatives, n° xxx, fut trouvée, en 1797, à Corté, dans les papiers de Paoli, qui venait de quitter sa patrie pour la troisième et dernière fois.

qui attendit en vain les prétendus brigands annoncés sur tous les points de la France au même jour et à la même heure.

Les 19 et 20 juillet 1789, la populace d'Auxonne s'ameuta au sujet de la perception des octrois et des gabelles; elle brûla tous les registres et brisa toutes les barrières qui étaient élevées pour faciliter le recouvrement de ces impôts. 19 et 20 juill. 1789.

A cela près, cette révolte fut facilement comprimée par un détachement du régiment de la Fère, qui, réuni à la garde nationale obligée d'avoir recours à son intervention, agissait d'après les ordres du commandant d'école, à qui, dans cette journée, Napoléon fit agréer ses services comme aide-de-camp (1).

En juillet 1789, Bonaparte écrivit d'Auxonne à un ami de sa famille : Juillet 1789.

« Je n'ai d'autre ressource ici que de tra-
» vailler. Je ne m'habille que tous les huit

---

(1) Avant la révolution de 1789, les maréchaux-de-camp, commandants d'école, n'avaient pas d'aides-de-camp, et ceux de ces officiers-généraux qui étaient inspecteurs-généraux, avaient chacun un officier d'ordonnance, qui les suivait seulement pendant leur tournée.

» jours ; je ne dors que très-peu depuis ma
» maladie (1) : cela est incroyable. Je me
» couche à dix heures, et je me lève à quatre
» heures du matin. Je ne fais qu'un repas par
» jour, à trois heures : cela me fait très-bien
» à la santé. »

---

(1) Qui pouvait être causée par le régime annihilant auquel il s'était soumis, pendant l'hiver précédent, et qui fut traitée par M. Bienvelot, chirurgien-major du régiment à cette époque, et encore le 4 juin 1802 (15 prairial an 10), jour où Bonaparte, premier consul, passant au Champ-de-Mars, à Paris, la revue du 1ᵉʳ [régiment d'artillerie à pied * reconnut son ancien docteur, et lui dit : « Eh bien, Bienvelot, êtes-vous toujours aussi original ? » — « Pas tant que vous, citoyen [premier] consul, ... qui ne faites rien comme les autres, et que personne n'a encore pu imiter. »

La réponse, ainsi scindée, ne déplut pas à Napoléon qui, quelque temps après, nomma M. Bienvelot membre de la Légion-d'honneur.

* En rendant ses drapeaux à ce régiment, le premier consul dit aux officiers et sous-officiers, formant un double cercle autour de lui :

« Officiers et sous-officiers du 1ᵉʳ régiment d'artillerie à pied !

» C'est dans vos rangs que j'ai pris les premières leçons de l'art
» militaire ; j'ai toujours vu votre régiment uniquement sensible au
» sentiment de l'honneur ; soyez dignes d'être les premiers du pre-
» mier corps de l'armée ; faites connaître à vos soldats que je les vois
» ici avec une vive satisfaction. »

Le 16 août 1789, ce fut le tour de l'artillerie. M. de Boubers (1), capitaine-commandant au régiment de la Fère, fut désigné pour commander avec trois autres officiers un détachement de cinquante hommes (2), pour s'opposer à une démarche violente de la majorité des canonniers de ce régiment, qui prétendaient qu'on leur délivrât la masse-noire, contenue dans la caisse du corps déposée chez le colonel.

Les officiers municipaux, en écharpe, firent des efforts inutiles (3) pour seconder le détachement et s'opposer à la résolution décidée des canonniers, qui s'avançaient en colonne serrée et profonde.

---

(1) Devenu général de brigade d'artillerie.

(2) Deux de ces trois officiers étaient MM. de Roqueferre, alors 1er lieutenant, aujourd'hui chef de bataillon d'artillerie, en retraite à Carcassonne; Bouvier de Cachard, à cette époque lieutenant en second, et maintenant maréchal-de-camp d'artillerie en retraite à Saint-Péray (Ardèche).

(3) Puisque la distribution des fonds eut lieu, et que les insurgés ne voulaient pas que les hommes du détachement y eussent part.

Bonaparte était encore présent à cette scène d'indiscipline.

1ᵉʳ septemb. 1789. Le 1ᵉʳ septembre 1789, le lieutenant Bonaparte obtient un semestre et part d'Auxonne.

CHAPITRE VIII.

Napoléon va en semestre dans son pays ; l'abbé de Saint-Ruf ; adresse à l'assemblée nationale ; lettre à Buttafuoco ; Napoléon retourne à son corps avec son frère Louis.

(DU 1ᵉʳ SEPTEMBRE 1789 AU 1ᵉʳ JUIN 1790.)

Napoléon, ayant obtenu un semestre, part d'Auxonne pour Ajaccio, et passe à Valence. Son séjour dans cette ville lui procura le plaisir de revoir Mᵐᵉ du Colombier, et le remit en présence de plusieurs personnes qu'il y avait connues. Il y retrouva l'abbé de Saint-Ruf, dont l'obligeance envers lui ne se démentit pas, malgré la divergence de leurs opinions politiques. Le bon prélat paraissait douloureusement atteint des coups qu'on se préparait déjà à porter au clergé, et à ce sujet, il dit à Napoléon que tout gouvernement qui se priverait de l'appui d'une religion quelconque, pour ne s'étayer que sur l'indifférence, ne se soutiendrait pas long-temps; qu'en le faisant, au contraire, concorder avec le culte établi, ce serait lui donner une force immense, puisque par là on rallierait à soi ceux qui prêchent et parlent chaque jour au nom des consciences. Il lui montra clairement que la persécution du clergé assurerait des ennemis irréconciliables et nombreux au nouvel ordre de choses.

L'abbé de Saint-Ruf, homme, d'ailleurs, de sens et d'esprit, emporté par la chaleur de la conversation plus sans doute que par un rayon prophétique, lui dit enfin :

« Monsieur de Buonaparte, au train dont » nous allons, chacun peut devenir roi à son » tour : lorsque le vôtre viendra, accommo- » dez-vous de la religion chrétienne; vous » vous en trouverez bien. » — « Monsieur » l'abbé, » répliqua Napoléon, « quand ce » temps viendra, je vous ferai cardinal. » Et ils se mirent à rire tous les deux de leur promotion anticipée.

Arrivé en Corse, Napoléon fut reçu à bras ouverts par sa famille : sa conduite lui méritait toujours cet accueil. Jamais de plaintes sur son compte; officier pauvre, il n'avait aucune dette; vivant chétivement, mais sans créanciers. Il en résultait que malgré sa jeunesse, il jouissait, dès l'âge de vingt ans, de cette considération que l'on n'acquiert ordinairement qu'avec les années.

Bonaparte retrouva son vieil oncle Lucien un peu démocrate, peut-être en dépit de sa robe, mais néanmoins ecclésiastique jusqu'au bout des ongles. Il s'éteignait visiblement. Peu satisfait de ce qu'il voyait, mécontent du présent, redoutant l'avenir, il aurait bien désiré s'endormir avant l'orage.

31 octobre 1789. *Adresse de plusieurs Corses à l'assemblée nationale.* [31 octobre 1789.]

Cette pièce (1) a été probablement rédigée par Bonaparte, qui l'a signée le premier.

Le 1ᵉʳ janvier 1790, Napoléon est le huitième lieutenant en second du régiment de la Fère (2). [1ᵉʳ janvier 1790.]

23 janvier 1790, *Lettre* (3) *écrite par* [23 janvier 1790.]

---

(1) Pièces justificatives, n° xxxiii.

(2) *État militaire général de l'armée pour* 1790.

(3) Cette lettre qui, dans l'original, est datée de l'an 2 de la Liberté, ainsi qu'on disait en 1788, fut imprimée bientôt après, comme on le verra; elle est classée aux pièces justificatives sous le n° xxxiv.

Buonaparte à M. Matteo di Buttafuoco (1), *maréchal des camps et armées du roi, député de la noblesse corse à l'assemblée nationale constituante.*

Cette lettre de Napoléon, datée de son cabinet de Milleli (2), où règne, avec le sentiment et l'expression de l'ironie la plus amère, la déclamation la plus énergique contre les trahisons que Bonaparte reproche à ce député, fait merveilleusement connaître quelle impression avait produite sur les idées du jeune Corse la révolution française, et retrace avec une rapidité et une éloquence remarquables les événements qui amenèrent la soumission de sa patrie à la France.

Immédiatement après le 23 janvier 1790, Bonaparte a dû partir d'Ajaccio avec son frère Louis, qu'il amenait sur le continent en passant par Toulon, où on les a vus.

31 janvier 1790.
Le 31 janvier 1790, Napoléon était déjà à

---

(1) *Notice sur M. de Buttafuoco.* (Pièces justificatives, n° xxxv.)

(2) *Notice sur Milleli.* (Pièces justificatives, n° xxxvi.)

Valence, et a assisté à la confédération qui a eu lieu alors dans cette ville (1).

Il y eut un grand dîner chez le commandant de la garde nationale de Valence, et le soir, chez M. Perrin, à la basse-ville, un bal nombreux auquel assista Bonaparte.

M. Brun la Rochette, qui venait d'être nommé notaire à Châteauneuf-de-Mazenc, près de Montélimar, voyant dans cette réunion un jeune officier d'artillerie qui semblait ne pas partager la joie commune, demanda son nom à quelqu'un, qui lui répondit : « *Il s'appelle Bonaparte et il est Corse.* »

Parmi les officiers d'artillerie, l'émigration fut peu de mode : presque tous étaient de petite noblesse ou enfants de leurs œuvres; la contre-révolution ne leur aurait rien fait gagner. Ils s'accommodèrent en général de ce qui leur présentait de meilleures chances d'avancement. Le corps du génie militaire imita celui de l'artillerie. On leur envoyait aussi des fuseaux, des quenouilles, ce qui les amusa beaucoup et fit dire à Napoléon que l'occasion

---

(1) Procès-verbal de cette réunion. (Pièces justificatives, n° XXXVII.)

se présenterait bientôt de prouver que les cadeaux d'Omphale ne convenaient point aux Hercules modernes.

Une dame, entre autres, à Valence, dit-on, conjurait Bonaparte d'émigrer; elle mettait à ce prix ses bonnes grâces :

« Madame, » lui répondit-il, « vous êtes » charmante; mais il y a de par le monde une » femme dont les faveurs me plaisent encore » plus : c'est la France. »

— « Quiconque ne passera pas la frontière » sera déshonoré. »

— « Et quiconque la repassera, non en » suppliant qui implore son pardon, mais les » armes à la main, sera puni de mort. »

Mme du Colombier, ajoute-t-on, conseilla autrement Napoléon :

« N'émigrez pas, monsieur Bonaparte. On » sait bien comment on sort de France; on ne » sait ni quand ni comment on y rentrera.

« — Soyez tranquille sur ce cas. Le bâton » de maréchal est mon point de mire : j'aime » mieux le recevoir de la nation que des étran- » gers. »

10 mai 1790. 10 mai 1790, assassinat populaire, à Valence, de M. le vicomte de Voisins, maréchal des camps et armées du roi, et commandant l'école d'artillerie de cette ville.

Je ne cite la mort tragique de cet officier-général que parce qu'on assure que Bonaparte était alors à Valence, et qu'il s'est joint avec empressement au petit nombre d'officiers (1) d'artillerie dont les généreux efforts étaient dignes de plus de succès.

Bonaparte, après avoir passé quelque temps à Valence, se mit en route pour rejoindre le régiment de la Fère à Auxonne.

Le 1er juin 1790 (2), il arriva dans cette ville avec son frère Louis, qu'il présenta à ses camarades *comme un jeune homme qui vient observer une nation tendant à se détruire ou à se régénérer* (3).

1er juin 1790.

---

(1) Les semestriers n'étaient pas encore rentrés.

(2) C'est l'époque fixée par la décision provisoire du 12 septembre 1788, qui était encore observée en 1790.

(3) Un de mes amis et parents, ancien compagnon d'armes de Napoléon, m'a certifié constamment avoir encore présentes à sa mémoire (qui est excellente, et à laquelle son obligeance m'a souvent permis d'avoir recours) les expressions énergiques dont se servit Bonaparte en sa présence.

CHAPITRE IX.

Napoléon et son frère Louis; Napoléon aumônier; courses à Dôle, à Citeaux et à Nuits; retour à Valence avec Louis Bonaparte.

(DU 1ᵉʳ JUIN 1790 AUX DERNIERS JOURS D'AVRIL 1791.)

Pendant son second séjour à Auxonne, Bonaparte fit imprimer à Dôle, chez M. M.-F.-X. Joly, sa lettre à M. de Buttafuoco : elle fut tirée à cent exemplaires seulement (1).

---

(1) Indépendamment de la signature imprimée de Bonaparte, qu'on lit sur les exemplaires, M. Amanton, ancien conseiller de préfecture à Dijon, mort depuis quelques années, en possédait un qui lui fut donné par une personne d'Auxonne, laquelle le tenait elle-même *ex auctoris dono*. Deux fautes d'impression, l'une à la première ligne de la page 8, l'autre à la sixième ligne de la page 9, sont corrigées, sur cet exemplaire, de la main de l'auteur.

Napoléon allait en corriger les épreuves lui-même avec son frère Louis. Ils partaient d'Auxonne à pied, dès quatre heures du matin ; ils prenaient chez M. Joly un déjeûner frugal, et se remettaient en route pour revenir à Auxonne, où ils étaient souvent de retour avant midi, ayant déjà parcouru huit lieues de poste dans la matinée.

Pour regagner sa garnison, Bonaparte prenait quelquefois la route de Gray, et s'arrêtait chez M. Masson d'Autume, son ancien capitaine (1), propriétaire du beau château qui existe dans le village de ce nom.

De temps à autre, dans ses courses pédestres, Napoléon s'arrêtait pour causer avec les cultivateurs, montrant de l'intérêt pour leurs pénibles travaux, et leur adressant parfois de ces questions qui annonçaient déjà l'observateur éclairé, l'économiste habile.

Si, dans ces causeries passagères, son uniforme et ses paroles séduisaient de jeunes paysans, il était tout fier de les recruter pour son beau régiment.

---

(1) Note 1 de la page 79.

En arrivant à Dôle, Bonaparte ne manquait jamais d'aller visiter le vieux père Charles (1).

Ce fut dans une de ses excursions dans cette ville qu'il fit la connaissance de l'abbé Jantet (2), célèbre professeur de mathématiques, qui, frappé tout à la fois de l'énergie de caractère du jeune officier d'artillerie, de son raisonnement juste et profond, de ses expressions vives et pittoresques, s'écriait un jour avec enthousiasme : « *Ce jeune homme* » *doit faire un grand chemin.* »

L'abbé Jantet a été en possession du manuscrit de la lettre à Buttafuoco, et voulait le déposer dans une bibliothèque publique (3).

Peu après la publication de cet ouvrage, sur l'invitation même de Napoléon, M. Joly alla le voir à Auxonne pour régler compte, et reçut de lui, en paiement, des assignats de 5 livres dits *corsets* (4), les premiers qu'on eût vus encore dans le pays.

---

(1) Note 1 de la page 30.
(2) Il a fait l'éducation du lieutenant-général du génie M. Bernard, qui vient de quitter le ministère de la guerre.
(3) Mais il mourut subitement à Besançon, sans avoir réalisé son projet.
(4) Du nom du signataire de ces sortes d'assignats.

Napoléon avait dans sa chambre, au pavillon, une malle à clous dorés : « *Vous n'avez sans doute pas encore entendu la messe ce matin ?* » dit-il à M. Joly : « *eh bien, si vous voulez, je puis vous la dire.* » Il ouvrit alors la malle, et lui fit voir les ornements de l'aumônier du régiment, alors absent (1), qui lui avaient été confiés en dépôt; mais il ne parla qu'avec décence de la religion et de ses ministres.

Bonaparte adressa un exemplaire de son imprimé au club patriotique d'Ajaccio, qui en vota la reproduction (2).

Napoléon alla à Cîteaux, près de Nuits, pour en visiter l'abbaye (3), dont les moines (4) s'étaient révoltés contre l'abbé-général, ce qui

---

(1) Mais non encore supprimé, quoi qu'on en ait dit.

(2) C'est-à-dire la réimpression, puisque déjà il avait été imprimé à Dôle. (Pièces justificatives, lettre à la suite de celle à Buttafuoco, n° xxxiv.)

(3) Chef d'ordre religieux, rejeton de celui de Saint-Benoit, fondé en 1098, suivant les uns, et en 1115, selon d'autres.

(4) Les moines les plus récalcitrants de toutes les maisons de cet ordre étaient envoyés en punition à Cîteaux, et voulaient forcer dom François Trouvé, abbé-général, de leur en distribuer le trésor.

y avait nécessité l'envoi d'une compagnie du régiment d'artillerie de la Fère, commandée par le capitaine Gassendi et le lieutenant Richoufz de la Vieuville, commissionné capitaine.

A Auxonne, Napoléon était à la fois et le mentor et le précepteur de son frère Louis. Celui qui devait un jour monter sur le trône de Hollande, couchait à la caserne, dans un cabinet de domestique contigu à la chambre qu'occupait le futur empereur.

Bonaparte mettait lui-même le pot au feu dont son frère et lui se contentaient philosophiquement.

Louis Bonaparte fit à Auxonne sa première communion sous M. l'abbé Morelet (1), et Napoléon, qui lui faisait réciter son catéchisme, allait tous les jours, à deux heures après midi, faire une prière à la chapelle du couvent des Ursulines, à Auxonne. Il témoignait surtout beaucoup de dévotion pour une Sainte-Vierge (2).

---

(1) Mort depuis long-temps.

(2) Transportée depuis aux fonts baptismaux de l'église paroissiale, où elle est encore.

Bonaparte aimait beaucoup les fleurs, surtout les renoncules; il se coiffait déjà avec son petit chapeau comme il l'a fait depuis; il avait souvent les bras croisés derrière le dos, était réfléchi, sombre parfois; il voyait peu le monde, et fréquentait de préférence les personnes plus âgées que lui.

A Auxonne, on attribuait à son peu de fortune l'éloignement de Napoléon pour la société. Il était fort économe, veillant avec soin à ses petites dépenses.

On lisait autrefois chez un sieur Biautte, maître tailleur à Auxonne, une page ou deux écrites de la main de Bonaparte sur un registre que tenait cet ouvrier (1).

1ᵉʳ feuillet : doit mʳ Bonaparté,
    fait culotte de Drap. . . 2 liv.
    2 calleçons. 1   4 s.
                        3 liv. 4 s.

2ᵉ feuillet : doit mʳ Bonaparté,
    fait anglaise bleue. . . . 4 liv.
    bordure. 1
                        5 liv.

---

(1) Qui n'a plus que les copies écrites par lui, ayant donné les autographes à M. Pichon, ancien maire de la ville d'Auxonne.

3ᵉ feuillet : doit mʳ Bonaparté.
             fait culotte. . . . . 2 liv.
             2 calleçons. 1
                            3 liv.

Napoléon aimait beaucoup la danse. A cette époque, pour satisfaire cette passion à Auxonne, les officiers étaient obligés, pendant l'hiver, de donner des bals aux grisettes.

On n'a jamais connu à Bonaparte d'aventures galantes à Auxonne (1); cependant, il aimait beaucoup une demoiselle Pillet, belle-fille de M. Chabert. C'était une très-belle femme, fort suivie alors, et surtout courtisée, sans réciprocité, par M. de Berbis aîné (2).

Le 1ᵉʳ janvier 1791, la femme Tierce, qui avait soin de la chambre de Napoléon, lui adressant son compliment de nouvelle année,

1ᵉʳ janvier 1791.

---

(1) Quoique plusieurs femmes peu scrupuleuses se soient vantées plus tard d'avoir eu des relations intimes avec lui.

(2) On assure même que Napoléon voulait épouser Mˡˡᵉ Manesca Pillet ; et on a peut-être encore, dans la maison Chabert, des fiches en ivoire sur lesquelles le futur conquérant de l'Europe avait écrit le nom de baptême de sa prétendue, dont le salon lui était ouvert.

lui dit : « Je désire vous voir un jour géné-
» ral. » — « Ma pauvre Thérèse, » lui répondit-il, « je me contenterais bien de devenir
» commandant : je n'en demanderais pas da-
» vantage. »

<small>1ᵉʳ janvier 1791.</small> Le 1ᵉʳ janvier 1791, Bonaparte était le sixième lieutenant en second du régiment de la Fère.

<small>Janvier 1791.</small> En janvier 1791, et avant midi, Bonaparte patinait sur le fossé des fortifications d'Auxonne, derrière la caserne. L'heure du dîner approchait. Il se disposait à partir; il avait déjà mis un genou sur la glace, et avait décroché la boucle d'un de ses patins. Deux officiers, qui se livraient à cet exercice dans le même endroit, passèrent près de Bonaparte et lui dirent : « Allons, faisons encore un
» tour. » Il hésita un instant, et leur répondit :
« Ma foi non! il faut partir. » Les deux camarades s'élancent; à peu de distance la glace fléchit sous eux ; ils sont engloutis (1).

---

(1) Quels changements dans les destinées de la France, si Bonaparte les eût écoutés !

La circonstance que je viens de rappeler a probablement servi de base au conte suivant, que j'ai lu partout :

Le 23 février 1791, Napoléon était au café, à Auxonne, lorsqu'on y reçut la nouvelle que Mesdames, tantes du roi Louis XVI, et M. le comte de Narbonne, qui les accompagnait, avaient été arrêtés la veille à Arnay-le-Duc par la municipalité de cette commune.

M. Joly a eu entre les mains le manuscrit de l'*Histoire civile, politique et militaire de la Corse*, que Napoléon, son auteur, voulait faire imprimer par ce typographe. Il y eut sur ce projet des pourparlers; mais Bonaparte voulant revoir son ouvrage avant de le lui livrer, et pensant avec raison qu'il quitte-

---

« En 1786 *, à Auxonne, sa garnison, Bonaparte fut noyé assez long-temps. Il était à nager et seul; il avait perdu connaissance, coulé, cédant au courant. Il avait senti fort bien la vie lui échapper; il avait même entendu, sur les bords, des camarades annoncer qu'il était noyé, et dire qu'ils couraient chercher des bateaux pour reprendre son corps. Dans cet état, un choc le rendit à la vie : c'était un banc de sable contre lequel frappa sa poitrine. Sa tête se trouvant merveilleusement hors de l'eau, il en sortit lui-même, vomit beaucoup, reprit ses vêtements, et était déjà rentré chez lui lorsqu'on cherchait encore son cadavre. »

* Époque où Napoléon n'était pas encore à Auxonne.

— 156 —

rait bientôt Auxonne, l'impression fut ajournée indéfiniment (1).

<small>Printemps de 1791.</small> Au printemps de 1791, Napoléon alla à Nuits faire une visite à M. de Gassendi, capitaine-commandant au régiment d'artillerie de la Fère, et marié, le 4 mai 1790, avec la fille d'un riche médecin de cette ville (2).

---

(1) **Et n'a jamais eu lieu.** Le manuscrit fut perdu quelques années plus tard.

Napoléon, étant premier consul, assurait en avoir remis une copie au général Paoli, ce qui s'accorde assez avec la lettre qu'il lui avait écrite le 12 juin 1789 (Pièces justificatives, n° xxx), et dans laquelle il parle de cet ouvrage sur la Corse. Il paraît qu'il renfermait des choses violentes au sujet de la conquête de cette île par la France; car, ainsi qu'on l'a vu, lorsqu'il était à l'école militaire de Brienne, Bonaparte nourrissait des préventions haineuses contre les Français, puisées naturellement au sein de sa famille, qui avait pris parti chaudement dans la guerre de l'indépendance de la Corse.

Il est possible et désirable que le *Mémoire sur la défense militaire de la Corse*, qu'on vient de trouver dans cette île, et qu'on attribue à Napoléon, ait fait partie de son *Histoire civile, politique et militaire*.

(2) M. de Gassendi, qui est mort, avait été général de division d'artillerie, conseiller-d'État *, chef de la division de l'artillerie et du génie au ministère de la guerre, sénateur, etc., etc.

* Dans une séance du conseil-d'État, le général Gassendi ap-

Le jeune voyageur ne tarda pas à s'apercevoir du dissentiment des opinions politiques du beau-père et du gendre. Le gentilhomme Gassendi était aristocrate, comme de raison, et le médecin chaud patriote. Celui-ci trouva dans le convive étranger un auxiliaire puissant, et en fut si ravi que le lendemain, au point du jour, il était déjà chez lui en visite de reconnaissance et de sympathie.

L'apparition d'un jeune officier d'artillerie, d'une bonne logique et d'une langue alerte, était une recrue précieuse pour l'endroit. Il fut aisé au voyageur de s'apercevoir qu'il fai-

---

puya un jour son opinion, de la doctrine des économistes. L'empereur Napoléon, qui l'aimait beaucoup, l'interrompit sans façon en s'écriant : « Mais, mon cher, qui vous a rendu si savant ? où diable » avez-vous pris de tels principes ? »

Le bon général, peu habitué à parler en public, ne crut pouvoir mieux faire que de répondre au souverain qu'il avait puisé cette opinion auprès de Sa Majesté même. « Comment ! » s'écria l'empereur avec feu, « que dites-vous là ? est-ce bien possible ? Comment ! » de moi, qui ai toujours pensé que s'il existait une monarchie de » granit, il suffirait des idéalités des économistes pour la réduire en » poudre..... Allez, mon cher, vous vous serez endormi dans vos » bureaux, et vous y aurez rêvé tout cela. »

Gassendi, susceptible et colère, lui répliqua sur-le-champ : « Oh ! » pour nous endormir dans nos bureaux, sire, c'est une autre af- » faire ; avec vous, j'en défierais bien quiconque en aurait envie : » vous nous y tourmentez trop pour cela. »

Cette boutade excita la gaîté du conseil, et l'empereur rit plus fort que les autres.

sait sensation. C'était un dimanche : on lui tirait le chapeau du bout de la rue. Toutefois, ce triomphe ne fut pas sans échec. Il alla souper chez Mme Marey, auprès de laquelle un autre de ses camarades, M. R.....d de V........x, semblait fort bien établi. C'était là le repaire de l'aristocratie du canton, bien que la dame ne fût alors que la femme d'un marchand de vin; mais elle avait une grande fortune et les meilleures manières du monde : c'était la duchesse de l'endroit. Là se trouvait toute la gentilhommerie des environs. Le jeune officier avait donné dans un vrai guêpier. Il lui fallut rompre force lances. La partie n'était pas égale. Au plus fort de la mêlée, on annonce le maire. Napoléon crut que c'était pour lui un secours envoyé du ciel, dans ce moment de crise; mais il était le pire de tous, ce maudit homme, dans son bel accoutrement du dimanche, bien boursoufflé, sous un grand habit cramoisi : c'était un misérable. Heureusement, la générosité de la maîtresse de la maison, peut-être une secrète sympathie d'opinions, sauvèrent Napoléon dans cette circonstance, où elle détourna constamment, avec esprit, les coups qui eussent pu porter; elle fut sans cesse pour Bonaparte le bouclier gracieux sur lequel les armes ennemies venaient perdre leur force et s'émousser; Mme Marey préserva de toute blessure son convive, qui a toujours conservé d'elle un agréable souvenir pour le service qu'il en a reçu dans cette espèce d'échauffourée.

Cette diversité d'opinions se trouvait alors dans toute la France : dans les salons, dans la rue, sur les chemins, dans les auberges, tous les esprits étaient prêts à s'enflammer; et rien de plus facile que de se méprendre sur la force respective des partis et de l'opinion, suivant les localités où l'on se trouvait. Ainsi, un patriote s'en laissait imposer facilement s'il se trouvait dans les salons ou parmi les rassemblements d'officiers, tant il se voyait en minorité; mais aussitôt qu'il était dans la rue ou parmi les soldats, il se retrouvait alors au milieu de la nation tout entière. Les sentiments du jour ne laissèrent pas que de gagner jusqu'aux officiers mêmes, surtout après le fameux serment *à la nation, à la loi et au roi.* « Jusque là, » disait Napoléon, si j'eusse reçu » l'ordre de tourner mes canons contre le » peuple, je ne doute pas que l'habitude, le » préjugé, l'éducation, le nom du roi, ne » m'eussent porté à obéir; mais le serment

» national une fois prêté, c'était fini : je
» n'eusse plus connu que la nation; mes pen-
» chants naturels se trouvaient dès-lors en
» harmonie avec mes devoirs, et concordaient
» à merveille avec toute la métaphysique de
» l'assemblée (1). Toutefois, les officiers pa-
» triotes, il faut en convenir, ne composaient
» que le petit nombre; mais avec le levier des
» soldats, ils conduisaient le régiment et fai-
» saient la loi. Les camarades du parti opposé,
» les chefs mêmes, recouraient à eux dans les
» moments de crise. »

{1er avril 1791.} Le 1er avril 1791, Bonaparte fut nommé premier lieutenant au régiment d'artillerie de Grenoble, qui prit alors le n° 4 (2) dans cette arme.

---

(1) On prête à Napoléon le propos suivant : « Si
» j'avais été officier-général, j'aurais suivi le parti de
» la cour; second lieutenant, je dus embrasser celui
» de la révolution. »

(2) Avant le réglement rendu le 1er avril 1791, d'après le décret du 2-15 décembre 1790, les régiments d'artillerie portaient les noms des écoles où ils avaient été formés, d'après l'ordonnance du roi en date du 13 août 1765.

Les compagnies portaient les noms des capitaines en premier qui les commandaient.

D'après le réglement précité, les régiments quittè-

A la fin d'avril 1791, le lieutenant Bona- Avril 1791.
parte reçut avec son brevet l'ordre d'aller
joindre à Valence le 4ᵉ régiment d'artillerie.

Dans les derniers jours d'avril 1791, il partit
d'Auxonne (1) pour Valence avec son frère
Louis.

---

rent les noms de ces écoles et prirent les nᵒˢ des bataillons et brigades dont ils avaient été successivement formés.

C'est ainsi que le régiment de la Fère prit le nᵒ 1,
et celui de Grenoble le nᵒ 4.

Suivant les mêmes principes, les compagnies ces-
sèrent de porter les noms de leurs capitaines-commandants, et furent numérotées depuis 1 jusqu'à 20.

Les chefs de brigade de l'ancienne organisation
devinrent lieutenants-colonels, et leurs attributions
n'eurent rien de commun avec celles de cet officier
supérieur qui, avant le nouveau travail, était le commandant en second d'un régiment.

(1) On dit à Auxonne que Bonaparte y laissa quelques dettes :

Un billet de 100 livres, entre les mains d'un marchand de draps *, pour fournitures d'étoffes ; un
autre de 15 livres, envers un fourbisseur, pour le prix
d'une épée de rencontre à poignée de cuivre doré,
et une reconnaissance de la livraison d'une petite
fourniture de bois.

* Peut-être M. Louvrier, qui a eu la prétention déplacée d'avoir
fourni à Napoléon son premier habit d'uniforme et ses premières
épaulettes, dont il n'aurait été payé, a-t-il ajouté, que par le premier consul.

CHAPITRE X.

Napoléon revient tenir garnison à Valence comme premier lieutenant ; court après la palme académique ; obtient un congé pour aller en Corse, et part de Valence avec son frère Louis.

(DU COMMENCEMENT DE MAI 1791 AU 1ᵉʳ OCTOBRE DE LA
MÊME ANNÉE.)

Au commencement de mai 1791, Bona- Mai 1791. parte, parti avec son frère Louis d'Auxonne, où il laissa le 1ᵉʳ régiment, arriva à Valence, où était stationné le 4ᵉ (1).

---

(1) D'après la nouvelle organisation de l'artillerie *, qui fut d'une exécution très-lente, les capitaines-commandants furent répartis, dans les sept régiments, dans les compagnies de mineurs et d'ou-

* Que les mécontents appelaient dérisoirement le *maquillage* de 1791.

Il ne put prendre de suite possession de sa chambre chez Mlle Bou, parce qu'elle était encore occupée par M. le lieutenant Dedon, du 4e régiment, qui n'était pas encore parti pour rejoindre le 5*, dans lequel il avait été placé par le nouveau travail.

Bonaparte s'installa avec Louis dans une autre pièce plus grande, au premier étage aussi, et prenant jour sur la rue de l'Équerre (1).

Napoléon fut alors le quatrième premier lieutenant de son nouveau régiment.

Il fut placé dans la 12e compagnie, dont le capitaine-commandant était M. de Loyauté (qui ne rejoignit pas), le capitaine en second

---

vriers, par rang d'ancienneté, à l'exception de ceux qui l'étaient déjà avant ce travail. On opéra ainsi le tiercement dans l'artillerie*, et on eut dans chaque régiment les têtes de colonne dans chaque grade et classe de la même ancienneté, ce qui était plus uniforme pour l'avancement et plus avantageux au gouvernement, qui voulait rompre l'esprit de corps.

(1) Plus tard, Napoléon reprit son ancienne chambre, et laissa son frère Louis dans l'autre, dont dépendait un petit cabinet obscur qui a souvent servi de prison à celui-ci.

* Ainsi qu'on le dit pour l'infanterie, depuis qu'on est censé opérer sur des régiments à trois bataillons.

M. de Roqueferre (1), et le lieutenant en second M. Riverot (2).

Il paraît que dès son arrivée à Valence, Bonaparte fut nommé sous-directeur du parc de l'école d'artillerie par M. d'Hangest, colonel avec commission de maréchal-de-camp, qui commandait encore et le 4ᵉ régiment et l'école, parce que MM. de Campagnol, colonel, et de Mauroy, commandant d'artillerie (3), n'étaient pas encore arrivés aux nouveaux postes que leur avait conférés le travail récent sur l'artillerie.

M. d'Hangest allait souvent faire sa partie avec une dame de Pierrefeu qui habitait chez M. Lacroix, maison Saint-Germain, côte des Chapeliers, et c'est là que le sous-directeur du parc allait quelquefois rendre ses rapports à son supérieur et en recevoir des ordres.

Napoléon ne put revoir dans sa nouvelle garnison ni Mgr de Grave, évêque de Valence,

---

(1) Chef de bataillon d'artillerie, en retraite à Carcassonne.

(2) Mort colonel d'artillerie en retraite.

(3) Grade nouveau (bientôt supprimé) inséré entre les colonels et les maréchaux-de-camp, et qui était affecté aux commandants d'école par l'organisation de 1791.

mort au commencement de 1788, à Paris, où il était allé se faire opérer, ni M. l'abbé de Saint-Ruf, décédé à Valence le 4 avril 1791, à l'âge d'environ soixante-dix-sept ans.

Bonaparte mangea avec les lieutenants du 4ᵉ régiment chez le sieur Geny, traiteur, qui tenait alors l'hôtel des Trois-Pigeons, rue Perollerie.

Son frère Louis mangeait avec Mlle Bou dans un salon-cuisine qui était en arrière du café (1).

---

(1) Pour consacrer le séjour que Napoléon a fait en deux fois à Valence, M. Planta, alors maire de cette ville, ordonna, le 2 novembre 1801 (ou 11 brumaire an 10), l'érection d'une table de marbre, avec une inscription en lettres dorées, qui, placée au frontispice de cette maison, devait annoncer à la postérité que Bonaparte y avait occupé un logement* de 1785 à 1791 (sans mentionner la solution de continuité).

On voit, dans les registres de la mairie de Valence, cet arrêté et la délibération du conseil municipal de cette ville, en date du 18 octobre 1801 (26 vendémiaire an 10), qui en était la base, et le dessin du monument projeté, enfin l'inscription qu'on fixa ensuite, sur une simple feuille de papier, au-devant de cette maison.

* Dans lequel il avait gravé, sur un manteau de cheminée en pierre mollasse, qui n'existe plus, son nom, son paraphe, et au-dessous : 1785.

Pendant son second séjour à Valence, Bonaparte a eu pour perruquier un sieur Bazile (1).

Un matin que M. Parmentier, chirurgien-major du 4ᵉ régiment d'artillerie, était en visite chez Napoléon, celui-ci, voyant entrer dans sa chambre beaucoup plus tard que de coutume son frère Louis, qui s'était oublié dans son lit, lui en fit devant le docteur des reproches très-vifs. Louis s'excusa en disant à son frère qu'il venait de faire un songe agréable, qu'il avait rêvé qu'il était roi : « *Toi, roi ?* » répliqua Bonaparte : « *quand tu seras roi, je serai empereur* » (2).

Bonaparte s'abonna de nouveau au cabinet littéraire de M. Aurel, encore dans le même local, et s'amusait à substituer à un nouveau

---

(1) Dont il demanda depuis des nouvelles plusieurs fois, et notamment à M. Planta, qui, comme maire de Valence, alla complimenter à Lyon, en janvier 1802 (nivôse an 10), le premier consul, qui lui parla aussi avec intérêt de l'ancien pâtissier Couriol (Page 94).

(2) Je tiens cette anecdote de M. Parmentier, qui me l'a racontée pour la première fois en 1797 (an 5).

numéro de *Perlet* (1) un ancien numéro que saisissait aussitôt et que lisait avec avidité M. de Montjobert, colonel d'artillerie en congé à Valence, d'où il était, et qui passait pour être excessivement distrait.

Mai 1791. Vers la fin de mai 1791, Bonaparte fut chargé avec deux autres commissaires, ses amis, des détails de la cérémonie funèbre qui fut célébrée à la cathédrale Saint-Apollinaire de Valence, en l'honneur du comte de Mirabeau, membre de l'Assemblée nationale constituante (2).

L'église était tendue de noir; un catafalque d'une hauteur extraordinaire, à plusieurs gradins, était élevé dans le chœur; au-dessus était une urne cinéraire surmontée d'un cœur enflammé; au bas de l'urne, Napoléon lui-même, à l'aide d'une longue échelle, avait fixé un cartouche portant ces mots :

« DU LYGURGUE FRANÇAIS VOILA CE QUI NOUS RESTE. »

Toutes les autorités civiles, ecclésiastiques,

---

(1) Journal alors fort à la mode, qui a commencé à paraître en 1789, et cessa le 1er octobre 1791.

(2) Mort à Paris le 2 avril 1791.

judiciaires et militaires de Valence assistèrent à cette solennité, qui avait attiré dans le temple du Seigneur une affluence considérable de citoyens.

Napoléon revit avec plaisir, à Valence, à peu près toutes les personnes qu'il y avait connues antérieurement. Il y retrouva M. Marboz, évêque constitutionnel (1), M. de Montalivet, à la campagne de qui il se rendait quelquefois en compagnie de M. de Sucy, dont il cultiva encore l'amitié, et tous les trois allaient ensemble se promener à Planèze, en passant quelquefois à la Vache, que la dissolution du parlement permettait à M. de Bressac d'habiter.

Cette terre est possédée par M. le comte de Mac-Carty, fils d'un officier-général qui était veuf de Mlle de Bressac.

Bonaparte figurait dans la société des *Amis de la constitution*, dont il a été successive-

---

(1) Du département de la Drôme, qui, sacré le 8 avril 1791, avait remplacé M. de Messey, sacré lui-même en octobre 1788 (comme successeur de M. de Grave), ensuite nommé par le peuple, était censé démissionnaire par refus de prestation du serment voulu par la constitution civile du clergé.

ment secrétaire et président, cumulant chacune de ces fonctions avec celle de bibliothécaire.

C'est à tort qu'on a dit que Napoléon avait installé cette société : elle existait déjà avant son retour à Valence.

La société des *Amis de la constitution*, de Valence, d'abord composée de vingt-cinq membres, tint sa première séance chez Mlle Bou et dans son café; d'autres séances eurent lieu dans le cabinet littéraire de M. Aurel ; plus tard, cette société, dans laquelle Bonaparte fit recevoir (peut-être malgré eux) MM. de Mauroy et de Campagnol, se réunit dans la salle de l'ancien présidial, et aussi dans la chapelle des Pénitents, contiguë à l'église cathédrale de Saint-Apollinaire.

Mme Mésangère (1) allait souvent voir Mlle Bou, dont elle était amie, et y conduisait son fils, un peu plus âgé que Louis.

Les deux jeunes gens se lièrent d'amitié (1),

---

(1) Pièces justificatives, n° XXII.

(2) Quand Louis Bonaparte fut nommé colonel du 5ᵉ régiment de dragons, il appela auprès de lui M. Mésangère, alors officier d'artillerie démissionnaire, qui devint bientôt adjudant-major de ce régi-

et c'est à M. Mésangère seul que Napoléon confiait son frère pour aller ensemble à la promenade.

Bonaparte alla revoir à Romans M. Lambert, qu'il y avait déjà connu, et M. d'Arthand, capitaine-commandant au 4ᵉ régiment, et qui allait souvent visiter sa famille dans cette ville, où il était né et marié.

Il retourna à Basseaux; il y présenta son frère Louis, qui, dit-on, était très-embarrassé des noyaux de cerises qu'on lui avait données dans un appartement, au premier étage, dont les fenêtres étaient fermées, et où on n'avait pas pensé de servir des assiettes pour ce goûter improvisé.

Le 3 juillet 1791, réunion à Valence, dans l'église ci-devant Saint-Ruf, de vingt-deux sociétés, tant des *Amis de la constitution* que des *Surveillants* des départements de la Drôme, de l'Isère et de l'Ardèche (1).

---

ment, ensuite aide-de-camp du général, chambellan du prince et grand-trésorier de la couronne du roi de Hollande.

(1) Voir aux pièces justificatives, sous le n° XL, le procès-verbal de cette séance, à l'issue de laquelle divers membres ont fait des souscriptions patriotiques. C'est de cette réunion que parle Bonaparte dans

Cette assemblée avait été provoquée par l'évasion récente de Louis XVI.

5 juillet 1791. Dans la nuit du 5 au 6 juillet, Napoléon s'empressa de faire partie de la chaîne qu'on forma pour éteindre l'incendie qui menaçait l'auberge du Griffon, tenue par M. Sicard, au faubourg Saunière, à Valence.

14 juillet 1791. Le 14 juillet 1791, serment civique prêté dans le Champ-de-Mars, à Valence, par les autorités civiles, militaires, judiciaires et ecclésiastiques (1).

Le soir, il y eut dans le même local un banquet nombreux auquel assista Napoléon (2).

17 juillet 1791. Le 17 juillet 1791, Bonaparte conduisit à Planèze la musique du régiment, qui donna aux hôtesses de cette campagne une sérénade à la suite du repas de noces de l'une d'elles, auquel Bonaparte avait été invité.

---

sa lettre ci-après, du 27 juillet 1791, à M. Naudin, commissaire des guerres à Auxonne.

(1) Voir aux pièces justificatives, sous le n° XLI, le procès-verbal de cette cérémonie.

(2) C'est du banquet (non mentionné dans le procès-verbal, qui fut dressé à midi) que Bonaparte entretient M. Naudin dans la lettre qu'il lui écrivit le 27 juillet 1791.

De là, avec un de ses camarades, et conduit par le nommé Servole, Napoléon alla, dans la carriole du premier, coucher à Saillans, d'où le lendemain il gravit Roche-Courbe.

Le 27 juillet 1791 (1), lettre écrite de Valence, par Bonaparte, à M. Naudin (2), commissaire des guerres :

27 juillet 1791.

---

(1) Dans l'autographe, le millésime est omis ; dans une copie imprimée que j'ai sous les yeux, on lit 1792 ; mais les réunions des 3 et 14 juillet 1791, qui sont annoncées dans cette lettre comme venant d'avoir eu lieu, ne permettent pas de douter qu'elle ne soit du 27 juillet 1791, avec d'autant plus de raison que Mme de Goi, femme du quartier-maître du 1er régiment d'artillerie (la Fère), et M. Marescot (note 6 de la page 74), qui n'avait pas encore rejoint le 5e régiment d'artillerie (Strasbourg), dont il faisait partie depuis l'organisation du 1er avril 1791, ne pouvaient pas être à Auxonne le 27 juillet 1792, puisque le 5 février précédent, l'état-major et sept compagnies du 1er régiment en sont parties pour Douai, où elles arrivèrent le 26 du mois.

Enfin, et comme on le verra, Bonaparte était à Paris le 27 juillet 1792.

(2) Dans l'autographe, on lit *Naudin* tout court ; dans la copie imprimée, on voit *Naudin, capitaine*. Or, M. Naudin, à qui écrit Napoléon, qui l'avait connu à Auxonne, y était commissaire des guerres, devint

« Monsieur,

» Tranquille sur le sort de mon pays et la
» gloire de mon ami, je n'ai plus de sollicitude
» que pour la mère-patrie : c'est à en conférer
» avec vous que je vais employer les moments

---

peu après auditeur* à la Rochelle, et était depuis quelques années commissaire-ordonnateur, lorsque le 12 octobre 1796 (21 vendémiaire an 5), Bonaparte, général en chef de l'armée d'Italie, le demanda de Milan, au Directoire exécutif, en ces termes :

« Je vous prie de nous envoyer le commissaire-
» ordonnateur Naudin. Il est un peu vieux ; mais je
» le connais pour un homme probe et sévère, etc. »

Le 28 octobre suivant (7 brumaire an 5), le Directoire répond à Bonaparte :

« Nous avons écrit au ministère de la guerre de
» s'occuper des demandes que vous faites relative-
» ment au commissaire-ordonnateur Naudin, etc. »

Le 28 janvier 1797 (9 pluviôse an 5), le même général en chef écrit de Vérone au Directoire exécutif :

« ..... Le commissaire Naudin est arrivé..... »

Enfin, M. Naudin, qui, le 7 février 1800 (10 pluviôse an 8), fut nommé inspecteur aux revues, devint ensuite intendant-général de l'hôtel des Invalides.

* Le décret du 20 septembre 1791 créa le grade d'auditeur, intermédiaire entre celui de commissaire-ordonnateur et celui de commissaire des guerres.

» qui me restent de la journée. S'endormir
» la cervelle pleine de la grande chose publi-
» que, et le cœur ému des personnes que l'on
» estime et que l'on a un regret sincère d'avoir
» quittées (1), c'est une volupté que les grands
» épicuriens seuls connaissent.

» Aura-t-on guerre?..... se demande-t-on
» depuis plusieurs mois. J'ai toujours été pour
» la négative. Jugez mes raisons.

» L'Europe est partagée par des souverains
» qui commandent à des hommes, et par des
» souverains qui commandent à des bœufs ou
» à des chevaux.

» Les premiers comprennent parfaitement
» la révolution; ils en sont épouvantés; ils
» feraient volontiers des sacrifices pécuniaires
» pour contribuer à l'anéantir; mais ils n'ose-
» ront jamais lever le masque, de peur que
» le feu ne prenne chez eux. Voilà l'histoire
» de l'Angleterre, de la Hollande, etc.

» Quant aux souverains qui commandent à
» des chevaux, ils ne peuvent saisir l'ensemble
» de la constitution; ils la méprisent; ils croient
» que ce chaos d'idées incohérentes entraînera

---

(1) Depuis le mois d'avril, à Auxonne.

» la ruine de l'empire franc. A leur dire, vous
» croiriez que nos braves patriotes vont s'en-
» tr'égorger, de leur sang purifier cette terre
» des crimes commis contre les rois, et ensuite
» ployer la tête plus bas que jamais sous le
» despote mîtré, sous le fakir cloîtré, et sur-
» tout sous le brigand à parchemins. Ceux-ci
» ne feront donc aucun mouvement; ils at-
» tendent le moment de la guerre civile, qui,
» selon eux ou leur plat ministre, est infail-
» lible.

» Ce pays-ci est plein de zèle et de feu. Dans
» une assemblée, composée de 22 sociétés des
» trois départements, l'on fit, il y a quinze
» jours (1), la pétition que le roi fût jugé. »

« Mes respects à madame Renaud, à Ma-
» rescot (2) et à madame de Goi (3); j'ai porté
» un toast aux patriotes d'Auxonne, lors du
» banquet du 14 (4). Ce régiment-ci est très-

---

(1) Le 3 juillet. (Pièces justificatives, n° XL.)

(2) Note 6 de la page 74.

(3) Femme du quartier-maître trésorier du régiment de la Fère, devenu n° 1.

(4) Qui eut lieu à la suite du serment civique. (Pièces justificatives, n° XLI.)

» sûr en soldats, sergents et la moitié des offi-
» ciers. Il y a deux places vacantes de capi-
» taine (1).

» Respect et amitié,

» Buonaparte.

» *P. S.* Le sang méridional coule dans mes
» veines avec la rapidité du Rhône, pardonnez
» donc si vous éprouvez de la peine à lire mon
» griffonnage. »

Au commencement d'août 1791, Bonaparte, à qui ses chefs et beaucoup de ses camarades reprochaient sa grande popularité et sa chaude participation aux séances des Amis de la constitution (2), n'ayant pu avoir d'eux, malgré

Août 1791.

---

(1) Pièces justificatives, autographe *fac-simile*, n° XLII.

(2) Dont je ne parlerai plus que pour ajouter que les papiers de cette société furent, après sa dissolution, portés au district de Valence et remis à M. Debaux, greffier du Tribunal, qui les brûla en partie.
Quelques pièces de l'autre portion de ces papiers furent anéanties, après la journée du 9 thermidor an 2, par un ancien membre de cette société, qui craignait de se compromettre en les conservant.
Enfin, le reste aurait été déposé dans les archives de la mairie de Valence, d'où, en 1800, M. de Mon-

toutes ses démarches, ni un congé de faveur (1), ni un semestre (2), en obtint néanmoins une permission pour se rendre, par Moras et Beaurepaire où on l'a vu, à Pommiers, département de l'Isère, auprès de M. le baron

---

talivet, alors maire de cette ville pour la seconde fois, les fit extraire, suivant les uns pour les livrer aux flammes, et d'après d'autres personnes pour en faire hommage au premier consul.

(1) Qu'il n'était plus dans leurs attributions de lui accorder.

(2) Dont l'époque n'était pas arrivée, et que les bruits d'une guerre prochaine ne permettaient pas d'espérer, comme on le voit peu après dans la circulaire que M. Duportail, ministre de la guerre, adressa, le 8 septembre 1791, aux commandants des corps :
« Les circonstances actuelles ne permettant pas,
» monsieur, que le tirage des semestres ait lieu, cette
» année, à l'époque ordinaire, vous voudrez bien le
» faire suspendre jusqu'à nouvel ordre dans le régi-
» ment que vous commandez ; vous ne délivrerez éga-
» lement aucun congé de semestre aux sous-officiers
» et soldats, qui doivent rester présents au corps;
» vous renouvellerez, au contraire, d'efforts pour
» parvenir à le compléter le plus promptement pos-
» sible sur le pied de guerre, en exécution des ordres
» que vous avez déjà reçus sur cet objet. La disposi-
» tion relative aux semestres est commune à tous les
» officiers supérieurs du corps. »

du Teil (1), maréchal-de-camp, inspecteur-général d'artillerie, du 6ᵉ arrondissement, qui comprenait l'école, la place de Valence, etc.

Quelque temps après, cet officier général (2) fit accorder par le ministre de la guerre, au lieutenant Bonaparte, un congé limité au 1ᵉʳ janvier 1792 (3) et n'en prévint nullement les deux chefs d'artillerie, à Valence (4).

A son retour de Pommiers, où Bonaparte passa quelques jours avec le général du Teil

---

(1) L'ancien commandant de l'école d'Auxonne, qui avait eu beaucoup de bontés pour Napoléon.

(2) Antérieurement au réglement du 1ᵉʳ avril 1791, même après cette époque, et encore pendant quelque temps sous l'empire de celui du 1ᵉʳ avril 1792, sur le service de l'artillerie dans les places, titre 4, art. 3, les inspecteurs-généraux des divers départements ou arrondissements d'artillerie donnaient des ordres, recevaient des rapports et faisaient des propositions pendant toute l'année, et par conséquent au-delà des époques de leur tournée d'inspection, contrairement à ce qui se pratique aujourd'hui.

(3) Comme le fait penser la lettre qu'il écrivit à M. de Sucy le 17 février 1792. (Pièces justificatives, *autographe*, n° XLVI.)

(4) Plus tard, comme on le verra, ils voulurent s'en venger soit par eux-mêmes, soit par leurs successeurs, qui peut-être étaient seulement fâchés du succès qu'avait obtenu Napoléon sans leur concours.

et deux de ses fils qui l'avaient connu à Auxonne (1), il alla à Grenoble où il vit les officiers de deux compagnies du régiment qui y étaient détachées.

Ces officiers ainsi que Bonaparte logeaient et mangeaient à l'Hôtel-des-trois-Dauphins, rue Montorge, tenue alors par le sieur Rivière (2).

Ils fréquentèrent, avec assiduité, le club des Amis de la constitution qui se réunissait dans l'ancien couvent des Jacobins, place Grenette.

Quelques jours après, Napoléon revint à Valence, espérant beaucoup de la demande faite en sa faveur par le général du Teil (3).

---

(1) On dit que pendant la première partie du voyage et la totalité du séjour, Bonaparte était avec M. de Belleville, capitaine-commandant au 1ᵉʳ régiment (où il servait depuis long-temps), qui se rendait au fort Barraux, où était fixée sa famille.

Plus tard, le consul Napoléon a replacé à la Fère son ancien capitaine.

(2) Et depuis par le sieur La Barre, ancien conducteur des équipages d'artillerie en Italie et en Égypte, chez qui l'empereur Napoléon logea en 1815, lors de son retour triomphal de l'île d'Elbe.

(3) Comme on le voit, il ne pouvait encore qu'en pressentir l'issue, que j'ai fait connaître par anticipation.

C'est alors qu'il adressa au ministre de la guerre un mémoire (1) dans lequel il proposait d'armer les gardes nationales corses avec des fusils d'artillerie (2).

C'est encore à cette époque qu'il a dû écrire à son grand oncle Lucien, archidiacre, les lettres que dans le recueil de M. Blanqui on a datées de 1792 (3).

Dans la première :

« J'attends avec impatience les six écus que

---

(1) Qui fut copié par un canonnier, alors congédié, du 4e régiment d'artillerie, M. Miéton, qui vit encore et qui me l'a dit.

(2) En effet, les fusils furent retirés à l'artillerie le 14 septembre 1792.

(3) Si ces deux fragments ne sont pas de 1791, ils ne peuvent pas certainement être de 1792, puisque l'archidiacre Lucien est mort à Ajaccio dans la nuit du 15 au 16 octobre 1791, en présence de son petit-neveu Napoléon Bonaparte, qui, par conséquent, ne lui aurait pas écrit en 1792.

J'ai beaucoup de raisons de penser que ces deux fragments de lettres, du moins le dernier, appartiennent et à Valence et à 1791, parce qu'à son retour de Pommiers, Napoléon déclara qu'il irait bientôt à Paris : il espérait donc pour ce voyage des fonds qui n'arrivèrent pas, ce qui l'engagea peut-être à aller les demander lui-même.

» me doit maman, j'en ai le plus grand be-
» soin. »

Et dans l'autre :

« Envoyez-moi trois cents francs ; cette
» somme me suffira pour aller à Paris ; là du
» moins on peut se produire, surmonter les
» obstacles; tout me dit que j'y réussirai : vou-
» lez-vous m'en empêcher faute de cent écus? »

1791. En 1791, Bonaparte entrant dans l'église
Saint-Jean, à Valence, avec le corps d'officiers
du 4ᵉ régiment d'artillerie, pour assister à la
messe dominicale, fut accosté par une femme
malheureuse qui lui demanda l'aumône; le
lieutenant d'artillerie lui donna un écu de 3
livres; en le prenant, la pauvre lui dit : « Merci
mon officier, je vous souhaite une couronne. »
« C'est possible, répartit Napoléon. »

Bonaparte se promenait quelquefois sur la
place des Clercs, à Valence, avec le chevalier
d'Hédouville, chevalier de l'ordre de Saint-
Lazare (2), lieutenant comme lui, mais d'une
opinion opposée à celle de Napoléon.

---

(1) Du 16 juillet 1784, en vertu du réglement du
28 janvier 1779, qui, pour exciter l'émulation entre

L'Assemblée nationale discutait alors la constitution, section 2, traitant de la sanction

les élèves des écoles royales militaires, accorde cette décoration exclusivement à trois d'entre eux, qui seront reçus tous les ans par le grand-maître [*], sur la présentation qui lui sera faite, par le secrétaire-d'État de la guerre, des six qui se seront le plus distingués par leurs mœurs et leurs progrès.

La marque de la décoration dudit ordre [**] est une petite croix suspendue à la boutonnière de l'habit par un ruban cramoisi; d'un côté est l'effigie de la sainte Vierge, de l'autre un trophée orné de trois fleurs de lys.

Celui de ces nouveaux chevaliers qui fera à la guerre une action d'éclat sera reçu chevalier de Saint-Lazare [***], sur l'attestation du général de l'armée et du ministre de la guerre. La réunion de ces deux croix,

[*] Jusqu'à la révolution, qui a supprimé cet ordre, Monsieur, frère de Louis XVI, a été revêtu de cette dignité.

[**] On fixe la fondation de l'ordre de Saint-Lazare-de-Jérusalem avant 1060, époque des premières croisades. Louis VII amena en France les premiers chevaliers de Saint-Lazare, 1154. Saint Louis ramena en 1251 ce qui restait de ces chevaliers. Henri IV unit cet ordre à celui de Notre-Dame-du-Mont-Carmel, qu'il venait d'instituer le 31 octobre 1608.

Ces ordres ont été confirmés par Louis XIV, en 1664 et 1672, et de nouveau par Louis XV, en 1722, 1757 et 1770.

[***] Donc, jusqu'alors, il n'aurait dû avoir que le titre de chevalier de Notre-dame-du-Mont-Carmel, et cependant, on lui donnait ordinairement celui de chevalier de Saint-Lazare, même avant l'accomplissement de la condition sous laquelle il devait le prendre.

royale, et les deux camarades n'étaient pas d'accord sur le chapitre du *veto* que Bonaparte voulait suspensif, tandis que M. d'Hédouville insistait pour qu'il fût absolu (1).

---

qui n'aura lieu que dans ce seul cas, sera une preuve éternelle de sa gloire. Tous les élèves reçus chevaliers du Mont-Carmel jouiront, sur les fonds de l'ordre, d'une pension annuelle de 100 livres, indépendamment de celle de 200 livres qui leur est accordée sur les revenus de l'école royale militaire, laquelle pension ils conserveront même hors du service, dans le cas seulement où des blessures reçues à la guerre les auraient forcés de se retirer.

(1) Peu après, ce dernier quitta l'artillerie ; il revint en France, plus tard, d'après le vœu de Napoléon, qui le manifesta à son frère le comte d'Hédouville, général de division, que l'empereur autorisa à lui présenter le chevalier.

Lors de cette audience, le souverain, entouré de sa cour, le reçut d'abord avec froideur ; mais un moment après, et quand ils furent seuls, Napoléon, lui pinçant amicalement les oreilles et le dirigeant contre un angle de la salle, lui dit avec effusion : « Bonjour, chevalier : d'où viens-tu ? » — « Sire, j'ar» rive d'Espagne. » — « Tu étais émigré ? » M. d'Hédouville n'osant répondre affirmativement à cette question, Napoléon reprit : « Tu mens, je vois que » tu seras bon pour la diplomatie. »

En effet, quelques jours après, le chevalier, nommé

Le 25 août 1791, concours académique, à Lyon, sur le thême suivant :

« Quelles vérités et quels sentiments im-
» porte-t-il le plus d'inculquer aux hommes
» pour leur bonheur ? » (1).

Napoléon et quinze concurrents entrèrent en lice, mais la palme académique et le prix ed 1,200 livres furent adjugés à M. Daunou, devenu membre de l'Institut national (2).

---

chargé d'affaires à Francfort-sur-Mein, se présente à une autre audience de l'empereur, qui, entouré de grands personnages, avec lesquels il s'entretenait de politique, leur dit en leur montrant M. d'Hédouville, qui entrait : « Voilà un de mes anciens camarades,
» avec qui j'ai rompu bien des lances sur la place des
» Clercs, à Valence, au sujet de la constitution
» de 1791. Par exemple, je voulais qu'on n'accordât
» au roi que le *veto* suspensif, et mon adversaire po-
» litique s'obstinait à ce que le *veto* fût absolu........
» mais je vois à présent que d'Hédouville avait raison. »

(1) Pièces justificatives, n° XLIII, pièces *a* et *b*.

(2) « Quand je montai sur le trône, bien des an-
» nées après, » a dit Napoléon par la bouche de M. O'Méara, « je parlai de cela par hasard à Taley-
» rand. Il envoya un courrier à Lyon pour chercher
» ce manuscrit : il parvint facilement à le retrouver.
» Un jour, comme nous étions seuls, il le tira de sa
» poche, et, croyant me faire la cour, me le remit
» entre les mains en me demandant si je le connais-

25 août 1791.

Le 25 août 1791, Bonaparte fit partie d'une réunion d'officiers qui, chez le sieur Geny, leur maître-d'hôtel, fêtèrent la Saint-Louis. Au dessert, M. Duprat, alors lieutenant, entonna la célèbre romance : *O Richard! O mon roi!* ce qui fut le signal d'une rixe violente entre les officiers d'artillerie et des électeurs

---

» sais. Je reconnus aussitôt mon écriture, et je le jetai
» au feu, où il fut consumé en dépit de Taleyrand,
» qui ne put le sauver. Comme il ne l'avait pas fait
» copier auparavant, il parut très-mortifié de cette
» perte; j'en fus, au contraire, très-satisfait, parce
» qu'il abondait en sentiments républicains, et con-
» tenait plusieurs principes libéraux que je n'aurais
» pas été flatté qu'on pût m'accuser d'avoir eus dans
» ma jeunesse. »

Le *Mémorial de Sainte-Hélène* dit aussi que Bonaparte remporta le prix : c'est donc une erreur. Napoléon s'est attribué un assez grand nombre d'autres couronnes : il faut laisser celle-ci à M. Daunou.

Il paraît qu'avant de remettre le manuscrit de Bonaparte à M. de Talleyrand, M. Dhauterive, alors chef de division au ministère des affaires étrangères, en avait lui-même conservé une copie que M. le lieutenant-général Gourgaud, inspecteur-général d'artillerie, aide-de-camp du roi, a publiée, avec quelques autres pièces remarquables, en 1826.

D'après une autre version, M. le général Gourgaud aurait eu d'un des frères de Napoléon une copie de ce manuscrit.

qui, dinant dans une salle voisine, s'effarouchaient déjà de ces paroles (1).

En septembre 1791, le lieutenant Bonaparte, à la tête d'un détachement du 4ᵉ régiment d'artillerie, et d'un canon qui avaient été requis par le maire de Tain, auprès du directoire du département de la Drôme, se rendit dans cette petite ville baignée par le Rhône et adossée au fameux coteau de l'Hermitage, avec l'ordre d'y soutenir l'installation du curé constitutionnel qui y éprouvait une vive résistance de la part de certaines personnes.

En arrivant à Tain, Bonaparte alla loger chez M. Jourdan qui remplissait encore les fonctions de maire, dans lesquelles il n'était pas remplacé quoique démissionnaire.

Le lieutenant d'artillerie refusa ce jour-là le dîner de son hôte, parce qu'il voulait aller de suite à Tournon (qui n'est séparé de Tain que par le fleuve) voir son compatriote et parent M. Hyacinthe de Rossi (2), lieutenant-colonel

Septembre 1791.

―――――――――

(1) A Sainte-Hélène, Napoléon disait, à propos de cette scène : « Je me doutais bien peu alors qu'un jour cet air serait aussi proscrit à cause de moi. »

(2) Neveu d'un officier-général dont nous aurons souvent l'occasion de parler.

— 188 —

en premier du 4ᵉ bataillon de chasseurs (ci-devant chasseurs Corses).

L'installation du curé n'eut pas lieu parce qu'il était absent et que son père donna pour lui sa démission.

Bonaparte revint à Valence dans la carriole du père Lolive, de Tain, en passant par la rive droite du Rhône et par Saint-Péray, bourg renommé pour ses vins blancs.

1ᵉʳ octobre 1791.

Vers le 1ᵉʳ octobre 1791 (1), peu à près son retour de Tain, Napoléon, en vertu d'un congé ministériel de trois mois, quittant de nouveau sa bienveillante hôtesse et son logement habituel (2), partit pour revoir la Corse,

---

(1) Bonaparte a dû partir avant le 11, parce que, d'après sa lettre du 17 février 1792 à M. de Sucy (Pièces justificatives, nº xlvi), il ignorait alors que MM. de Gouvion, de Vaubois et de Borthon, à qui il adressait des compliments, avaient été nommés, ledit jour 11, lieutenants-colonels de bataillons de volontaires nationaux du département de la Drôme, qui partirent de Valence peu après leur formation. De plus, il a assisté aux derniers moments de son grand-oncle, qui est mort dans la nuit du 15 au 16 octobre.

(2) Sous la restauration, deux Anglais se présentèrent de bonne heure chez M. Fiéron, et prièrent sa domestique de leur montrer la chambre de Napoléon. Celle-ci leur répond qu'il dort. « Comment ! mais

avec son frère Louis (1). Ils prirent un bateau

» Napoléon est mort depuis long-temps. » — « Mes-
» sieurs, vous êtes dans l'erreur : je vous répète qu'il
» dort et qu'il est dans sa chambre, où je vais vous
» conduire si vous voulez. »

Nouvelles marques d'étonnement des deux insulaires, qui cependant montent au second étage avec
la fille. Celle-ci entre dans une chambre, en ouvre
les fenêtres, et dit aux Anglais ébahis : « Je vous avais
» bien dit que Napoléon dormait; il est à peine ré-
» veillé. » — « Que demandez-vous de moi, messieurs? »
s'écrie ce dernier. — « Monsieur, un malentendu
» nous a conduits dans cet appartement, où, à notre
» hôtel, on nous avait annoncé qu'avait logé Napo-
» léon. » — « Messieurs, on ne vous a point trompés :
» je suis en effet Napoléon, mais Napoléon Fiéron;
» cette chambre n'est pas celle du grand homme,
» mais bien celle de son frère Louis *, et je vais dans
» un instant descendre avec vous dans celle que vous
» êtes désireux de voir. »

(1) Napoléon empereur, parlant au duc de Vicence de son frère Louis, qui venait d'abdiquer le
trône de Hollande, s'exprimait ainsi :

« Abdiquer sans me prévenir! se sauver en West-
» phalie comme s'il fuyait un tyran !..... mon frère
» me nuire au lieu de m'aider !..... ce Louis que j'ai
» fait élever sur ma solde de lieutenant, Dieu sait au
» prix de quelles privations !..... Je trouvais le moyen
» d'envoyer de l'argent pour payer la pension de mon
» jeune frère. Savez-vous comment j'y parvenais?

* Depuis cette conversation, j'ai acquis la preuve que cette chambre au second étage n'existait pas quand Louis habitait Valence.

qui les porta l'un et l'autre jusqu'à Avignon.

» C'était en ne mettant jamais les pieds ni au café ni
» dans le monde*; c'était en mangeant du *pain sec;*
» en brossant mes habits moi-même pour qu'ils du-
» rassent plus long-temps propres. Pour ne pas faire
» tâche parmi mes camarades, je vivais comme un
» ours, toujours seul dans ma petite chambre avec
» mes livres, mes seuls amis alors. Et ces livres, pour
» me les procurer, par quelles dures économies faites
» sur le *nécessaire* achetai-je cette jouissance ? Quand,
» à force d'abstinence, j'avais amassé deux écus de
» six livres, je m'acheminais avec une joie d'enfant
» vers la boutique d'un libraire qui demeurait près de
» l'Évêché* : souvent j'allais visiter ses rayons avec le
» péché d'envie; je convoitais long-temps avant que
» ma bourse me permît d'acheter ! Telles ont été pour
» moi les joies et les débauches de la jeunesse. » —
« Sire, » s'écria le duc de Vicence, « jamais le trône
» ne vous vit plus grand que ne l'était le lieutenant
» d'artillerie dans sa modeste chambre de Valence ! »
— « Eh non, j'avais du cœur, et voilà tout, » répondit
l'empereur avec simplicité. « Tout petit garçon, j'ai
» été initié à la gêne et aux privations d'une nom-
» breuse famille. Mon père et ma mère ont connu de
» mauvais jours.... Six enfants !.... Le ciel est juste....
» Ma mère est une digne femme. »

* C'était en effet le reproche que lui faisaient ses chefs à Valence,
et encore plus fortement à Auxonne. Quant à Douai, à peine a-t-il
paru dans cette garnison.

** C'était donc à Valence, puisqu'il n'y avait de siége épiscopal
ni à Douai ni à Auxonne.

CHAPITRE XI.

Napoléon arrive en Corse; assiste à la mort de son grand-oncle **Lucien**; est nommé capitaine en second d'artillerie, et successivement adjudant-major et lieutenant-colonel en second d'un bataillon de volontaires nationaux corses.

(DU 15 OCTOBRE 1791 (AU MOINS) AU MOIS DE MAI 1792.)

Le 15 octobre 1791, Bonaparte était déjà arrivé à Ajaccio, puisque son grand-oncle, l'archidiacre Lucien, étant au lit de mort, tous les siens étaient rangés autour de son lit, déplorant la perte qu'ils allaient faire, lorsque l'abbé Fesch (1) se prit d'un saint zèle et voulut

15 octobre 1791.

---

(1) Alors grand-vicaire de l'évêque constitutionnel de Corse.

Il a réclamé contre cet article, tiré d'une conversa-

lui débiter les homélies d'usage. L'agonisant l'interrompit ; Fesch n'en tint aucun compte ; le vieillard s'impatienta : eh ! laissez donc, je n'ai plus que quelques moments à vivre, je veux les consacrer à ma famille. Il la fit en effet approcher, lui donna des avis, des conseils. « Tu es l'aîné de la famille, dit-il à Joseph, mais » Napoléon en est le chef ; aie soin de t'en » souvenir. »

---

tion de Napoléon avec M. de Las-Cases, en écrivant à celui-ci :

« Je lui demandai (à l'archidiacre) s'il ne voulait
» pas faire entrer le confesseur ; il me répondit qu'il
» n'avait plus rien à lui dire : or, dans ce moment-là,
» il avait déjà reçu tous les sacrements de l'église. Un
» scrupule ou un zèle excessif de ma part ne pouvait
» pas donner occasion de faire soupçonner que l'ar-
» chidiacre ne se souciait pas de remplir tous ses de-
» voirs religieux. Il est vrai que l'empereur n'a dû se
» souvenir que d'une partie de la chose, puisqu'il ne
» pouvait pas entendre ce que je disais au mourant ;
» et en effet, l'empereur m'a dit la même chose à
» moi-même dans des conversations particulières, et
» ne voulut jamais entendre mon explication. Cepen-
» dant, je puis attester devant Dieu qu'il avait mal
» saisi ma demande et la réponse de son oncle, si
» toutefois il put entendre quelque chose. Au de-
» meurant, cela ne fait rien ; le défunt archidiacre
» n'en recevra aucun tort ; on ne doit pas attendre
» que l'empereur fasse pour lui une profession de foi. »

Dans la nuit du 15 au 16 octobre 1791, l'archidiacre Lucien expira (1) au milieu des sanglots que ce triste spectacle arrachait à Napoléon (2) et aux siens.

Restée sans guide, sans appui, madame Letitia fut obligée de prendre la direction des affaires, mais le fardeau n'était pas au-dessus de ses forces : elle conduisait tout et administrait avec une sagacité parfaite, qu'on n'aurait attendue ni de son âge ni de son sexe.

Bonaparte alla voir, à Rostino, Paoli (3) qui accueillit parfaitement le fils de son ancien ami.

Bonaparte accompagnait dans ses courses Paoli qui lui expliquait, chemin faisant, les

---

(1) Pièces justificatives, extrait mortuaire en italien et en français, n° XLIV.

(2) Dont j'ai reproduit les expressions.

(3) Le 9 avril 1790, Paoli, revenant d'Angleterre, fut présenté à Louis XVI par M. de Lafayette et le ministre de la guerre. Dans cette audience, à laquelle furent aussi admis les députés corses, il fut question des mouvements qui avaient lieu sur plusieurs points du royaume : « Et la Corse ? » dit le monarque. — « La Corse, » lui répondit-on, « obéit avec calme aux » décrets de l'Assemblée nationale, sanctionnés par

avantages du terrain qu'ils parcouraient, la manière d'en tirer parti, celle de remédier aux accidents qu'il présentait.

Napoléon figura dans une grande expédition que fit Paoli à Ponte-Novo. Le cortége se composait de plus de 5oo personnes à cheval. Bonaparte marchait à ses côtés; celui-ci lui montrait les positions, les lieux de résistance, de défaite et de triomphe dans la guerre de l'indépendance Corse; il détaillait cette lutte glorieuse à son jeune compatriote qui l'écoutait avec beaucoup d'attention et lui soumettait de temps en temps quelques observations, à l'une desquelles Paoli s'écria : *O Napoléon ! tu n'as rien de moderne, tu appartiens tout-à-fait aux*

» Votre Majesté. » — « Mes derniers enfants, » reprit le roi, « sont donc les plus sages et les plus fidèles. »

Paoli partit de Paris le 17 juin 1790. Son voyage par le Bourbonnais, Lyon, Tournon, Valence, Avignon, Aix et Marseille, et son arrivée à Bastia le 17 juillet suivant, furent une série de triomphes non interrompus.

Dans la session de l'assemblée électorale tenue à Orezza, du 9 septembre au 8 octobre, Paoli en fut nommé président, ensuite président de l'administration départementale, enfin commandant-général des gardes nationales de l'île.

hommes de Plutarque ! courage, tu prendras ton essor! (1).

Paoli pressentait déjà le grand homme dans Napoléon, et il disait souvent de lui aux personnes de sa société : *Ce jeune homme, si on lui en donne le temps, fera parler le monde de lui.*

1ᵉʳ novembre 1791, le général Rossi (2), qui commande en Corse, demande, entr'autres objets de service, au ministre de la guerre de l'autoriser à choisir le lieutenant Bonaparte (3) pour adjudant-major d'un des quatre bataillons de volontaires nationaux corses qu'on organise dans l'île (4).

Le 2 décembre 1791, Bonaparte aurait prononcé au club de Calvi un discours qui lui aurait attiré les reproches de Paoli.

---

(1) On prétend que Napoléon disait à Sainte-Hélène : « Paoli me frappait souvent avec amitié sur la » tête, en me disant : *Vous êtes un des hommes de Plu-* » *tarque.* Il avait deviné qu'un jour je serais un homme » extraordinaire. »

(2) Parent de Napoléon, ce qui sera démontré plus tard.

(3) Qui, assure-t-on, venait d'échouer dans ses prétentions d'être nommé, au choix populaire, lieutenant-colonel d'un de ces bataillons.

(4) Pièces justificatives, n° XLV.

16 décembre 1791.   16 décembre 1791, mort à Valence de M. Antoine Daurelle, un des anciens vicaires généraux de ce diocèse (1).

14 janvier 1792.   Le 14 janvier 1792, le ministre autorise M. de Rossi à nommer Bonaparte à la place d'adjudant-major (2).

6 février 1792.   Le 6 février 1792, Napoléon fut promu au grade de capitaine en second d'artillerie (3).

Il fut classé, dit-on, dans la 12me compagnie

---

(1) Je ne relate la mort de cet ecclésiastique que pour réfuter le rôle ridicule qu'on lui fait jouer, sous la république, dans une pièce intitulée, je crois, *Bonaparte sous-lieutenant d'artillerie à Valence.*

(2) Pièces justificatives, n° XLV.

(3) Il est à remarquer que M. le comte Louis de Narbonne, qui a été ministre de la guerre depuis le 7 décembre 1791 jusqu'au 10 mars 1792, a contresigné le brevet de Bonaparte, dont plus tard il est devenu aide-de-camp.

A une revue, un jeune sous-lieutenant sort des rangs et vient se placer devant l'empereur Napoléon, qui lui dit : « Que voulez-vous ? » — « Sire, il y a » quatre ans que je suis sous-lieutenant, et depuis lors » je n'ai pas eu d'avancement. » Après un moment de silence, Napoléon lui répondit : « Moi, monsieur, je » l'ai été pendant six ans, et vous voyez que cela ne » m'a pas empêché de faire mon chemin. » — « Sire, » cela est vrai; mais Votre Majesté a bien su rattraper » le temps perdu. J'attendrai. »

du 4ᵐᵉ régiment, dont le capitaine commandant était M. de Gouvion (1).

Mais Napoléon, quoique capitaine, resta en Corse.

Le 17 février 1792, lettre inédite et autographe écrite, de Corté, par Bonaparte à M. de Sucy, commissaire des guerres à Valence (2) :

17 février 1792.

---

(1) Quoique promu par le choix populaire, le 11 octobre 1791, au grade de premier lieutenant-colonel du 2ᵉ bataillon de volontaires nationaux du département de la Drôme.

M. de Gouvion ne fut remplacé dans sa compagnie que lorsque, le 8 mars 1793, il obtint dans l'artillerie le grade de chef de bataillon, qui, d'après le décret du 21 février précédent, remplaça celui de lieutenant-colonel.

(2) Cette lettre, quoique ne portant pas de millésime, est évidemment de 1792, c'est-à-dire postérieure à 1791 et antérieure à 1793.

Postérieure à 1791, parce que Napoléon y parle de MM. Gouvion, Borthon et Vaubois. Or, avant l'organisation de 1791, qui n'a reçu son exécution qu'en juin, par conséquent après février, Bonaparte ne connaissait aucun de ces messieurs, dont le premier était déjà capitaine dans le régiment de Grenoble, où ne comptait pas encore Napoléon, et les deux derniers figuraient encore avec le même grade, l'un dans le régiment d'Auxonne, et l'autre dans celui de Metz.

De plus, M. de Volney, membre de l'Assemblée

« Des circonstances impérieuses m'ont forcé,
» Monsieur et cher Sucy, à rester en Corse
» plus long-temps que ne l'auraient voulu les
» devoirs (1) de mon emploi; je le sens et n'ai
» cependant rien à me reprocher : des devoirs
» plus sacrés et plus chers me justifient.

---

nationale constituante, n'alla en Corse qu'après la clôture de la session, qui eut lieu le 30 septembre 1791. On dit même qu'avant d'entreprendre ce voyage, il adressa de Paris, à Grimm, chargé d'affaires de Russie en France, la médaille que l'impératrice lui avait donnée, et une lettre dans laquelle il disait à ce diplomate : « *Si j'obtins ce présent de son estime, je le lui* » *rends pour la conserver.* »

Enfin, Bonaparte s'étend, avec M. de Sucy, sur son retard à rejoindre son corps au 1er janvier (qui a suivi immédiatement l'année 1791, à la fin de laquelle il est parti de Valence pour la Corse).

Antérieure à 1793, parce que les compliments dont Bonaparte charge, dans cette lettre, M. de Sucy, pour MM. les capitaines-commandants Gouvion, Borthon et Vaubois, prouvent que le 4e régiment était encore à Valence ; parce que le dépôt du 4e régiment d'artillerie, étant parti de Valence pour Grenoble le 12 juin 1792, n'a eu, dès cette époque, aucun rapport administratif avec M. de Sucy, commissaire des guerres à Valence.

(1) Qui consistaient à rejoindre son corps à l'expiration de son congé.

» Aujourd'hui cependant que je me trouve
» plus libre (1) j'aurais envie de venir vous
» joindre, mais avant j'attendrai le conseil que
» vous me donnerez. Comment suis-je passé
» dans la revue du 1ᵉʳ janvier ? A-t-on nommé
» à mon emploi (2) et quelle démarche fau-
» drait-il faire ?

» Je suis à Corté. M. de Volney est ici (3) et
» dans peu de jours nous partirons pour faire
» un tour de l'île. M. de Volney, connu dans

---

(1) Peut-être parce qu'il ne put pas réussir à être choisi pour lieutenant-colonel d'un des quatre bataillons de volontaires nationaux qu'on organisait en Corse.

Aux termes du décret du 4 août 1791, un de ces deux officiers supérieurs devait avoir le grade de capitaine, et avoir commandé, en cette qualité, une compagnie de troupe de ligne; or, la promotion de Bonaparte à ce grade, ou n'avait pas encore eu lieu, ou n'était pas encore connue dans l'île.

(2) En effet, on a dit dans le temps et nous verrons à son rang que Bonaparte a été un moment rayé des contrôles de son régiment, soit parce qu'il n'avait pas prévenu ses chefs de son départ pour la Corse, soit parce qu'il avait dépassé, sans rejoindre et sans présenter des motifs d'excuse, l'expiration de son congé, soit enfin pour ces deux causes réunies.

(3) Note 2 de la page 197.

» la république des lettres par son *Voyage en*
» *Egypte* (1), par ses *Mémoires sur l'agricul-*
» *ture* (2), par ses *Discussions politiques et*
» *commerciales sur le traité de* 1756, par la
» *Méditation sur les Ruines* (3), l'est également
» dans les *Annales patriotes*, par sa constance
» à soutenir le bon parti à l'Assemblée consti-
» tuante.

» Il veut s'établir chez moi et passer tran-
» quillement sa vie dans le sein d'un peuple
» simple, d'un sol fécond et du printemps per-
» pétuel de nos contrées (4).

» J'ai reçu, il y a plusieurs mois, votre lettre;

---

(1) Cet ouvrage et les conversations que l'auteur a eues sur ce sujet avec Bonaparte ont exercé, comme il l'a dit lui-même, une grande influence sur l'expédition française en Égypte.

(2) M. de Volney avait rempli la place de directeur de l'agriculture et du commerce en Corse, dont il donna sa démission le 29 janvier 1790, en alléguant qu'on ne pouvait être tout à la fois et législateur et subordonné, qu'on ne pouvait être mandataire de la nation et dépendre par un salaire de ceux qui l'administrent.

(3) Dont Volney avait fait hommage à l'Assemblée nationale en 1791.

(4) Cependant, il revint sur le continent dans le mois de mars 1793.

» vous m'avez donné de bonnes nouvelles de
» nos amies du Rhône (1) et vous m'avez fait
» un sensible plaisir. Vous leur direz que je
» prends un intérêt bien juste à leur santé et
» à leur félicité.

» Je crois inutile que vous communiquiez
» ma lettre à ces Messieurs du régiment, il ne
» dépend que de vous de me faire hâter mon
» voyage ; à la réception de votre lettre je par-
» tirai.

» Mes compliments à Gouvion, Borthon et
» Vaubois (2). Mes respects et amitiés, mon
» cher Sucy.   » Votre C.

» BUONAPARTE. »

Sur l'adresse on lit : « A Monsieur,
» Monsieur Sucy, commissaire des guerres,
» à Valence, département de la Drôme. »

---

(1) On sait que le Rhône baigne les murs de Valence, et que Basseaux n'est qu'à une demi-lieue de ce fleuve.

(2) Qui, peu après le 11 octobre 1791, date de leur nomination au grade de lieutenant-colonel, partirent de Valence avec leurs bataillons de volontaires nationaux, ce qu'ignorait Napoléon, qui prouve ainsi que depuis son départ de Valence il n'avait pas eu de rapports avec cette ville, à l'exception de la lettre qu'il dit avoir reçue de M. de Sucy, qui a dû la lui avoir écrite avant le 11 octobre 1791.

Le timbre du bureau de poste n'est pas très-apparent, mais on y reconnaît les dernières lettres du mot *Corté* (ce qui coïncide avec la date du lieu énoncée dans cette lettre) et au-dessus le chiffre 19.

La taxe est si mal faite et si raturée qu'on ne peut en reconnaître la quotité.

<small>Du 17 au 27 février 1792.</small> Du 17 (1) au 27 (2) février 1792, Bonaparte

---

(1) On a vu, par sa lettre du 17 février 1792 à M. de Sucy, que Nappléon n'était pas encore dans les volontaires.

(2) On verra, dans sa lettre du 27 du même mois à ce commissaire des guerres, que Bonaparte était déjà adjudant-major d'un de ces quatre bataillons; donc il n'a pu y passer qu'entre ces deux époques. De plus, on lit dans le *Journal militaire* : 1° que le 1ᵉʳ janvier 1792, on rassemble les bataillons de gardes nationales corses (que, dans d'autres documents, on appelle aussi indifféremment volontaires nationaux); 2° que le 1ᵉʳ mars 1792, les quatre bataillons sont formés dans le département de la Corse.

Enfin, on verra aux pièces justificatives, n° XLV, une lettre du 14 janvier 1792, par laquelle M. de Narbonne, ministre de la guerre, répondant tardivement * à celle qui avait été écrite le 1ᵉʳ novembre 1791 à son prédécesseur, M. du Portail, par M. de Rossy

* Parce que, nommé au ministère de la guerre le 7 décembre 1791, le comte de Narbonne est parti le 21 du même mois pour faire la tournée des frontières, et n'a été de retour à Paris que dans la nuit du 6 au 7 janvier 1792.

fut nommé adjudant-major du 2ᵉ bataillon de volontaires nationaux corses, d'Ajaccio (1).

Le 27 février (2) 1792, lettre inédite et autographe écrite, de Corté, par Bonaparte à M. de Sucy :

« Dans ces circonstances difficiles, le poste
» d'honneur d'un bon Corse est de se trouver
» dans son pays ; c'est dans cette idée que les

(qu'on écrivait aussi de Rossi), maréchal-de-camp à Bastia *, l'autorise à nommer Bonaparte à la place d'adjudant-major dans un des bataillons de volontaires nationaux du département de la Corse.

(1) Ensuite de la lettre (qu'on a lue) adressée par le ministre de la guerre au général Rossi, le 14 janvier 1792.

(2) J'ai, pour le millésime, qui manque aussi à cette lettre, les mêmes raisons à reproduire que pour celle du 17 février (note 2 de la page 197).
De plus, je ferai observer : 1° qu'en février 1791 (et à *fortiori* avant cette époque), on n'organisait pas encore de bataillons de volontaires, 2° et qu'en février 1793, Napoléon était déjà, et depuis plusieurs mois, chef d'un de ces bataillons, comme je le démontrerai en son temps.

* Où il commandait la Corse en remplacement du duc de Biron, qui, membre de l'Assemblée nationale constituante, renonça au gouvernement de cette île par les mêmes motifs qu'alléguait en même temps M. de Volney (note 2 de la page 200).

» miens ont exigé que je me   (1) parmi
» eux ; cependant, comme je ne sais pas tran-
» siger avec mon devoir, je me proposais de
» donner ma démission. Depuis, l'officier-gé-
» néral du département (2) m'a offert un *mezzo*
» *termine* qui a tout concilié, il m'a offert une
» place d'adjudant-major (3) dans les batail-

(1) Une fois pour toutes, j'avertis le lecteur que je laisserai en blanc les passages illisibles pour moi des lettres de Bonaparte.

(2) Encore M. de Rossi, maréchal-de-camp (note 2 et * de la page 202), parent de Napoléon, qui lui donne cette qualification dans deux lettres que je dois à l'obligeance de MM. de Farconnet, de Tournon, dont M. de Rossi a épousé une tante, dans cette ville, le 16 septembre 1799 (30 fructidor an 7).

(3) En effet, les adjudants-majors et adjudants n'étaient pas au choix des volontaires nationaux.

L'article 18 du décret du 4 août 1791 * porte que l'adjudant-major et l'adjudant-sous-officier ne seront nommés que lorsque le bataillon sera arrivé au lieu où il doit commencer son service, et que la nomination à ces deux places appartiendra à l'officier-général aux ordres de qui le bataillon se trouvera.

L'adjudant-major sera pris parmi les officiers; il aura le rang et la solde de capitaine.

L'adjudant sera choisi parmi les sous-officiers; il aura le rang de premier sous-officier et une demi-solde de plus qu'un sergent.

L'adjudant-major et l'adjudant ne pourront être tirés que des troupes de ligne.

* Et non du 12 août 1791, comme l'a dit M. de Narbonne dans sa lettre (Pièces justificatives, n° XLV).

» lons volontaires; cette commission retar-
» dera　　　　　de renouveler votre con-
» naissance, mais j'espère pour peu de temps
» si les affaires vont bien.

» Vous m'avez, Monsieur, absolument né-
» gligé, car il y a bien du temps que je n'ai eu
» de vos nouvelles.

» Les affaires ici vont bien, et j'espère qu'à
» l'heure que vous lirez cette lettre les incer-
» titudes politiques auront cessé, au moins
» pour cette campagne; nos ennemis seraient
» bien dupes de hâter le moment des hostilités,
» ils savent bien que l'état de défensive nous
» ruine autant qu'une guerre.

» Si vous vous donnez la peine de penser à
» un vieux ami, vous me donnerez des nou-
» velles de votre position. Dans ce moment-
» ci si votre nation perd courage elle a vécu
» pour toujours.

» Si vous avez toujours conservé vos rela-
» tions avec Saint-Étienne, je vous prierai de
» me faire faire une paire de pistolets à deux
» coups; je voudrais qu'elle eût à-peu-près 7
» à 8 pouces de long, et que le calibre fût de
» 22 à 24 (1) à-peu-près; quant au prix, j'y

---

(1) C'est-à-dire dont vingt-deux ou vingt-quatre balles pèseraient une livre poids de marc.

» mettrai 7 à 8 louis en assignats (1) de cinq
» livres.

» Si vous pouvez vous charger de cette com-
» mission vous pouvez m'adresser ces pistolets,
» par Marseille, à M. Henri Gastoud, négo-
» ciant, rue de Paradis, à Marseille.

» Je suis, Monsieur et cher Sucy, votre
» serviteur,   » BUONAPARTE. »

L'adresse est : « à Monsieur,
» Monsieur Sucy, commissaire des guerres,
» Valence, département de la Drôme. »

Sur le timbre on distingue *Corté*, et au-
dessus 19 (comme à la précédente).

Elle est taxée 13 et cachetée avec de la cire
rouge, ayant pour empreinte les lettres *B* et *P*
entrelacées.

27 février 1792. Le 27 février 1792, Bonaparte ignorait probablement qu'il était capitaine d'artillerie depuis le 6, car le sachant il n'aurait peut-être
pas demandé et accepté les fonctions d'adjudant-major qui, comme on l'a vu (2), n'étaient

---

(1) Qui déjà ne valaient que 74 pour 100.

(2) Note 3 de la page 204.

conférées qu'à des lieutenants, à moins cependant qu'il eût l'envie qu'il avait exprimée dans sa lettre d'aujourd'hui de rester dans sa patrie, où que déjà il eût l'espoir d'être nommé lieutenant-colonel de volontaires.

Peu après le 27 février 1792 il fut nommé par ses compatriotes lieutenant-colonel en second (1) du bataillon de volontaires nationaux d'Ajaccio (2).

Lors de son organisation, ce bataillon, qui d'abord prit la dénomination de bataillon d'Ajaccio et ensuite eut le n° 2, alla tenir gar-

---

(1) Il y avait par bataillon de volontaires deux lieutenants-colonels, dont un commandant en chef et l'autre commandant en second : ce rang dérivait de la date de l'élection.

L'un de ces deux officiers supérieurs, indifféremment, devait être capitaine, et avoir commandé en cette qualité une compagnie de troupe de ligne. (Art. 17 du décret précité, du 4 août 1792.)

Or, M. Jean-Baptiste Quenza avait été nommé membre de l'administration départementale de Corse par l'assemblée électorale de l'île, dans sa session, tenue à Orezza, du 9 septembre au 18 octobre 1790.

(2) Pièces justificatives, n° XLVII, *Tableau des officiers supérieurs des quatre bataillons de volontaires nationaux corses*; n° XLVIII, *Tableau de la solde des bataillons de volontaires.*

nison à Ajaccio et fut caserné au ci-devant séminaire (1).

Napoléon, quoique commandant en second un bataillon de volontaires, comptait toujours, ou croyait encore compter, comme capitaine en second dans le 4me régiment d'artillerie (2).

En mars 1792, il écrivit d'Ajaccio à M. Gaudenard (3), alors lieutenant quartier-maître trésorier du 4me régiment d'artillerie, encore stationné à Valence (4), une lettre par laquelle il le priait de lui faire parvenir le rappel de ses appointements (5).

---

(1) Où depuis on a installé la préfecture.

(2) En vertu de l'article 1er du décret du 17 janvier 1791, lequel permettait aux officiers qui, ayant servi dans les troupes de ligne jusqu'au commencement de la révolution, étaient entrés depuis lors dans les gardes nationales, et y avaient fait un service actif, de concourir avec ceux de leur grade pour arriver à celui immédiatement supérieur dans leur arme.

(3) Mort chef de bataillon d'artillerie en retraite, à Grenoble, en 1833.

(4) C'est-à-dire son dépôt, avec lequel il n'y avait plus que trois compagnies.

(5) Ce rappel, réclamé par Napoléon, pouvait se composer :

1° De la portion d'appointements que le congé avait stipulée, et cela pendant toute sa durée ;

M. Gaudenard prit, sur la demande exprimée dans cette lettre, les ordres de M. de Catelan, premier lieutenant-colonel de ce régiment et qui en commandait alors le dépôt.

Cet officier supérieur défendit au quartier-maître d'obtempérer au désir du capitaine Bonaparte qui, selon M. de Catelan, n'avait droit à aucun rappel d'appointements, vu que parti de Valence en congé il n'en avait prévenu ses chefs, qu'il n'avait pas rejoint son poste à l'expiration du délai qui lui avait été assigné, et qu'il n'avait pas, en temps utile, justifié des motifs qui s'étaient opposés à son retour (1).

2° De la totalité de ces mêmes appointements, à dater de l'époque où Bonaparte, ayant passé dans les volontaires nationaux, d'abord comme adjudant-major, ensuite comme lieutenant-colonel en second, cumulait (d'après ce qu'on m'a rapporté), avec son traitement nouveau qui lui était payé dans son bataillon, le traitement ancien qu'il aurait eu le droit de toucher dans son régiment.

(1) Cette réponse de M. de Catelan a fait dire dans le temps que Napoléon avait été rayé des contrôles de son corps, non parce qu'il était entré dans les volontaires, mais parce qu'il avait laissé ignorer qu'il y fût.

Au reste, comme on l'a vu et comme on va le voir, Bonaparte figurait et sur l'*État militaire* de 1792 et sur celui de 1793.

Malgré la défense de son commandant, M. Gaudenard (1) qui avait beaucoup de fonds en caisse, sollicité par M. Pellegrin, alors adjudant sous-officier (2) et écrivain au bureau du quartier-maître, se décida à envoyer à Bonaparte le rappel que celui-ci lui avait demandé.

<small>Le 7 ou le 9 avril 1792.</small> Le 7 ou le 9 avril 1792, en d'autres termes le samedi ou le lundi de Pâques, plusieurs jeunes gens d'Ajaccio jouaient aux quilles dans la rue de la cathédrale de cette ville; quelques-uns des volontaires du 2me bataillon troublèrent leur jeu et renversèrent ces quilles; ce fut la cause d'une dispute à laquelle succéda du tumulte et des coups; un officier de Vico étant accouru pour calmer les esprits, reçut un coup de pistolet, tiré inconsidérément par un jeune homme, et tomba mort. Le meurtrier se sauve, les habitants se renferment dans leurs maisons,

---

(1) De qui je tiens ces détails.

(2) Qui, plus tard, a exploité à son profit la condescendance de M. Gaudenard auprès du premier consul et de l'empereur, et a été élevé successivement jusqu'au grade de général de brigade d'artillerie, barón, etc., etc. *Sic vos non vobis.*

M. le général Pellegrin est mort à Grenoble depuis quelques années.

les volontaires se réunissent dans leur quartier, accusant de la mort de leur officier les citadins d'Ajaccio, et des fenêtres de leur caserne tirent des coups de fusil sur ceux qui circulent encore dans les rues adjacentes; deux ou trois habitants paisibles qui ne savaient rien sont tués, d'autres sont blessés. La confusion, le désordre et la terreur règnent dans Ajaccio; les habitants s'arment, et déjà ils traînent des canons pour foudroyer la caserne des volontaires en se mettant en batterie dans les rues qui y aboutissent, lorsque la municipalité d'Ajaccio, en écharpe, se présente au quartier, intime au bataillon l'injonction de rentrer dans l'ordre, et l'autorise d'ailleurs à poursuivre le meurtrier.

Le bataillon se tranquillisa grâce à l'apparition et à l'intervention de Bonaparte, lieutenant-colonel en second, qu'on a néanmoins inculpé, ainsi que M. Quenza, son lieutenant-colonel en premier. Ces deux officiers supérieurs n'étaient pas à la caserne lorsque la troupe commença la fusillade, d'ailleurs Napoléon logé chez sa mère, loin de là, ignorait certainement un fait qu'il ne pouvait pas même prévoir; enfin, il n'est pas probable qu'il eût donné à son bataillon l'ordre de faire feu sur des concitoyens parmi lesquels il ne comptait pas d'ennemis, mais un grand nombre d'amis qui déjà l'idolâtraient.

Cependant plusieurs biographes assurent qu'à raison de cet événement Bonaparte fut dénoncé par M. Mario Peraldi, membre de l'Assemblée nationale législative, et obligé de se rendre à Paris pour s'y justifier de l'accusation portée contre lui (1). Dans tous les cas et pour éviter une collision nouvelle, cinq jours après ce malheureux événement, le bataillon d'Ajaccio reçut l'ordre de se rendre à Corté, sous le commandement d'un capitaine, puisque le lieutenant-colonel Bonaparte (qui d'après cette version aurait déjà remplacé M. Quenza) resta à Ajaccio.

---

(1) Je dois dire que tous les Corses que j'ai consultés repoussent cette dénonciation, et dénient même le voyage de Paris, que j'espère démontrer avec autant de précision que j'ai cherché à en déployer relativement aux fonctions d'adjudant-major dont a été investi Napoléon, malgré l'avis contraire de ses compatriotes, qui ont oublié, par conséquent, un fait éphémère qui remonte déjà à quarante-sept ans.

CHAPITRE XII.

Napoléon, dénoncé, se rend à Paris, s'y justifie; journées des 20 juin et 10 août 1792; il ramène sa sœur Marie-Anne (Élisa) en Corse, où il est nommé lieutenant-colonel en premier du 2ᵉ bataillon de volontaires nationaux corses.

(DU MOIS DE MAI 1792 AU MOIS DE NOVEMBRE DE LA MÊME ANNÉE.)

Au mois de mai 1792, Bonaparte quitta Ajaccio pour se rendre dans la capitale (1). Mai 1792.

Il passa à Valence où il ne s'arrêta qu'une heure.

---

(1) Parmi les biographes qui soutiennent comme moi que Napoléon, dénoncé, a été mandé à Paris, il en est qui prétendent, contrairement à mon opinion, que déjà en avril il s'est rendu dans la capitale : mais comment, à une époque où la mer n'était déjà plus très-libre, une dénonciation, dont les éléments seraient partis de Corse immédiatement après le 7 ou le 9 avril, a-t-elle pu être si rapidement répandue que Bonaparte ait eu la possibilité d'être déjà arrivé à la fin du même mois ?

Déjà avant le 20 juin 1792 il était arrivé à Paris, logé rue du Mail, près de la place des Victoires, puisque, d'après Bourienne, il alla avec lui voir sa sœur Marie-Anne (Élisa), à Saint-Cyr, d'où ils vinrent dîner à Trianon.

20 juin 1792. Le 20 juin 1792, Napoléon et Bourienne se rencontrèrent à leur rendez-vous habituel, chez un restaurateur, rue Saint-Honoré, près le Palais-Royal. En sortant ils virent accourir du côté des Halles une troupe dont Napoléon évalua le nombre à cinq ou six mille hommes, déguenillés et burlesquement armés, hurlant les plus grossières provocations et se dirigeant à grands pas vers les Tuileries; c'était ce que la population des faubourgs Saint-Antoine et Saint-Marceau avait de plus abject. *Suivons cette canaille*, dit Bonaparte à son compagnon, et prenant les devants ils allèrent se promener sur la terrasse du bord de l'eau, d'où ils virent à une des fenêtres du château l'infortuné Monarque qui avait été contraint de se coiffer d'un bonnet rouge; alors l'indignation de Bonaparte ne put se contenir, et il s'écria assez haut : *Comment a-t-on pu laisser entrer cette canaille ? il fallait en balayer quatre ou cinq cents avec du canon, et le reste courrait encore;* puis il blâma la pusillanimité des conseillers et des défenseurs du Monarque.

Dans leur tête-à-tête, au dîner que payait constamment Bourienne (1), Napoléon revenait toujours sur la scène dont il venait d'être témoin aux Tuileries; il discutait avec un grand sens les causes et les conséquences probables de cette insurrection qu'on avait su ni prévenir ni réprimer; il ne se trompa pas, et le 10 août ne se fit pas attendre long-temps.

Le 7 ou le 8 août 1792, Bonaparte était encore à Paris, puisqu'il alla se plaindre à l'autorité d'une visite domiciliaire que venait de faire illégalement chez M. Permon (2) un nommé Thirion.

Le 10 août 1792, le Roi, forcé dans les Tuileries par une multitude furieuse et armée, n'a d'autre refuge qu'une tribune de l'Assemblée dont il se constitue déjà le prisonnier.

Bonaparte pénètre dans le jardin des Tuileries : « Jamais depuis, a-t-il dit à Sainte-Hé-
» lène, aucun de mes champs de bataille ne me
» donna l'idée d'autant de cadavres que m'en

---

(1). Qui nous apprend qu'il était plus riche que Bonaparte, et qui, en nous annonçant que celui-ci avait déposé depuis quelque temps sa montre à l'hôtel Longueville, est forcé de convenir que Fauvelet, son frère, y était prêteur sur gages.

(2) *Mémoires de madame la duchesse d'Abrantès.*

» présentèrent les masses des Suisses ; soit que
» la petitesse du local en fît ressortir le nom-
» bre, soit que ce fût le résultat de la première
» impression que j'éprouvais en ce genre. Je
» vis des femmes bien mises se porter aux
» dernières indécences sur les cadavres des
» Suisses. Je parcourus tous les cafés du voisi-
» nage de l'Assemblée, partout l'irritation était
» extrême, la rage était dans tous les cœurs,
» elle se montrait sur toutes les figures, bien
» que ce ne fussent pas du tout des gens du
» peuple ; et il fallait que tous ces lieux fus-
» sent journellement remplis des mêmes ha-
» bitués, car, quoique je n'eusse rien de par-
» ticulier dans ma toilette, ou peut-être parce
» que mon visage était plus calme, il m'était
» aisé de voir que j'excitais maints regards
» hostiles et défiants comme quelqu'un d'in-
» connu ou de suspect. »

11 août 1792. Le 11 août 1792, Napoléon écrivant de Paris à M. Paravicini, son oncle (1), après lui

---

(1) Le même qui est déjà cité dans la lettre que Napoléon écrivit de l'École militaire, le 23 septembre 1785, à M. Labitte, et dans le reçu du 24 juin 1795 (16 messidor an 3).

Le nom de ce parent est aussi reproduit dans l'acte de baptême de Napoléon et dans un billet (Appendice) qu'il écrivit en prairial an 4 à l'ordonnateur Sucy.

avoir dépeint la catastrophe de la veille, termine ainsi sa lettre : « Ne soyez pas inquiet de » vos neveux, ils sauront se faire place. » C'était déjà prédire la chute du trône et embrasser l'immensité de l'horizon politique que Bonaparte voyait se dérouler devant lui.

Il paraît que Napoléon parvint facilement à se disculper des imputations qui avaient été dirigées contre lui, et qu'il réussit à prouver qu'il avait lui-même réprimé le désordre qu'on l'avait accusé d'avoir provoqué.

Il reçut l'ordre d'aller reprendre son commandement en Corse.

Le 13 août 1792, l'Assemblée nationale décreta l'évacuation de toutes les maisons royales.

13 août 1792.

Bonaparte fit dès-lors toutes les démarches nécessaires pour emmener avec lui sa sœur Marie-Anne (Elisa) qui était toujours à celle de Saint-Louis.

Le 1er septembre 1792, il écrit aux administrateurs du district de Versailles pour leur demander la permission d'emmener de suite sa sœur en Corse et les prie de lui faire compter 20 sols par lieue jusqu'à Ajaccio (1).

1er septemb. 1792.

---

(1) Pièces justificatives, n° L, lettres *a* et *b*. Je ne connais sur cette matière que le décret du 13 août,

Sous la même date, Marie-Anne Bonaparte adresse aux mêmes administrateurs une supplique à l'appui de la lettre de son frère (1).

Le même jour, les maires et officiers municipaux de Saint-Cyr, auxquels les administrateurs du district de Versailles ont renvoyé les demandes de Napoléon et de sa sœur, donnent un avis favorable (2).

Enfin le susdit jour 1er septembre 1792, le directoire du district de Versailles conclut à ce qu'il soit délivré un mandat de 352 fr. à Mlle Bonaparte, et à ce que son frère soit autorisé à l'emmener à Ajaccio avec son linge et ses hardes (3).

Il paraît qu'après sa sortie de Saint-Louis, Marie-Anne et son frère passèrent quelques jours à Paris; celui-ci, qui n'avait pu prévoir

---

et non ceux des 7 et 16 du même mois. Il paraît que, d'après des dispositions réglementaires, on avait fixé, pour l'exécution de cette mesure, le 1er octobre, que voulait devancer Bonaparte, obligé de partir pour la Corse avant cette époque.

(1) Pièces justificatives, n° L, lettre b.

(2) Qui n'aurait pas été homologué par le directoire du département de Seine-et-Oise. (Pièces justificatives, n° L, lettre c.)

(3) Pièces justificatives, n° L, lettre d.

l'obligation où il serait de se charger de la conduite de sa sœur, éprouva, malgré l'indemnité de route pour laquelle avait opiné le directoire du district de Versailles, des besoins dont il fit l'aveu à un de mes anciens compatriotes qui, alors récemment établi dans la capitale, ne put obtempérer à sa demande, et l'invita à dîner ainsi que Marie-Anne; mais au jour fixé ils ne vinrent pas (1).

Pendant son séjour à Paris Napoléon écrivit à un de ses anciens camarades, qui avait suivi une autre direction que lui, une lettre qu'il remit, pour la lui faire parvenir, à un oncle de celui-ci.

Vers le milieu de septembre 1792, Bonaparte a dû partir de la capitale en passant par Lyon où il s'embarqua sur le Rhône, s'arrêta un moment à Valence au bord du fleuve, et là Mme Mésangère et Mlle Bou lui firent apporter, ainsi qu'à sa sœur, un panier de raisins.

Septembre 1792.

A la fin de septembre ou au commencement d'octobre 1792, Napoléon a dû arriver à Ajac-

---

(1) Nouvelle preuve du séjour que Bonaparte et sa sœur ont fait à Paris depuis que celle-ci sortit de la maison de Saint-Louis.

cio, où il revenait toujours avec un nouveau plaisir (1).

On assure qu'alors il remplaça, dans le commandement en chef de son bataillon de volontaires, M. Quenza, lieutenant-colonel en premier.

---

(2) « La patrie, » disait Napoléon à Sainte-Hélène, « est toujours chère; Sainte-Hélène même pourrait » l'être à ce titre. » La Corse avait mille charmes pour lui; il détaillait les grands traits et la coupe hardie de sa structure physique. « Les insulaires, » ajoutait-il, « ont toujours quelque chose d'original, » par leur isolement, qui les préserve des irruptions » et du mélange continuel qu'éprouve le continent; » les habitants des montagnes ont une énergie de » caractère et une trempe d'âme qui leur est toute » particulière. Et le charme de la terre natale !..... » Tout y est meilleur; il n'est pas jusqu'à l'odeur du » sol même : elle m'eût suffi pour le deviner les yeux » fermés. Je ne l'ai retrouvée nulle part. Je m'y vois » dans mes premières années, dans mes premières » amours; je m'y trouve dans ma jeunesse, au mi- » lieu des précipices, franchissant les sommets élevés, » les gorges étroites, les vallées profondes, recevant » les honneurs et les plaisirs de l'hospitalité, parcou- » rant la ligne des parents dont les querelles et les » vengeances s'étendaient jusqu'au septième degré. » Une fille voyait entrer dans la valeur de sa dot le » nombre de ses cousins. »

L'empereur Napoléon se plaignait dans son exil de la mauvaise qualité du vin que le gouverneur lui

C'est ce qu'on peut induire du style impératif qu'on remarque dans la lettre suivante :

Traduction d'une lettre en italien écrite d'Ajaccio, le 18 octobre 1792, par Bonaparte à M. Costa (1) :

« Mon cher Costa, j'ai appris avec le plus grand plaisir, mais sans surprise, le vif désir que vous aviez de m'embrasser ; je vous assure que le mien n'est pas moindre : vous

18 octobre 1792.

---

faisait servir, et appelait en témoignage le corse Cipriani, son maître-d'hôtel, pour affirmer qu'ils en avaient de bien meilleur chez eux. A ce sujet, Napoléon disait avoir eu en patrimoine la première vigne de l'île, grande et productive : *l'Esposata* * était son nom. Il n'en devait parler, ajoutait-il, qu'avec reconnaissance : c'était grâce à elle qu'il avait dans sa jeunesse fait ses voyages de Paris ; c'était elle qui fournissait aux frais de ses semestres.

Depuis long-temps, Napoléon en avait disposé en faveur de sa nourrice, à qui il croyait avoir donné dans l'île de Corse une valeur de 120,000 francs en biens-fonds.

(1) Feu M. Nunzio Costa, de Bastelica, était alors lieutenant (détaché à Bonifaccio) dans le bataillon de volontaires commandé par Napoléon.

* Bien située, bien exposée.

» connaissez assez mes sentiments pour vous.
» Votre capitaine m'a exposé succinctement
» tous les motifs de plainte que vous pouvez
» avoir; j'espère qu'à l'avenir ils ne se représen-
» teront plus, et qu'on ne fera plus d'injustice à
» personne. Pour cette fois encore, une lettre
» de Robaglia annonce à Bonnelli que les vivres
» n'arriveront que samedi ; dites à vos volon-
» taires que c'est la dernière fois que pareille
» chose arrive, que dorénavant je serai là et
» que tout marchera comme il faut. J'aurais
» voulu me rendre promptement à Bonifaccio
» pour mettre ordre à tout, mais le général (1)
» me fait demander et je suis obligé d'aller à
» Corté : au premier jour je serai à vous.
» Toutes les fonctions civiles et judiciaires
» vont être renouvelées, ainsi que les adminis-
» trations et les municipalités. Les dernières
» nouvelles nous annoncent que les ennemis
» ont abandonné Verdun et Longwy et qu'ils
» ont repassé le fleuve pour rentrer chez eux;
» mais les nôtres ne s'endorment pas.... La Sa-
» voie et le comté de Nice sont pris et la Sar-

---

(2) Le maréchal-de-camp Casabianca commandait à Corté, le maréchal-de-camp Maudet à Bastia.

» daigne sera bientôt attaquée. Les soldats de
» la liberté triompheront toujours des esclaves
» stipendiés de quelques princes.

» Votre frère se porte bien ainsi que toute
» la famille. Saluez tous les nôtres et assurez-
» les de mon empressement à leur être agréa-
» ble.

» BONAPARTE. »

P. S. de Lucien. « Mille compliments à mon
» cher lieutenant Costa. Je vous envoie une
» relation imprimée de la *Société des Amis du*
» *peuple*, de Corté. Je vous l'envoie comme
» ami, non comme affilié, puisque vous n'a-
» vez pas voulu en être.

» Je vous embrasse.

» Lucien BONAPARTE. »

Peu après, Bonaparte retourna à Rostino voir, avec son frère Joseph, le général Paoli (1) chez qui il fit la connaissance de

---

(1) Le 11 septembre précédent, Paoli avait joint à ses titres de président de l'administration départementale de Corse, et de commandant-général des gardes nationales de l'île, celui de lieutenant-général des armées

M. Moydié, alors capitaine du génie, employé en Corse.

Dans cette entrevue, dont le patriarche de l'île fit presque tous les frais, les deux officiers d'artillerie et du génie purent à peine se parler (1).

Octobre 1792.
A la fin du mois d'octobre 1792, Bonaparte dîna chez sa mère avec le contre-amiral Truguet, qui y commandait une flotte française.

1er novemb. 1792.
1er novembre 1792, Bonaparte est le troi-

---

du roi (le même jour que Louis-Philippe, roi des Français) et celui de commandant de la 23e division militaire (Corse), dont le quartier-général était à Bastia.

(1) Bientôt après, ils eurent beaucoup de rapports de service relativement à l'expédition de Sardaigne.
Enfin, Bonaparte, à peine nommé au commandement en chef de l'armée d'Italie, fit donner à M. Moydié, alors chef de bataillon du génie, l'ordre de le joindre, qui lui parvint si tardivement qu'il ne put l'atteindre qu'à Milan. Le général Bonaparte le reçut très-bien, voulait le faire loger au palais ou très-près, ce à quoi l'état-major trouva des difficultés. On réussit à envoyer le commandant Moydié à la division Masséna.
M. Moydié, maréchal-de-camp du génie en retraite, de qui je tiens ces détails, vient de mourir à Saint-Port, près de Melun, département de Seine-et-Oise.

sième capitaine en second du 4ᵐᵉ régiment d'artillerie (1).

A cette époque par conséquent il avait été réintégré sur les contrôles du corps, en supposant qu'il en eût été rayé.

---

(1) *État militaire de l'armée pour* 1793, basé, quant à l'artillerie, sur les états de situation de cette arme au 1ᵉʳ novembre 1792.

CHAPITRE XIII.

Expédition de Sardaigne ; contre-attaque sur les îles de la Madeleine et de Saint-Étienne ; Bonaparte en commande l'artillerie ; ses discussions et sa rupture avec le général Paoli qui le fait exiler de Corse ainsi que sa famille.

(DE NOVEMBRE 1792 AU COMMENCEMENT DE JUIN 1793.)

A la suite de l'expédition d'Oneille, le gouvernement projeta une expédition contre la Sardaigne, dont il donna le commandement au contre-amiral Truguet qui s'adjoignit pour diriger les troupes du débarquement le général de brigade Casabianca, déjà employé en Corse.

Au commencement de janvier 1793, le contre-amiral Truguet avec sa flotte venant de

Janvier 1793

Gênes (1), mouilla de nouveau dans le port d'Ajaccio; il y embarqua 2,000 hommes de troupes de ligne que le lieutenant-général Paoli, commandant la 23me division militaire, mit sous ses ordres ; il se rendit aux îles Saint-Pierre et Saint-Anthioche, et il jeta l'ancre dans la rade de Cagliari, où il fut rejoint par la division du contre-amiral la Touche-Tréville, venant de Naples, et par la phalange marseillaise forte de 4 à 5,000 hommes, qui traînèrent avec eux tous les désordres et les excès révolutionnaires (2). Le contre-amiral

---

(1) D'où il expédia pour Naples le contre-amiral Latouche-Tréville, qui, avec dix vaisseaux de ligne, alla jeter l'ancre sous les fenêtres du palais du roi des Deux-Siciles, et en obtint 1° qu'il proclamât sa neutralité, 2° et qu'il désavouât la note de son ministre à Constantinople, qui, pour engager la Porte à ne pas y recevoir comme ambassadeur de France M. de Sémonville, s'était permis des réflexions outrageantes à la nation française.

(2) Cette phalange débarqua d'abord à Saint-Florent et alla jeter l'épouvante à Bastia; cependant, intimidée par des montagnards accourus, sous le commandement de *Gian Pasquino Giampetri* et d'après l'ordre de Paoli, pour secourir cette cité, la phalange marseillaise retourna à Saint-Florent, où elle s'embarqua pour Ajaccio. Elle entra dans cette

Truguet échoua dans son entreprise sur Cagliari et retourna avec son escadre à Toulon (1).

Pendant cette période on préparait une contre-attaque contre les îles de la Madeleine (2); elle était commandée par le général Colonna Cesari, commandant en second les gardes nationales de l'île de Corse; elle se composait principalement de 4 détachements de 200 hommes chacun, fournis par les 4 bataillons de volontaires nationaux; l'artillerie

---

ville aux cris de *ça ira!* et *à bas les aristocrates!*

Ces soldats cruels, lâches et indisciplinés, pendirent ou *lanternèrent*, suivant l'expression du temps, un artisan d'Olmetto, habitant à Ajaccio, et un propriétaire de Sartène.

Ils préparaient le même sort au chanoine Antoine Péraldi, procureur de la commune, qui voulait sauver ces victimes, et qu'ils auraient immolé sans l'assistance de soldats d'un détachement du régiment d'infanterie de Vermandois (61e), qui, armés de leurs sabres, accoururent et arrachèrent à cette horde effrénée l'intrépide ecclésiastique.

(1) D'où il se plaignit à la Convention nationale de l'indiscipline des troupes de terre employées à l'expédition de Sardaigne.

(2) Documents relatifs à l'expédition de Sardaigne (Pièces justificatives, n° LI).

était commandée par Bonaparte, lieutenant-colonel en premier d'un de ces bataillons, et le génie était aux ordres du capitaine Moydié.

Janvier 1793   En janvier 1793, Bonaparte partit d'Ajaccio pour Bonifaccio à l'effet d'y faire préparer l'embarquement du peu de matériel d'artillerie qu'on mettait à sa disposition.

Il paraît que l'indiscipline que le contre-amiral Truguet a reprochée aux troupes de terre avait fait aussi de grands ravages dans l'armée navale; à Bonifaccio, sur la place Doria, un grand nombre de matelots français voulaient se jeter sur Napoléon, en criant : *L'aristocrate à la lanterne.* Le sergent Brignoli de Bastelica, dit Marinano, quoique seul dans le premier moment, sauva la vie de Bonaparte en lui faisant un rempart de son corps et en ouvrant le ventre, avec le poignard dont il était armé, à un de ces cannibales (1).

Napoléon allait souvent contempler, de l'extrémité du promontoire sur lequel Bonifaccio est bâti, les îles qu'il devait attaquer et

---

(1) On dit qu'à Sainte-Hélène, l'empereur Napoléon a légué 12,000 fr. à la veuve ou au fils de ce brave sergent.

les côtes grisâtres de la Sardaigne qu'on voit parfaitement de ce site élevé.

Déjà alors Bonaparte avait l'habitude de se laver le corps chaque matin et en toute saison avec une éponge imbibée d'eau fraîche, et à Bonifaccio on le vit compléter sa toilette de propreté, au moyen d'un nécessaire garni de plaques d'argent et orné de son chiffre.

Je renvoie le lecteur pour les détails de la contre-attaque au n° LI des pièces justificatives, et j'ajouterai que Napoléon débarqué à l'île de Saint-Etienne y fit de suite établir une batterie.

Pendant qu'on la construisait, M. Costa (1) tua un chevreau, l'offrit à Napoléon, qui à déjeûner, en mangea sans sel et avec du mauvais pain (2).

---

(1) Page 221, note 1.

(2) Après l'affaire de Rovérédo, en Italie, la fatigue des marches forcées qu'avaient faites les soldats, et du combat qu'ils avaient livré dans la journée, décidèrent le général en chef Bonaparte à faire coucher son armée sur le champ de bataille; lui-même passa la nuit sans suite, sans bagages, mourant de lassitude, de soif et de faim. Il fut très-heureux de trouver un soldat qui partagea avec lui l'unique ra-

M. le lieutenant Costa le pria de lancer une bombe sur la maison blanche (du com-

---

tion de pain qui se trouvât peut-être dans toute l'armée.

En 1805, au camp de Boulogne, un soldat au 2ᵉ régiment de chasseurs à pied de la garde trouve l'occasion, à la suite d'une revue, de rappeler cette circonstance à l'empereur :

« C'est donc toi qui as partagé ce soir-là ton souper
» avec moi ? »

— « Oui, sire, c'est moi; seulement je suis bien
» fâché que les liquides aient manqué, car nous avions
» une fameuse soif tous les deux. »

— « C'est vrai, je m'en souviens. » Et faisant un signe d'intelligence au maréchal Berthier, celui-ci s'avance, Napoléon lui dit quelques mots à voix basse, après quoi, se rapprochant du soldat, il ajoute en détachant la croix qu'il portait toujours au revers de son habit : « Dis-moi, combien as-tu d'années de
» service maintenant ? »

— « Onze ans, mon empereur, dont neuf bles-
» sures, huit campagnes et..... »

— « C'est bon, c'est bon..... Est-ce que nous étions
» ensemble en Égypte ? »

— « Un peu, sire, mêmement que lorsque vous
» êtes venu faire la visite des empestiférés, c'est moi
» que..... vous savez bien..... »

— « Je me le rappelle ; je te reconnais maintenant.
» Écoute, il est juste qu'à mon tour je partage avec
» toi. J'ai deux croix, toi tu n'en as pas : tiens.......
» Mais ce n'est pas tout : si je t'ai fait faire un mau-
» vais souper autrefois, aujourd'hui je veux que tu

mandant Millelire) de la Magdeleine; le globe dirigé par Bonaparte partit à l'instant et alla tomber et éclater précisément sur le but.

Cette contre-attaque n'eut aucun succès, puisque l'attaque principale échoua complètement.

On prétend que le général Paoli ne fut pas étranger à l'insuccès de l'expédition de Sardaigne, et qu'après avoir obtenu le commandement de la contre-attaque pour son neveu et confident le général Cesari Roca (1), il lui avait dit en secret : « Souviens-toi, ô César, » que la Sardaigne est l'alliée naturelle de notre

---

» fasses un bon dîner. Berthier se chargera de te
» faire boire à ma santé..... si toutefois les liquides
» ne manquent pas, » ajouta l'empereur en souriant.
— « Oh! bien sûr.... qu'ils ne manqueront pas, »
balbutia le sergent, « les liquides..... Oh! jamais,
» pour boire à la santé... de... mon... empereur..... »
Et il ne put en dire davantage, tant il devint ému, transporté, électrisé.

Quelques heures après, en prenant place à la table du major-général de l'armée, qui l'avait envoyé chercher à son régiment par un de ses aides-de-camp, le nouveau décoré trouva sous la serviette le brevet de chevalier de la Légion-d'honneur.

(1) Qui, plus tard, a répété ce propos à ses amis pour se justifier de la conduite qu'il avait tenue dans cette contre-attaque.

» île, que dans toutes les circonstances elle
» nous a secourus en vivres et en munitions,
» et que le roi du Piémont a toujours été l'ami
» des corses et de leur cause; fais donc en sorte
» que cette expédition s'en aille en fumée. »

Après l'expédition malheureuse de Sardaigne, Bonaparte rejoignit à Corté son bataillon de volontaires nationaux corses et logea chez la famille Arrighy dont il était parent.

8 mars 1793. Le 8 mars 1793, Napoléon fut capitaine-commandant au 4me régiment d'artillerie.

2 avril 1793. Le 2 avril 1793, la Convention nationale manda à sa barre le général Paoli dénoncé de toutes parts (1), et nomma commissaires en Corse les représentants Lacombe-St-Michel (2), Delcher et Salicetti qu'elle autorisa à faire arrêter Paoli s'ils le jugeaient à propos.

26 avril 1793. Le 26 avril 1793, c'est-à-dire lors de la réception du décret du 2, le général Paoli écrivit à la Convention nationale une très-longue lettre qu'il termina par le passage suivant:

« Au reste, si cette prétendue influence est

---

(1) Et Pozzo di Borgo, alors procureur-général-syndic du département de Corse, et actuellement ambassadeur de Russie à Londres.

(2) Mort général de division d'artillerie.

» un délit, si vous croyez, citoyens représen-
» tants, que pour la paix et la sûreté de ce
» pays et pour raffermir, en Corse, la liberté
» et l'égalité, il soit nécessaire que ma présence
» ici ne donne plus de prétexte de haine, de
» défiance et de jalousie, parlez et je m'éloi-
» gnerai, sans murmurer, de mon pays, que
» ma vie et mon nom ont honoré. Je compléte-
» rai, par ce nouveau sacrifice, ceux que j'ai
» eu la satisfaction d'offrir à la patrie et à la
» révolution, emportant avec moi la seule con-
» solation du reste de mes jours, l'estime, les
» souhaits de mes compatriotes, enfin une cons-
» cience pure et exempte de tout reproche. »

Déjà le général Paoli ayant le projet d'abandonner la France en fit part à quelques-uns de ses amis fidèles, et entr'autres à Napoléon, et croyant lui faire partager son opinion il lui ouvrit entièrement son cœur ; il lui parla de l'anarchie dans laquelle la France était plongée, de l'heureuse constitution de l'Angleterre et des brillantes récompenses que lui vaudrait son génie admirable ; mais quelle fut la surprise du vieux politique lorsqu'il entendit le jeune officier rétorquer vivement et franchement son opinion. « Eh quoi ! répondit Na-
« poléon, se séparer de la France ? ce ne sera

» jamais vrai ? nos plus chers intérêts, nos
» habitudes, nos coutumes, l'honneur, la
» gloire, nos serments solennels, tout enfin
» exige que la Corse soit, oui, soit éternel-
» lement française. L'anarchie actuelle, fille
» de la grande révolution, ne peut-être qu'é-
» phémère. Tout doit changer ; l'ordre renaîtra
» infailliblement ; les lois se modèleront sur
» les idées du siècle, et la France avant peu
» s'élèvera majestueusement au comble de la
» gloire. Vous, général, vous avez parlé de
» l'Angleterre, la vénale Angleterre protec-
» trice des peuples libres ! Ah ! quelle erreur.
» Et puis, l'éloignement, la langue, notre ca-
» ractère, les dépenses énormes, incalculables,
» ne s'opposent-elles pas impérieusement à
» notre réunion avec la reine qui tyrannise
» les mers et les terres qui ne lui appartien-
» nent pas ? »

A cette sortie imprévue Paoli, déconcerté et presque hors de lui, regardant Napoléon de travers, lui tourne les épaules et entre, sans dire un mot, dans son cabinet, dont il ferme brusquement la porte, et laisse seul Napoléon dans sa chambre.

Celui-ci connaissant le caractère bilieux et vindicatif de Paoli ne perdit pas du temps, monta à cheval, partit immédiatement de Corté, et par des sentiers détournés il se rendit aux Sanguinares (1), évitant de passer à Ajaccio.

Un certain Bagaglino, natif de Bogognano, qui gardait les troupeaux de la famille Bonaparte était chef de plusieurs autres bergers des environs. Napoléon qui le connaissait lui demanda l'hospitalité, et le questionna pour savoir s'il avait sous la main des gens capables de le soutenir, parce qu'il craignait d'être surpris et arrêté. « Si j'ai des gens ! » répondit Bagaglino. « Vous arrêter, M. Napoléon, dans » l'asile de la sûreté ! » et aussitôt il donna deux ou trois coups de sifflets qui firent accourir une troupe de jeunes et vigoureux bergers, armés de fusils et de pistolets. « Ce sont, » dit le vieux serviteur à Bonaparte, « mes parents » et mes amis prêts à vous défendre, même » au prix de leur sang. »

Napoléon s'étant reposé pendant un jour dans ce site inculte, demanda à Bagaglino si, parmi les siens, il pourrait disposer d'un

---

(1) Les *Sanguinares* sont des terrains incultes et couverts de machis, à trois lieues d'Ajaccio, et fréquentés par un grand nombre de bergers.

homme fidèle et rusé pour porter un billet à sa mère : celui-ci répondit qu'il en avait un à ses ordres. Le jeune officier n'avait ni écritoire, ni plume, parce que, lors de son départ précipité, il avait laissé sa valise et son portefeuille à Corté; il demanda de la suie qui, délayée dans de l'eau, lui servit d'encre; il aiguisa, comme il put, une branche d'arbouzier qui lui tint lieu de plume; il déchira une lettre qu'il avait sur lui, et écrivit à sa mère pour la tranquilliser et l'engager à venir avec sa famille se mettre en sûreté à Calvi, où il l'aurait bientôt rejointe.

Bonaparte remit cette lettre au messager nommé *Marmotta* et lui donna les instructions nécessaires, dans le cas où il serait rencontré par des soldats ; et en effet, près d'Ajaccio, il fut arrêté par les émissaires du commandant de la citadelle, déjà instruit de tout par le général Paoli, et interrogé minutieusement sur le lieu d'où il venait, sur les personnes qui pouvaient être dans les cabanes et s'il avait des lettres, il répondit avec tant de simplicité et de bonhomie apparente, qu'il dissipa tous les soupçons de ses *Argus* qui lui laissèrent continuer sa route.

Madame Letitia était dans des transes mortelles ; elle savait que son fils était parti de Corté, car le commandant d'Ajaccio avait déjà envoyé chez elle des gendarmes pour y chercher Napoléon.

Le billet qui lui fut remis en secret par *Marmotta* (1), qu'elle connaissait bien, la tranquillisa ainsi que toute la famille qui s'embarqua pendant la nuit et se rendit à Calvi.

Napoléon après avoir passé quelques jours avec les bons pasteurs, dont il avait tant à se louer, saisit l'occasion de se rendre au-delà des monts, en compagnie de M. Dominique-Marie *Multedo*, de Vico, et s'étant concerté

---

(1) En revenant d'Égypte en France, et pendant sa relâche à Ajaccio, le général Bonaparte se rappela Bagaglino * et Marmotta. Il les fit appeler, les accueillit avec l'affabilité qui lui était propre en certaines circonstances; il céda, par acte notarié, plusieurs biens-fonds au premier pour en doter sa fille, qu'il voulut voir, et qu'il combla de présents ainsi que Marmotta.

Il donna aussi par actes publics ses troupeaux à plusieurs de ses bergers, quoique dans la rébellion en faveur des Anglais, plusieurs eussent pris parti contre lui.

* En 1814, Bagaglino serait allé à l'île d'Elbe visiter l'empereur Napoléon, qui lui aurait donné un rouleau de 1,000 fr.

avec les commissaires de la Convention (1) il alla rejoindre sa famille à Calvi.

27 Mai 1793. Le 27 mai 1793, pendant que Bonaparte errait dans les Sanguinares, une consulte des députés de toutes les communes de Corse se réunissait dans le couvent de Saint-François, à Corté, d'après la convocation du conseil-général du département qui avait cédé à l'influence de Paoli, et malgré les représentations de Lacombe-Saint-Michel.

Dans une des séances de cette consulte (qui n'avait pas encore levé le masque, parce que l'escadre anglaise n'était pas arrivée) dont le général Paoli fut nommé président, et Pozzo di Borgo, procureur-général, on signala les familles Bonaparte et Arena comme perturbatrices du repos public.

Un des trois représentants du peuple se trouvant à Calvi quand Bonaparte y était, tenta avec lui une expédition contre la citadelle d'Ajaccio, dont le commandant M. Colonna Lecca lui avait fait des promesses vagues.

Après avoir fait équiper deux frégates il

---

(1) Qui nommèrent M. Multedo chef de bataillon. Plus tard, l'empereur reconnaissant l'admit comme conseiller à la cour impériale d'Ajaccio.

s'embarqua avec Napoléon et se dirigea sur le golfe d'Ajaccio.

Le commandant de la citadelle de cette ville, où flottait toujours le drapeau tricolore, laissa approcher les deux bâtiments et tira ensuite sur eux à boulets rouges.

Le représentant donna aussitôt l'ordre de virer de bord et de retourner à Calvi ; cependant Napoléon ne voulait pas rétrograder sans avoir tiré de main de maître quelques bordées qui firent voir que si les forces navales eussent été plus nombreuses, et le représentant moins pressé de s'éloigner, Ajaccio n'aurait pas tardé à capituler.

Peu après leur arrivée à Calvi, Bonaparte et sa famille partirent pour Marseille, pendant que leur maison à Ajaccio était pillée, leurs campagnes dévastées et leurs troupeaux décimés par les soldats de ce gouvernement appelé *rebelle* par les républicains, et *gouvernement provisoire* par les partisans du général Paoli (1)

---

(1) Obligé lui-même de céder à la fortune, Paoli se réfugia en Angleterre, où il vivait à l'époque des expéditions d'Italie et d'Égypte. Chacune de nos victoires lui donnait le transport; il célébrait, exaltait

qui faisait dire aux membres de la famille Bonaparte : *Renoncez à votre opposition, elle perdra vous, les vôtres, votre fortune; les maux seront incalculables, rien ne pourra les réparer.*

---

les succès de Bonaparte : on eût dit qu'ils étaient encore dans l'intimité où ils avaient vécu.

Lorsque Napoléon fut promu au consulat, qu'il parvint à l'empire, ce fut pis encore : les fêtes, les diners se succédaient l'un à l'autre; ce n'étaient que cris d'allégresse et de satisfaction. Cet enthousiasme déplut au gouvernement anglais; Paoli fut mandé : « *Vos reproches sont justes,* » dit-il, « *mais Napoléon est un des miens; je l'ai vu croître; je lui ai prédit sa fortune : voulez-vous que je déteste sa gloire, et que je déshérite mon pays de l'honneur qu'il lui fait?* »

Napoléon portait à ce grand homme tous les sentiments que Paoli avait pour lui; il aurait voulu le rappeler, lui donner une part au pouvoir; mais les affaires l'accablaient, a dit l'empereur déchu; le temps lui manqua, et Paoli mourut n'ayant pu donner à Napoléon la satisfaction qu'il aurait ambitionnée, celle de rendre son vieux compatriote témoin de la splendeur du trône impérial.

CHAPITRE XIV.

Napoléon arrive à Marseille avec les siens qu'il y laisse ; il va joindre son régiment à Nice ; il est chargé d'une mission qu'interrompt l'expédition du général Carteaux dans laquelle il prend part ; souper de Beaucaire ; Napoléon paraît au siége de Lyon ; il va à Auxonne et Vonges, de là à Paris, enfin sous Toulon.

(DU COMMENCEMENT DE JUIN 1793 AU 22 SEPTEMBRE 1793, OU 1ᵉʳ VENDÉMIAIRE AN 2.)

Au commencement de juin 1793, le lieutenant-colonel Bonaparte, redevenu capitaine d'artillerie, arrive à Marseille avec sa famille qui logea dans les petits appartements de l'hôtel Cypières, rue Lafont (1).

Juin 1793.

---

(1) Pendant le siége de Toulon, la famille Bona-

Il se dirigea sur Nice où se trouvait une partie du 4ᵐᵉ régiment d'artillerie.

Son ancienneté le portait (1) au commandement de la 12ᵐᵉ compagnie (2) qui était détachée dans les montagnes (3); mais il fut autorisé par M. Dujard, chef de brigade (4) du régiment, et commandant l'artillerie de l'armée

---

parte aurait habité la rue de Rome, à la 4ᵉ Calade, et plus tard le faubourg du même nom.

D'autres familles corses vinrent chercher l'hospitalité sur le continent, et le 11 juillet 1793, la Convention nationale, sur la proposition de Collot-d'Herbois, mit à la disposition du ministre de l'intérieur une première somme de 60,000 fr. qui dut leur être distribuée.

(1) Depuis le 8 mars 1793, comme on l'a vu.

(2) En remplacement de M. de Gouvion.

(3) Notamment sur celle de Baulet, à environ quatre lieues de Sospello, une lieue du camp de Breille et trois lieues du camp des Fourches, en face de celui de Braous, alors occupé par l'ennemi.

Un autre détachement de cette compagnie était au camp de Breuil, assis entre Sospello et la Ciandola, qui en est rapprochée.

(4) C'était la dénomination nouvelle des anciens colonels.

Thibaudeau parle dans le même sens, à cela près que M. Dujard n'était encore que chef de brigade, qu'il n'a été nommé au grade de général de brigade d'artillerie que le 25 février 1794 (7 ventôse an 2) par les représentants du peuple délégués par la Con-

d'Italie, à rester à Nice pour y être chargé des détails de l'administration de plusieurs compagnies (1) détachées comme la sienne.

Le capitaine Bonaparte avait avec lui son sergent-major appelé Dintroz qui était franc-comtois.

Ils s'étaient intimement liés et se tutoyaient, ce qui d'ailleurs était le style du temps (2).

Vers la fin de juin 1793, le capitaine Bo- *Juin 1793.* naparte reçut du chef de brigade Dujard,

---

vention nationale près de l'armée d'Italie, et que jusqu'alors, quoique chef, mais chef nominal du 4ᵉ régiment d'artillerie, il n'avait pas sous ses ordres, à Nice, ce corps, qui était à cette époque entièrement détaché, et dont l'état-major, la caisse et les drapeaux étaient à Grenoble sous la dénomination de dépôt, lequel était commandé bien réellement par M. de la Catonne, chef de bataillon, qui, le 15 décembre 1793 (25 frimaire an 2), se brûla la cervelle sur cette même caisse, à Grenoble, plutôt que d'en livrer les espèces à la *Société populaire* de cette ville.

(1) Dont une était commandée par feu M. de Sugny, qui est devenu premier inspecteur-général de l'artillerie de la marine; une seconde par M. de Songis, mort le 27 décembre 1810 premier inspecteur-général de l'artillerie; et la troisième par M. de Pernéty, pair de France, lieutenant-général d'artillerie en retraite à Paris.

(2) Cette marque de familiarité se prolongea même

comme commandant l'artillerie de l'armée d'Italie, à Nice (en vertu des dispositions

---

jusqu'après l'époque où Bonaparte fut nommé général en chef de l'armée d'Italie; il confia les fonctions pénibles * de conducteur-général d'artillerie de cette armée, avec le grade de capitaine dans l'arme, au sieur Dintroz, que déjà Bonaparte, général de brigade et commandant en chef l'artillerie de la même armée, avait nommé conducteur principal d'artillerie **.

La veille de la bataille de Castiglione, le général en chef Bonaparte envoya au conducteur-général l'ordre autographe de lui faire parvenir de suite deux obusiers de six pouces.

Dintroz, ne pouvant déchiffrer le billet de son général, même à l'aide des nombreux employés qui étaient avec lui au grand parc, se disposait à lui en faire demander l'explication, lorsqu'il le voit accourir au galop, et là s'établit entre eux le dialogue suivant, qui m'a été rapporté plusieurs fois par divers artilleurs qui l'ont entendu:

BONAPARTE. « Pourquoi ne m'as-tu pas encore expédié ce que je t'ai demandé? »

DINTROZ (bégayant, suivant sa coutume). « Je n'ai pas pu lire ton billet. »

BONAPARTE. « Tu es une f..... bête : apprends à lire. »

DINTROZ. « Et toi, b....., apprends à écrire. »

* Et qui l'étaient d'autant plus alors que le train d'artillerie n'était pas encore organisé militairement.

** Il paraît que peu après le départ de Bonaparte comme capitaine, Dintroz fut nommé conducteur ordinaire d'artillerie, et successivement lieutenant en second dans le 4ᵉ régiment d'artillerie.

pressantes que venaient de lui prescrire les représentants du peuple près cette armée), l'ordre (1) de partir de suite, en poste, à l'effet d'accélérer l'arrivée des poudres de guerre qui étaient annoncées de Vonges (2) pour le service de l'armée (3).

L'ordre fut donc donné de nouveau, et les obusiers partirent aussitôt.

A la fin de cette campagne si brillante, Bonaparte, peu rancuneux, voulant récompenser Dintroz de son zèle et de ses fatigues, lui offrit le grade de chef de bataillon d'artillerie, que celui-ci refusa; mais il obtint du général en chef sa retraite, dont le brevet était accompagné d'un cadeau de 10,000 fr., dont il ne put jouir, puisque peu de temps après il mourut de consomption en retournant dans son pays.

(1) Qui précédemment avait été donné au capitaine Pernéty, que ne voulut pas laisser partir le chef de brigade Serrurier, devenu maréchal de France.

(2) Poudrerie dans le département de la Côte-d'Or, sur la rive gauche de la Saône, entre Auxonne et Gray.

(3) Thibaudeau et Montholon s'accordent à croire que cette mission donnée à Bonaparte ne s'étendait qu'à Marseille et à Avignon, où l'on craignait que les fédérés, qui commençaient à s'y organiser, ne retinssent et n'employassent ces munitions contre les troupes de la République.

Il est possible que la mission de Bonaparte (qui, selon moi, était dirigée principalement sur Vonges) embrassât comme éventualité la supposition exclusive que Thibaudeau et Montholon lui ont donnée.

— 248 —

Cet ordre verbal fut porté, au milieu de la nuit, par M. Louis (1), alors adjudant au 4me régiment d'artillerie et faisant fonctions d'adjudant-major (2), au capitaine Bonaparte, qui était encore au travail dans son appartement.

Ils allèrent ensemble chez leur chef commun qui remit à Napoléon l'ordre écrit de départ, ses instructions et 12,000 fr. (3) d'avance en assignats pour ses frais de voyage, tandis que l'adjudant Louis alla louer, pour le prompt accomplissement de cette mission et aux frais de la caisse du parc, un cabriolet de poste (4) chez un sellier de Nice.

5 juillet 1793.

Vers le 5 juillet 1793 (5), Napoléon ayant

---

(1) Mort à Valence chef de bataillon en retraite.

(2) Qu'on a, plus tard, appelés adjoints, et qui n'étaient autres que les adjudants-majors des régiments.

(3) Qui, d'abord, avaient été comptés au capitaine Pernéty, qui me l'a dit.

(4) Ce cabriolet n'a jamais été rendu au propriétaire par le commandant Louis, qui en avait donné un reçu à l'artiste, au nom de qui, le 1er avril 1823, on lui en a, par plaisanterie, réclamé le paiement.

(5) Je dis vers le 5 juillet, car c'est à cette époque précise que le général de brigade Carteaux présenta au directoire du département de la Drôme l'ordre que venaient de lui adresser de Grenoble, le 1er du-

rencontré à ou vers Valence (1) le général de brigade Carteaux qui, à la tête d'une colonne de 2,000 hommes, se disposait à partir de cette ville pour le midi, en longeant les deux rives

---

dit mois, le général en chef de l'armée des Alpes et les représentants du peuple Albitte, Dubois-Crancé et Gauthier, délégués par la Convention nationale près cette armée, de partir de Tournon * pour Valence, à l'effet d'y réunir et d'y commander une colonne ainsi composée :

Un général de brigade ;

Un adjudant-général chef de bataillon et ses deux adjoints ;

La légion allobroge ;

Le 1ᵉʳ bataillon ** du 59ᵉ régiment d'infanterie (ci-devant Bourgogne) ;

Le 3ᵉ bataillon des volontaires nationaux du département des Basses-Alpes ;

Les deux compagnies d'artillerie légère (qu'on organisait à Valence, et dont une seule, la 17ᵉ, put se mettre en route).

(1) Où on prétend l'avoir vu alors, sur la terrasse de l'hôtel affecté actuellement à la Préfecture et plus anciennement à l'abbaye de Saint-Ruf, s'enthousiasmer sur la position militaire de cette ville.

* Où il était employé comme commissaire supérieur du conseil exécutif, chargé de surveiller, dans les départements qui dépendaient de l'armée des Alpes, la levée d'hommes ordonnée par le décret du 24 février 1793.

** Le second bataillon de ce régiment, et quelques troupes non annoncées d'abord, suivirent ce mouvement bientôt après.

du Rhône (1), pour s'opposer à la jonction des fédérés de Marseille et de Nîmes.

Il a pu être requis pour servir provisoirement dans cette petite armée par le représentant Albitte qui avait été délégué (2) près d'elle par ses collègues Dubois-Crancé et Gauthier.

D'un autre côté, Bonaparte sentant l'impossibilité de remplir sa mission primitive, et de faire arriver à l'armée des poudres qui devaient traverser Lyon, déjà insurgé, et le midi de la France en révolte ouverte contre la Convention, a pu spontanément, mais provisoirement, se ranger sous les ordres du général Carteaux, soit pour retourner plus facilement à Nice, soit pour attendre le moment opportun de reprendre sa direction.

Le capitaine Bonaparte est donc attaché à l'artillerie de l'armée de Carteaux, artillerie

---

(1) Depuis le Pont-Saint-Esprit, occupé par les rebelles.

(2) Avec des pouvoirs sans doute très-étendus, puisque le 17 juillet 1793, ce proconsul annonce du Pont-Saint-Esprit, à la Convention nationale, qu'il a élevé depuis dix-sept jours l'adjudant-général Carteaux au grade de général de brigade.

commandée par le capitaine Dommartin, déjà commandant de la 17ᵐᵉ compagnie d'artillerie légère et plus ancien que le capitaine Bonaparte (1).

Vers le 9 juillet 1793 (2), Bonaparte a dû partir de Valence pour Loriol ; 9 juillet 1793

Le 10, de Loriol à Montélimar, où je sais qu'il séjourna le 11 ;

Le 12 juillet, au camp de La Palud où, à 7 heures du soir, le représentant Albitte et le

---

(1) M. Dommartin est deuxième lieutenant au régiment d'artillerie d'Auxonne du 1ᵉʳ septembre 1785, ainsi que Bonaparte (Pièces justificatives, n° xiv), mais plus ancien de promotion que lui.

Cependant, sur l'*État militaire* de 1793, M. Dommartin est placé après Bonaparte dans la colonne des capitaines en second du 4ᵉ régiment d'artillerie.

(2) Je dis *vers le* 9, parce qu'il est naturel de penser que Napoléon est parti de Valence *avec de l'artillerie;* parce qu'il est probable qu'il n'est pas parti le 11 avec la 17ᵉ compagnie, qui était complète en officiers ; enfin, parce qu'il est à croire qu'il a dû marcher avec la compagnie de canonniers du 1ᵉʳ bataillon de volontaires nationaux du département de la Lozère*, qui, arrivée inopinément à Valence le 7 juillet 1793, s'est remise en route le 9 pour La Palud.

* Troupe de nouvelle levée, pour la conduite et l'instruction de laquelle Bonaparte était un homme précieux.

général Carteaux passèrent en revue cette petite armée dont la plus grande portion était déjà réunie.

13 juillet 1793.
Le 13 juillet 1793 se passa en *pourparler* entre Carteaux, Albitte, les membres du district et de la municipalité du Pont-Saint-Esprit.

14 juillet 1793.
Le 14 juillet au matin, la citadelle du Pont-Saint-Esprit fut évacuée par les 1,200 gardes nationaux du département du Gard qui en avaient pris possession.

Le même jour, à cinq heures du soir, le général Carteaux, le représentant Albitte, sans doute Bonaparte et une partie (1) de l'armée firent leur entrée dans la ville et la citadelle du Saint-Esprit.

23 juillet 1793.
Le 23 juillet 1793, Carteaux et Albitte,

---

(1) Du camp de La Palud, Carteaux avait déjà dirigé sur Bollène, Mornas et Montdragon, un fort détachement composé d'un bataillon de volontaires nationaux du département du Mont-Blanc, de la plus grande portion de la légion allobroge, d'une compagnie du 1ᵉʳ bataillon du 59ᵉ régiment d'infanterie (Bourgogne), et de deux pièces de canon, commandé par le chef d'escadron d'Allobroges Doppet, qui, deux mois après, était général en chef de l'armée des Alpes.

après avoir dirigé une partie de leur colonne sur la rive droite du Rhône (1) et l'autre sur Orange, partent pour cette ville où ils arrivèrent le même jour.

Le capitaine Bonaparte, quoique commandant l'artillerie de l'aile droite (2), les accompagna jusqu'à Orange.

Arrivés à l'hôtel de la Croix-Blanche, ils reçurent la visite de l'administration du district, représentée par MM. Jourdan aîné, président; Reyne, un des administrateurs, et le procureur-syndic que Carteaux invita à dîner.

Le lendemain 24, le général, le conventionnel Albitte et la petite troupe qui les suivait, se mettent en route pour le camp du Pontet et Avignon.

---

(1) Cette colonne était commandée par le général Dours, et l'artillerie, qui se composait en personnel de deux compagnies de canonniers des gardes nationales de Valence et de Romans, et en matériel de deux modestes canons de 4, fut dirigée par le capitaine Bonaparte.

(2) Celle qui longeait, en descendant, la rive droite du Rhône, tandis que la colonne de gauche, commandée en personne par le général Carteaux, fila le long de la rive gauche de ce fleuve, et atteignit bientôt le détachement du commandant Doppet.

Le même jour, Bonaparte, qui faillit avoir à Orange un duel (2) quitta aussi cette ville pour rejoindre sa colonne, le soir, à Bagnols, département du Gard.

Il y assista à un banquet qui fut donné par la garde nationale de cette ville à la colonne de droite.

25 juillet 1793.

Le 25 juillet 1793, le général Carteaux ayant sommé inutilement les insurgés qui occupaient en force Avignon de livrer cette place aux troupes de la république, l'attaqua avec son artillerie bien inférieure à celle des fédérés.

La colonne de droite étant entrée sans résistance à Villeneuve-lès-Avignon, qui n'est séparé d'Avignon que par le fleuve, Bonaparte, qui en commandait l'artillerie, plaça ses deux pièces de 4 en batterie sur un emplacement d'où on découvrait très-bien la plate-forme du rocher de cette ville où les insurgés avaient établi leur artillerie de siége.

Napoléon pointait lui-même ses canons; au premier coup il démonta une pièce des assiégés; au second il tua un de leurs canonniers

---

(2) Dont il n'est plus possible aujourd'hui d'avoir les détails, par la mort des personnes qui dans le temps avaient été renseignées sur ce point.

et cassa le bras à un autre ; ils prétendirent alors qu'ils ne pouvaient pas lutter avec succès contre l'artillerie républicaine.

Leur découragement produisit l'épouvante ; les fédérés évacuèrent la ville en désordre et se dirigèrent sur Saint-Rémy, tandis que les troupes du général Carteaux entrèrent dans Avignon, à l'exception de la colonne de droite qui ne quitta Villeneuve que le 26, selon les uns, et le 27 seulement, suivant d'autres.

Dans tous les cas, et le 28 juillet 1793, Bonaparte, avec un détachement de 200 hommes du 59me régiment, ses 20 artilleurs et ses deux pièces, reçut des représentants du peuple, en mission dans les départements méridionaux, l'ordre de marcher d'Avignon sur Tarascon, où il entra sans résistance le même jour.

28 juillet 1793.

Le lendemain 29, Bonaparte se fait annoncer aux autorités de Beaucaire (1), rendez-vous des insurgés du Gard, et se mit en marche sur cette ville avec 100 hommes et ses deux canons. A l'aspect de cette troupe, des cris répétés de *vive la république* sont poussés par un groupe nombreux de citoyens rassemblés sur

---

(1) Qui n'est séparé de Tarascon que par le Rhône, sur lequel il y avait alors un pont de bateaux.

la rive droite du fleuve. On les prend pour des insurgés, car ce cri était alors commun aux deux partis. En un instant les pièces sont braquées, et l'on allait faire feu quand un délégué des représentants du peuple accourt et dit : *Arrêtez, ce sont des nôtres.* — *Ah ! c'est différent, c'est très-bien*, répondit Bonaparte. C'étaient en effet les patriotes ; les insurgés avaient pris la fuite et la troupe républicaine entra à Beaucaire sans combattre.

29 juillet 1793.
Le 29 juillet au soir, Napoléon soupa dans une auberge avec des négociants de Montpellier, Nîmes et Marseille (1) ; il s'engagea entr'eux une discussion sur la situation politique de la France ; les convives avaient chacun une opinion différente qu'ils soutenaient avec chaleur.

La garde nationale de Beaucaire ayant été organisée, Bonaparte se dirigea sur l'armée du général Carteaux.

Il arriva d'abord à Arles où il logea à l'Hôtel des Quatre-Rois, tenu alors par le nommé Sabattier (qui est mort).

---

(1) C'était pendant la foire, qui, cette année, fut presque déserte, à cause du siége de Lyon et des événements du midi.

— 257 —

A peine installé, il se transporta sur le quai du Rhône, entra dans un café fréquenté par des mariniers, demanda s'il n'y avait pas près de la ville un parc d'artillerie de passage, et ayant appris qu'il était au faubourg de Trinquetaille, de l'autre côté du fleuve, il voulut le traverser.

A cet effet, et malgré un vent du nord très-violent, on équipa un bateau avec lequel on mena de l'autre côté et on ramena Bonaparte.

Il dîna chez feu le sieur Chabrier, capitaine du port, et après avoir visité les nombreux monuments de la ville, où il fut conduit par le nommé Liautaud, surnommé *Sept écus* (également décédé), il partit au bout de trois jours, à cheval, pour Saint-Martin-de-Crau, à trois lieues est d'Arles.

Du 1ᵉʳ au 8 août 1793 (1), Napoléon rejoignit le général Carteaux à Saint-Martin-de-Crau. _{1ᵉʳ au 8 août 1793.}

Le 11 août 1793, Bonaparte a pu assister au combat de Cadenet (2). _{11 août 1793.}

---

(1) *Du 1ᵉʳ août*, parce que le 31 juillet, le général Carteaux était encore à Avignon — *au 8 août*, parce que cet officier-général, qui était déjà à Saint-Rémy à cette époque, n'avait pu y arriver qu'en passant par Saint-Martin-de-Crau.

(2) Ce fait est douteux. La présence de Napoléon au combat de Salon, qui a eu lieu le 19, est encore

Bonaparte malade se rend ensuite à Avignon, loge chez M. Bouchet, négociant, et profite du repos qu'il y goûtait pour consigner dans une brochure intitulée *le Souper de Beaucaire* (1),

---

plus impossible, puisque Napoléon, malade, s'est arrêté à Avignon, et que déjà, vers le 23 août, il était à Valence.

(1) D'après la lettre suivante (Appendice, lettre U), on serait tenté de croire, ou que Louis Bonaparte ne connaissait pas encore cet opuscule, ou que son frère voulait déjà le retirer du commerce :

« Paris, (24 mars 1799*) 4 germinal an 7.

» *Louis Bonaparte, aide-de-camp du général en chef de*
» *l'armée d'orient,*
» *Au citoyen Aurel, imprimeur-libraire à Avignon.*

» C'est chez vous **, citoyen, qu'a été imprimé, en
» 1793 (vieux style), une brochure ayant pour titre :
» *le Souper de Beaucaire;* si vous pouviez m'en envoyer
» plusieurs exemplaires, je vous en ferai passer aus-
» sitôt le prix.
» Salut et fraternité
» L. BONAPARTE.

« Rue du Rocher, n° 515, près la barrière de Monceaux. »

Sur l'adresse :

« *Au citoyen Aurel, imprimeur-libraire à Avignon, dé-*
» *partement de Vaucluse,* plus bas, *à Valence* ***. »

* Louis Bonaparte n'était arrivé à Paris que depuis le 14 mars 1799 (24 ventôse an 7).

** On verra dans un instant qu'en effet cet ouvrage a dû être imprimé par M. Aurel, à Avignon.

*** Parce que c'est là qu'il avait son principal établissement.

l'état des opinions dans le Midi. Il y rapportait la conversation qu'il avait eue dans cette ville, le 29 juillet précédent. Cet écrit est remarquable par la sagacité des vues militaires et politiques. Il y donnait aux insurgés de sages conseils, et leur prédisait les malheurs qui fondraient sur eux et qu'ils attireraient dans leur pays.

Napoléon sollicite et obtient des représentants du peuple, délégués près l'armée, l'autorisation de faire imprimer le *Souper de Beaucaire* (1) par l'imprimeur en chef, M. Marc Aurel fils (2).

Mais comme le matériel de ce typographe n'était pas organisé, et qu'il s'attendait à un mouvement prochain, il remit le manuscrit à M. Sabin Tournal, rédacteur et imprimeur du *Courrier d'Avignon*, qui exécuta l'opération aux frais du Trésor (3).

---

(1) Pièces justificatives, n° LIII.

(2) Nommé à cette place, le 19 juillet 1793, par le représentant Albitte, au Pont-Saint-Esprit, où était M. Aurel comme chasseur de l'une des deux compagnies d'élite de la garde nationale de Valence.

(3) Cet opuscule ne fit d'abord aucune sensation ; ce ne fut que lorsque le général Bonaparte devint

Bonaparte avait revu à Avignon le père Aurel qui y était venu pour apporter à son fils les objets nécessaires à ses nouvelles fonctions; il lui offrit, dans le cabriolet historique (1), une place que celui-ci accepta.

22 août 1793.
Vers le 22 août 1793 (2) Napoléon partit en poste d'Avignon avec le père Aurel, passa à Valence où il le déposa vers le 23.

Il passa sous Lyon où, dit-on, il servit pendant quelques instants sous le général Vaubois (3) et le général du Teil qui commandait

---

commandant en chef de l'armée d'Italie que M. Loubet, secrétaire et prote de M. Tournal, qui en avait conservé le manuscrit signé par l'auteur, y attacha quelque prix et le montra à plusieurs personnes d'Avignon.

Plus tard, et après la mort de M. Loubet, son fils a donné une copie de cette production, qui bientôt a été réimprimée et répandue.

(1) Du commandant Louis. (Page 248, note 4.)

(2) M. Marc Aurel m'a souvent assuré que lorsque son père partit avec Bonaparte d'Avignon, on n'y connaissait pas encore la prise de Toulon par les Anglais, en supposant qu'elle eût eu déjà lieu.

De plus, M. Aurel père est mort à Valence le 23 septembre 1793, environ un mois après son retour d'Avignon, d'après les souvenirs de ce même fils.

(3) Qui, deux ans auparavant, était capitaine dans le 4e régiment d'artillerie, et est mort pair de France.

en chef l'artillerie de l'armée des Alpes et celle du siége de Lyon (1).

Soit qu'enfin il ait voulu accomplir sa mission, en faisant filer les poudres de Vonges sous les murs de Lyon, déjà investi, soit qu'il ait reçu un autre ordre relatif au siége de cette place, Bonaparte était à Auxonne vers le 28 août 1793 (2); il s'empressa d'aller voir M. Lombard, son ancien professeur de mathématiques, qui l'invita à dîner.

28 août 1793.

Les autres convives étaient MM. Charbonnel, lieutenant en second de la 6me compagnie d'ouvriers d'artillerie (3), qui, dénoncé par

---

(1) **Cet ancien protecteur de Bonaparte**, qui le revit peut-être alors pour la dernière fois *, fut, après la prise de Lyon, condamné à mort, par la commission temporaire établie en cette ville, le 21 février 1794 (3 ventôse an 2), et mitraillé le lendemain à cinquante-neuf ans de service.

(2) Parce que sous cette date, le capitaine d'Anglemont annonça d'Auxonne au représentant Dubois-Crancé, sous Lyon, plusieurs objets d'artillerie pour le siége de cette place.

(3) **Lieutenant-général d'artillerie.**

* Parce que Napoléon, passant à Lyon, peu après, pour aller de Paris sous Toulon, n'a pas dû avoir le temps de s'arrêter dans sa route.

son sergent-major qui briguait sa place, venait d'être destitué par le représentant Bassal (1) ; il se tenait à l'écart chez M. Lombard où il logeait et avec qui il mangeait, et résista long-temps aux instances de son hôte qui lui disait: *Vous serez charmé de faire la connaissance du capitaine Bonaparte;* — M. D'Azemard, capitaine-commandant au 2mo régiment d'artillerie (2) ; — et M. d'Anglemont, capitaine attaché à l'état-major-général d'artillerie, qui arriva de Lyon à la fin du repas.

Dès le début, Bonaparte prit la haute-main dans la conversation ; placé à table près de M. Charbonnel, il lui demanda à quel corps il appartenait. — « Je viens d'être destitué, » répond celui-ci. — « Vous n'êtes peut-être entré dans l'artillerie que pour vous soustraire à la réquisition? » — Ce que nia fortement M. Charbonnel qui sortait de l'école de Châlons-sur-Marne, et qui ne resta pas long-temps dans l'inaction (3).

---

(1) Ancien curé de Versailles qui se faisait suivre par une actrice.

(2) Il ne se rappelle pas cette réunion.

(3) Dans les premiers temps du siége de Toulon, Bonaparte n'avait pour le seconder que quelques

Dans les premiers jours de septembre (1) Napoléon ayant appris, ou à Auxonne ou à Vonges, la trahison qui livra Toulon aux ennemis de la France, et ayant peut-être terminé sa mission à Vonges, partit spontanément pour Paris, et obtint du Comité de Salut public l'ordre de commander provisoirement l'artillerie du siége de Toulon.

Il partit en poste de la capitale et arriva rapidement à Lyon, où il s'embarqua aussitôt

---

compagnies d'artillerie de ligne et beaucoup de compagnies de canonniers volontaires dont les officiers étaient plus braves qu'érudits. Le commandant d'artillerie se multipliait; néanmoins les travaux allaient lentement. Les représentants se plaignaient, et Bonaparte, impatienté, leur dit : « Citoyens, vous me » faites des reproches, et vous destituez successive- » ment des officiers instruits et pleins d'espérance ! » — « Où sont-ils ? » — « J'ai vu à Auxonne le lieutenant » Charbonnel : il est dans ce cas. »

Et aussitôt les représentants mettent en réquisition cet officier, et lui enjoignent de se rendre en poste à l'armée de siége, où il devint adjoint du chef de bataillon et du général de brigade Bonaparte, qu'il ne quitta forcément qu'après l'arrestation de celui-ci.

(1) Toulon fut pris par les Anglais le 27 août; cet événement fut connu à Lyon le 1er septembre, et probablement on en a été instruit à Auxonne dès le 3.

dans un bateau de poste, dirigé en chef par un patron de Condrieux, nommé Benoît Mathieu (1) qui le conduisit jusqu'à Avignon.

D'Avignon Bonaparte se rendit en toute hâte à Ollioules, quartier-général de l'armée de siége.

22 septembre 1793. Le 22 septembre 1793, ou 1er vendémiaire an 2 (2), il a dû arriver à son poste.

---

(1) Mort depuis plusieurs années.

(2) Et non le 12 ou le 13, comme l'ont affirmé plusieurs biographes qui n'ont pas voulu tenir compte du temps employé 1° pour aller d'Auxonne ou Vonges à Paris, peut-être par des moyens de transport ordinaires ; 2° pour solliciter et obtenir de se rendre en poste de Paris à Lyon ; 3° par eau de Lyon à Avignon ; 4° et en poste d'Avignon à Ollioules.

CHAPITRE XV.

Napoléon commande l'artillerie du siége de **T**oulon d'abord comme capitaine, plus tard comme chef de bataillon; concourt puissamment à la prise de cette place; il est nommé provisoirement général de brigade par les représentants du peuple délégués par la **C**onvention nationale près l'armée d'Italie.

(DU 22 SEPTEMBRE 1793 OU 1ᵉʳ VENDÉMIAIRE AN 2, AU 20 DÉCEMBRE 1793 OU 30 FRIMAIRE AN 2.)

Le 22 septembre 1793 ou 1ᵉʳ vendémiaire an 2, le capitaine Bonaparte arrivant sous Toulon, s'empresse d'aller faire une visite et de présenter ses lettres de service au général Carteaux, commandant en chef l'armée d'Italie (1).

22 septemb. 1793.

---

(1) En remplacement du général Brunet, destitué, arrêté, et bientôt après traduit au Tribunal révolu-

Il aborde l'officier-général, homme superbe, doré depuis les pieds jusqu'à la tête. « C'était » bien inutile, » dit le général en caressant sa moustache, « nous n'avons plus besoin de rien » pour reprendre Toulon. Cependant soyez le » bienvenu, vous partagerez demain la gloire » de le brûler sans en avoir pris la fatigue. »

Le lendemain de son arrivée, au jour naissant, Carteaux qui, la veille, lui avait donné rendez-vous à ce moment *pour lui faire voir quelque chose de bon*, le mena, jubilant de la surprise et de l'admiration qu'il allait lui cau‑ ser, à une batterie dont il avait lui-même indiqué la direction dans le but louable d'incendier la flotte anglaise. Qu'on se figure une bat‑

---

tionnaire, qui le condamna à mort, le 6 novembre 1793 (16 brumaire an 2), par un jugement qui fut exécuté le même jour.

Le général Carteaux n'avait pas sous ses ordres la division La Poype, forte de 6,000 hommes, récemment arrivée de Nice avec trois compagnies d'artillerie à pied.

Cette division, déjà sous Toulon lors de l'affaire d'Ollioules, avait son quartier-général à Solliez ; elle couvrait l'espace compris entre Hyères et le Faron, cette montagne, au nord de Toulon, empêchant le général La Poype de communiquer avec le général Carteaux.

terie disséminée sur l'étendue d'une lieue, placée en dehors des gorges d'Ollioules, sur la droite et à deux mille toises de la mer; c'était cette batterie qui devait agir contre des vaisseaux mouillés à plus de quatre cents toises du rivage.

Dès le 24 septembre, Napoléon avait reconnu la position du Caire qui n'était pas occupée; il offrit dès-lors à Carteaux de le faire entrer avant huit jours dans Toulon, s'il voulait s'établir en force sur ce point et y faire faire aussitôt des batteries.

24 septemb. 1793.

Le général Carteaux ne prit a' ...... mesure, et les Anglais construisirent le fort Murgrave, malgré les représentations inutiles de Bonaparte à Carteaux, qui lui répondit avec aplomb: « Tranquillise-toi; quand je croi- » rai utile de débusquer les ennemis....., ils » partiront. »

Napoléon se trouvait journellement contrarié par l'ignorance du général en chef qui voulait sans cesse le distraire du plan arrêté au conseil, pour employer ses canons dans une direction opposée, soit pour battre sans but des forts, soit pour essayer de jeter quelques bombes dans la ville et d'y brûler quelques maisons.

Un jour le général en chef Carteaux le conduisit sur une hauteur entre le fort Malbosquet et les forts Rouge et Blanc, et lui proposa d'y établir une batterie qui les battrait à la fois. Bonaparte essaya en vain de lui expliquer que c'était en plaçant trois ou quatre batteries contre un fort, de manière que les feux convergeassent, que l'assiégeant avait l'avantage sur le feu des assiégés, et que de faibles batteries, construites en terre et à la hâte, ne pouvaient lutter contre celles établies avec soin et avec le relief de la fortification permanente; il ajouta au général en chef que la batterie que celui-ci ordonnait de construire entre trois forts serait rasée en un quart d'heure et que les canonniers en seraient tous tués; Carteaux insista, mais, malgré les exigences de la discipline militaire, cet ordre ne fut pas exécuté, parce qu'il était inexécutable.

Une autre fois ce général en chef voulait faire construire une batterie sur la terrasse d'une maison de campagne, mais cette terrasse était si étroite que bientôt, par l'effet du recul, les canonniers eussent été écrasés par les débris de la maison.

C'est au siége de Toulon que Bonaparte a

eu pour adjoints les lieutenants Marmont (1), Charbonnel (2), Muiron, la Lance (3).

Carteaux bloquait de son centre les redoutes Rouge et Blanche, de sa gauche le fort du Pommet, et de sa droite celui de Malbosquet.

---

(1) Duc de Raguse, maréchal de France.

(2) Qu'il venait de voir à Auxonne (p. 261 note 3), et qui est, depuis long-temps, comte et lieutenant-général d'artillerie.

(3) Mort inspecteur aux revues à Metz.
C'est ici le cas de relever une erreur généralement reproduite dans toutes les histoires de Napoléon : Bonaparte n'a pas connu Duroc au siége de Toulon.

Duroc, fils d'un ancien officier, est né à Pont-à-Mousson en 1772; il a été élevé au collége de Brienne, où il a vu Napoléon. Élève d'artillerie le 1er mars 1792, il émigra un moment, revint à Châlons-sur-Marne, et ne put faire partie, le 1er septembre suivant, de la promotion à laquelle appartint M. Marmont.

Duroc fut nommé lieutenant en second au 4e régiment d'artillerie le 1er juin 1793, premier lieutenant le 20 novembre 1793 (30 brumaire an 2), second capitaine d'ouvriers d'artillerie le 21 novembre 1794 (1er frimaire an 3); il y était encore le 6 juillet 1796 (18 messidor an 4), époque après laquelle le général de division Lespinasse, commandant en chef l'artillerie de l'armée d'Italie, dont il était adjoint, fit son éloge devant le général en chef Bonaparte, qui, seulement alors, le choisit pour son aide-de-camp.

L'artillerie de siége se composait de huit canons de 24 qu'on venait d'amener de Marseille et qui déjà, à l'arrivée de Napoléon, avaient été, d'après les indications du général en chef, mises en batterie pour brûler l'escadre anglaise qui en était distante de 2,400 toises. Les canonniers (1), dans les bastides voisines, chauffaient les boulets avec des soufflets de cuisine.

Dès son arrivée Napoléon fit établir les batteries de la *Montagne* et des *Sans culottes*.

Ce fut à la construction de cette batterie qu'ayant besoin de dicter un ordre, Bonaparte demanda un homme qui sût écrire. Un sergent d'un bataillon de la Côte-d'Or se présenta, et comme il écrivait sur l'épaulement de la bat-

---

(1) Avant l'arrivée de Bonaparte, d'anciens sergents d'artillerie suppléaient à l'absence du commandant; mais leur bonne volonté, impuissante, ne compensait pas chez ces braves militaires le défaut absolu de science.

Les officiers d'artillerie étaient très-peu nombreux au commencement du siége : M. Dommartin, capitaine-commandant, avait été blessé grièvement à Ollioules; son capitaine en second, M. Perrier, était malade à Marseille, et chaque jour, les représentants du peuple décimaient à tort et à travers de bons officiers de cette arme.

terie un boulet ennemi le couvrit de terre, lui et son papier. *Bon*, dit le secrétaire improvisé, *je n'aurai pas besoin de sable.* C'était Junot (1).

Ces batteries des *Sans culottes* et de la *Montagne* fixaient l'attention de l'armée et jetaient l'alarme parmi les assiégés ; le feu y était épouvantable. Plusieurs chaloupes anglaises avaient été coulées bas ; quelques frégates avaient été démâtées ; quatre vaisseaux de ligne avaient été si considérablement endommagés, qu'ils entrèrent dans le bassin pour y être réparés.

Le général en chef, profitant d'une absence de 24 heures qu'avait faite Napoléon à Marseille, soit pour y inspecter l'arsenal (2), accélérer et surveiller le départ de quelques objets indispensables, soit pour y visiter sa famille (3),

---

(1) Qui fut fait officier et successivement adjoint de Bonaparte, chef de bataillon, aide-de-camp, général, enfin duc d'Abrantès.

(2) Où se construisaient tous les objets d'artillerie nécessaires au siége de Toulon.

(3) Qui, plusieurs fois, était venue le voir au Beausset, où probablement elle ne s'est pas plus arrêtée qu'à Méonnes ou Méounes, village du département du Var, à quatre lieues sud de Brignolles, où elle aurait été plus éloignée de Toulon que Marseille, où était son établissement ; en effet, on compte dix-huit lieues et demie de Toulon à Brignolles, et quinze seulement de Toulon à Marseille.

ordonna l'évacuation de ces batteries sous le prétexte qu'on y perdait beaucoup de canonniers.

A neuf heures du soir, au retour de Bonaparte, l'évacuation était déjà commencée, et il prit sur lui, avec raison, de remettre les choses comme auparavant.

27 septembre 1793. Dès le 27 septembre 1793, ou 6 vendémiaire an 2, les représentants du peuple, Gasparin et Salicetti, délégués par la Convention nationale près l'armée dirigée contre les rebelles du Midi, nomment provisoirement, d'après la proposition du citoyen Bonaparte, commandant de l'artillerie, le citoyen Échelain, lieutenant en second de la 17me compagnie d'artillerie légère, blessé au bras à la batterie des *Sans culottes*, au grade de lieutenant en premier dans la même compagnie, en remplacement du citoyen François, tué à la batterie de la *Montagne*; et le citoyen Villerment, sergent, au grade de lieutenant en second dans ladite compagnie, en remplacement du citoyen Échelain (1).

---

(1) Ces deux brevets furent expédiés à M. Perrier, capitaine en second de la 17e compagnie d'artillerie

Vers le 30 septembre 1793, ou 9 vendémiaire an 2, un conseil de guerre avait été tenu à Ollioules, on y avait décidé unanimement qu'il fallait réunir le parc de siége dans cette petite ville et attaquer Toulon par l'ouest.

Bonaparte avait déjà pris toutes les mesures nécessaires pour organiser l'artillerie ; il parvint bientôt à réunir 100 pièces de gros calibre et des mortiers à grande portée, les uns et les autres bien approvisionnés. Il établit des ateliers et parvint à faire rappeler plusieurs officiers d'artillerie qu'on avait renvoyés ou dégoûtés.

Il n'y avait point, au siége, d'officier du génie (1): Napoléon fit pendant quelque temps le service des deux armes; il se multipliait, il était à tout.

---

légère à Marseille, et qui la commandait en remplacement de M. Dommartin.

Ce ne fut que le 30 septembre 1793 (9 vendémiaire an 2) que M. Perrier fut nommé par le gouvernement capitaine-commandant, et M. Després, son premier lieutenant, devint son capitaine en second.

(1) M. Marescot, devenu premier inspecteur-général de cette arme, n'arriva sous Toulon que quelques jours après Napoléon.

Un jour un canonnier ayant été tué à une batterie le commandant d'artillerie Bonaparte prit le refouloir et aida à charger dix à douze coups.

Quelques jours après il fut couvert d'une gale très-maline ; son adjoint Muiron (1) découvrit que le canonnier mort en était infecté. Entraîné par l'ardeur de sa jeunesse et par sa passion pour le service, Napoléon se contenta d'un léger traitement. Le mal sembla disparaître, il n'était que rentré (2).

1er octobre 1793.

Le 1er octobre 1793, ou 10 vendémiaire an 2, les représentants Gasparin et Salicetti annoncent, d'Ollioules, à la Convention nationale que le général La Poype vient d'enlever la montagne de Faron, ses retranchements et ses redoutes (3).

4 octobre 1793.

Le 4 octobre 1793, ou 13 vendémiaire an 2, les mêmes représentants préviennent le Comité de Salut public que le soir même du 1er octo-

---

(1) Tué colonel aide-de-camp du général en chef Bonaparte, en lui faisant un rempart de son corps, à la bataille d'Arcole, le 16 novembre 1796 (26 brumaire an 5.).

(2) Cette maladie cutanée affecta long-temps la santé de Napoléon et faillit lui coûter la vie.

(3) Pièces justificatives, n° LVIII, lettre *a*.

bre 1793, ou 10 vendémiaire an 2, les ennemis ont repris la montagne de Faron et ses retranchements (1).

On a cité ce trait de Bonaparte à l'occasion du fort Faron, l'un de ceux qui défendaient Toulon.

Un commissaire de la Convention voulut blâmer la position d'une batterie que venait d'établir le jeune commandant d'artillerie :

« Citoyen, lui dit fièrement Bonaparte, » faites votre métier de député et laissez-moi » faire le mien d'artilleur ; la batterie restera » là, et je réponds du succès. »

Le 6 octobre 1793, ou 15 vendémiaire an 2, lettre d'envoi des deux nominations provisoires en faveur des citoyens Échelain et Villerment, adressée par Bonaparte (tout court) au capitaine Perrier, à Marseille (2).

6 octobre 1793.

Le 9 octobre 1793, ou 18 vendémiaire an 2, prise de la ville de Lyon par l'armée des Alpes (3).

9 octobre 1793.

---

(1) Pièces justificatives, n° LVIII, lettre *b*.

(2) Archives de M. Perrier fils.

(3) Je cite cette date, parce que ce n'est que quelques jours après la soumission de cette place que le

Le 9 octobre 1793, ou 18 vendémiaire an 2, Bonaparte (tout court) ordonne au capitaine Perrier, à Marseille, d'y rester avec le commandant Gassendi (1) qui a besoin de lui (2).

Cette lettre est corrigée et en partie suscrite par Bonaparte (3).

13 octobre 1793.

Le 13 octobre 1793, ou 22 vendémiaire an 2, lettre autographe de Bonaparte, commandant de l'artillerie, au capitaine Perrier, à Marseille (4):

---

siége de Toulon put être poussé avec vigueur. En effet, par arrêtés des 14 octobre (23 vendémiaire an 2), 24 octobre (3 brumaire an 2) et 28 octobre 1793 (7 brumaire an 2), les représentants du peuple envoyés à Commune-Affranchie (Lyon) ordonnent le départ pour Toulon de 1° douze pièces de canon et six mille fusils, 2° vingt-quatre pièces de canon en bronze, 3° et la garnison de Valenciennes.

(1) Il avait été, comme on l'a vu, capitaine au régiment de la Fère; nommé chef de bataillon d'artillerie le 8 mars 1793; peu après, renvoyé comme noble, il dut son rappel aux instances de son ancien lieutenant auprès des délégués de la Convention à l'armée de siége de Toulon.

(2) Le capitaine Perrier demandait avec instance de rejoindre la 17ᵉ compagnie d'artillerie légère, dont il venait d'avoir le commandement titulaire.

(3) Archives de M. Perrier.

(4) *Idem.*

« Vous signifierez l'ordre ci-inclus au capi-
» taine Constantin, vous en prendrez copie et
» son reçu (1).

» Gassendi doit continuer ses fonctions ;
» dans tous les cas, s'il était malade, c'est vous
» qui devez commander à l'arsenal.

» BUONAPARTE. »

» Avant de signifier le pré (2)
» Je ne puis pas vous cacher que si le citoyen
» Constantin mettait le moindre retard dans
» l'exécution du présent ordre les représen-
» tants du peuple et le général se porteraient
» envers lui aux plus grandes rigueurs. »

Le 14 octobre 1793, ou 23 vendémiaire an 2, à quatre heures du soir, la garnison de Toulon

14 octobre 1793.

---

(1) Constantin, fourrier au 4º régiment d'artillerie depuis 1791, fut improvisé capitaine-commandant de la compagnie de canonniers de la légion allobroge, et, à ce titre, il avait cru pouvoir s'approprier deux chevaux des équipages d'artillerie, qu'il se hâta de restituer d'après l'ordre ci-dessus, ainsi que je m'en suis convaincu par le reçu que m'a montré sa veuve, qui habite Valence, où le mari est mort en retraite.

(2) Ce commencement de phrase est biffé dans l'original.

fit une sortie qui fut vivement repoussée par les soins énergiques de Bonaparte et de l'adjudant-général Alméras (1), seul désigné dans la lettre par laquelle le général Carteaux annonce cette nouvelle au ministre de la guerre (2).

15 octobre 1793.
Le 15 octobre 1793, ou 24 vendémiaire an 2, le général La Poype s'empare du cap Brun. Le même jour, un plan d'attaque, rédigé par le général d'Arcon, homme d'une réputation européenne, arriva de Paris et fut l'objet d'un conseil de guerre extraordinaire. Ce plan supposait l'investissement de Toulon par une armée de soixante mille hommes, tandis qu'avec les renforts qui arrivaient de l'armée de Lyon, celle de Toulon ne se montait tout au plus qu'à trente mille. Le Comité prescrivit, en conséquence de cette supposition de forces, des opérations inexécutables d'attaque sur tous les points occupés pas l'ennemi du côté de la terre.

Bonaparte ouvrit au conseil un avis tout

---

(1) Mort lieutenant-général à Bordeaux, où il commandait.

(2) Sous la date du 17 octobre 1793 (26 vendémiaire an 2). (Pièces justificatives, n° LVIII, lettre c.)

opposé; il prouvait que si l'on pouvait bloquer Toulon par mer comme par terre la place tomberait. Pour effectuer ce blocus il proposa d'établir, sur les promontoires de Balaguier et de l'Éguilette, deux batteries destinées à foudroyer la grande et la petite rade. Les Anglais qui, de même que Bonaparte, regardaient cette position comme très-importante, avaient fait des travaux prodigieux au fort Murgrave qui lui était opposé. Trois mille hommes de leur meilleures troupes et quarante-quatre pièces de gros calibre défendaient le fort auquel ils avaient aussi donné le nom de *Petit-Gibraltar*; ils le jugeaient tellement imprenable que le commandant avait dit : *Si les Français emportent cette batterie, je me fais jacobin*. Ils avaient travaillé pendant un mois à fortifier cette grande redoute, située sur le promontoire du Caire, et c'était cette même position que le surlendemain de son arrivée à l'armée Bonaparte avait proposé au général en chef Carteaux de faire occuper par une force suffisante, l'assurant que huit jours après il serait maître de Toulon. Carteaux, qui ne comprit pas cette belle opération, se contenta de quatre cents hommes pour son exécution. Les Anglais avaient envoyé, peu de jours après, quatre mille hommes qui avaient chassé les quatre cents Français, et ils avaient élevé le Petit-Gibraltar.

Bonaparte soutenait avec raison que Toulon était là (1) et que le fort Murgrave était le vrai point d'attaque; il ajouta que soixante et douze heures après la prise de ce fort l'armée de siége aurait recouvré Toulon.

Cependant, malgré l'autorité du conseil et le succès des nouvelles batteries, Napoléon eut encore à lutter contre l'impéritie du général en chef (2) et de son état-major qui vou-

---

(1) Carteaux dit en ce moment à son voisin de gauche : « *Voilà un mâtin qui n'est pas fort sur la géo-* » *graphie.* »
Ce général avait une femme de bon sens et assez jolie. Le mari lui faisant des doléances de ce que l'autorité semblait tomber de ses mains dans celles de Napoléon, elle lui répondit : « Laisse faire ce jeune » homme : il en sait plus que toi, ne te demande » rien. Ne te rend-il pas compte? La gloire te reste, » et s'il fait des fautes, elles seront pour lui. »
Dans une autre circonstance, elle lui dit : « Ne t'y » trompe pas, Napoléon a trop d'esprit pour être » long-temps sans-culotte. » — « Femme Carteaux, » répliqua-t-il, « c'est donc à dire que nous sommes » des bêtes ? » — « Je ne dis pas cela, mon ami; » mais ce jeune homme ne te ressemble en aucune » manière. »
(2) Dans ce conseil, Carteaux, sommé de donner

laient sans cesse le distraire du plan arrêté pour employer les canons sans but et dans des directions opposées.

Le 18 octobre 1793, ou 27 vendémiaire an 2, le chef de bataillon Gassendi était sous les murs de Toulon.

18 octobre 1793.

Le 19 octobre 1793, ou 28 vendémiaire an 2, le capitaine Bonaparte est nommé chef de bataillon au 2me régiment d'artillerie (1).

19 octobre 1793.

---

son avis, répondit que la chose valait la peine d'être méditée ; et après huit jours d'élaboration, il envoya l'ordre suivant à Bonaparte :

« Le commandant de l'artillerie foudroiera Toulon » pendant trois jours, et le quatrième, je ferai atta- » quer la ville par trois colonnes. »

Ce billet et le projet de Napoléon furent expédiés au Comité de Salut public par un courrier extraordinaire dépêché par Gasparin, qui obtint la révocation de Carteaux.

(1) Le brevet de ce grade prouve, pour Bonaparte comme pour M. de Gouvion, que le grade de chef de bataillon de volontaires n'avait rien de commun avec celui de chef de bataillon d'artillerie.

Au reste, les représentants du peuple délégués sous Toulon ont pu nommer provisoirement Napoléon au grade de chef de bataillon d'artillerie avant le 19 octobre 1793, ce qui n'a jamais été dit ; mais le brevet définitif ne devait dater que du jour de la confirmation par le gouvernement. (Pièces justificatives, n° LVII.)

22 octobre 1793.

Le 22 octobre 1793, ou 1er brumaire an 2, il écrit d'Ollioules ;

« Il est ordonné au citoyen Talin (1) de se
» transporter aux différentes batteries, de
» prendre la note des objets inutiles qui s'y
» trouveraient. »

» De prendre la note des charriots cassés,
» débris de timons, de roues, etc.

» De voir combien il y a à la *Sans-Culotte* de
» boulets inutiles.

» De demander à chaque batterie combien
» d'aunes de toile cirée ils ont besoin pour ga-
» rantir de la pluie le magasin à poudre.

» Le commandant de chaque batterie fera
» faire des magasins capables de contenir cent
» coups par pièce, et fera en sorte de le mettre
» à l'abri de l'humidité.

---

(1) M. Talin, qui avait servi autrefois dans le régiment de Strasbourg (artillerie), se retira à Romans, son pays, d'où, en 1793, il partit, à la tête d'une compagnie de canonniers de la garde nationale de cette ville, pour prendre part à l'expédition de Carteaux, avec qui il alla ensuite au siége de Toulon.

Il y fut adjoint de Napoléon ; il devint capitaine des guides à l'armée d'Italie, enfin lieutenant-colonel de gendarmerie, et est mort en retraite dans sa ville natale.

» Il s'informera au *Brigat* si les canonniers
» marins de Saint-Nazaire s'y sont portés, et
» qu'est-ce qui s'oppose à ce que leurs pièces
» soient en batterie à la batterie de la Grande-
» Rade.

» BUONAPARTE. »

« Il prendra l'état des approvisionnements
» des pièces de 4 en fer.

» Il prendra une note du nombre d'hommes
» qui se trouve à chaque batterie. »

Le 23 octobre, ou 2 brumaire an 2, du quartier-général d'Ollioules, les représentants Gasparin et Sollicetti donnent au chef de bataillon Gassendi l'ordre (1) d'aller explorer les places des Alpes pour en diriger, sur l'armée de siége de Toulon, les objets nécessaires pour cette opération.

Sans cette mission donnée au commandant Gassendi pour l'éloigner du siége et même de Marseille, Bonaparte, son cadet d'âge, de service et de grade, n'aurait pu exercer le

---

(1) Dont j'ai lu la copie, enregistrée dans le temps au directoire du département de la Drôme, à Valence, d'où le chef de bataillon Gassendi dut tirer quelques objets.

commandement de son arme en sa présence et à son détriment.

29 octobre 1793. Le 29 octobre 1793, ou 8 brumaire an 2, décret de la Convention nationale qui adjoint les représentants Barras et Fréron (1) à Salicetti et Gasparin (2).

3 novembre 1793. Le 3 novembre 1793, ou 13 brumaire an 2, lettre écrite d'Ollioules par Bonaparte, commandant l'artillerie devant Toulon, au commissaire des guerres à Valence, qu'il prie d'organiser dans le département de la Drôme des brigades de charretiers pour le siége de Toulon (3).

6 ou 7 nov. 1793. Le 6 ou 7 novembre 1793, ou 16 ou 17 brumaire an 2, le général Carteaux partit de

---

(1) Qui, néanmoins, n'étaient pas encore partis de Marseille le 4 décembre 1793 (14 frimaire an 2), et étaient sous Toulon tout au plus le 18 décembre 1793 (28 frimaire an 2).

(2) Qui, après avoir concouru au rappel du général Carteaux, alla mourir dans son pays, à Orange, le 11 novembre 1793 (21 brumaire an 2), après avoir eu sous Toulon, avec Bonaparte, des rapports que l'empereur Napoléon a prouvé n'avoir jamais oubliés, par son quatrième codicile (Appendice, lettre Z).

(3) Pièces justificatives, n° LVIII, lettre d.

l'armée de siége pour aller à Grenoble (1) prendre le commandement en chef de l'armée des Alpes.

Pendant ce court intervalle le commandement en chef de l'armée de siége fut confié provisoirement au général de division La Poype.

Le 8 novembre 1793, ou 18 brumaire an 2, l'ennemi, fatigué du feu continuel de neuf batteries que Bonaparte avait fait construire du côté du fort Murgrave, fit une sortie sur celles des Sablettes et des Moulins; à l'une il fut repoussé, mais il enleva et encloua l'autre (qui fut reprise quelques jours après). *8 novembre 1793.*

Le 9 ou 10 novembre 1793, ou 19 ou 20 brumaire an 2, le général Doppet vint de Lyon pour commander l'armée de siége de Toulon. *9 ou 10 nov. 1793.*

Avec lui arriva aussi le général de division du Teil cadet (2) pour commander l'artillerie du siége, mais le chef de bataillon Bonaparte n'en resta pas moins chargé, comme aupara-

---

(1) Où il fut arrêté vers le 27 décembre 1793 (7 nivose an 2).

(2) Frère de l'ancien commandant d'école d'Auxonne, qui venait de commander en second sous lui l'artillerie du siége de Lyon.

vant, des mêmes fonctions que jusqu'alors il avait si bien remplies (1).

Le médecin Doppet fit presque regretter le peintre Carteaux.

Une bombe partie de Toulon avait fait sauter le magasin à poudre de la batterie de la *Montagne*; Doppet, malgré l'évidence du fait, déclara que les aristocrates de Marseille avaient mis le feu aux poudres de la république, et il verbalisa en conséquence de cette belle découverte.

Une autre fois, à la tranchée du fort *Murgrave*, un de nos soldats est fait prisonnier par les Espagnols qui le maltraitent cruellement. Les volontaires de la Côte-d'Or, témoins de cette barbarie, veulent la punir et marchent au fort; bientôt l'entraînement se communique au reste de la brigade du général Brûlé. Un feu terrible s'engage, Napoléon l'entend et accourt sur les lieux, voit le parti qu'on peut tirer de cette attaque toute d'enthousiasme, et il s'é-

---

(1) La nullité à laquelle se condamna M. du Teil devant Toulon a eu peut-être autant de part au legs énoncé dans le quatrième codicile de Napoléon, que la protection dont le frère avait autrefois donné des preuves au lieutenant d'artillerie.

crie avec énergie : *Puisque le vin est tiré, il faut le boire.* Doppet qui arrive approuve Bonaparte et le charge du commandement; celui-ci marche avec les tirailleurs, rempli d'espérance, il compte s'emparer bientôt du fort, mais une balle atteint un aide-de-camp de Doppet ; il tombe et la frayeur saisit le général qui ne trouve rien de mieux que de faire battre la retraite. Ce signal coupable arrête l'élan des soldats ; nos tirailleurs se troublent, reculent, et Napoléon, obligé de suivre leur mouvement qu'il ne peut arrêter, arrive au camp la tête ensanglantée par une légère blessure reçue au front, et, ne se contenant pas, il dit en face de Doppet qui feignit de ne pas entendre: *Le j... f..... qui a fait sonner la retraite nous fait manquer Toulon.*

Le général Doppet ne resta pas assez longtemps devant cette place pour y faire beaucoup de mal.

Le 17 novembre 1793, ou 27 brumaire an 2, le général Dugommier arrive sous les murs de Toulon pour en commander le siége en qualité de général en chef de l'armée d'Italie (1).

17 novembre 1793.

---

(1) D'après le décret de la Convention nationale en date du 3 novembre 1793 (13 brumaire an 2), qui

Le général Coquille Dugommier était plein de talents, de bravoure, de prudence et de sagacité, digne, en un mot, de commander en chef une armée ; incapable de jalousie, franc et simple, de mœurs pures, bon patriote mais nullement jacobin.

Dès son apparition, l'armée entière s'aperçut de ce qu'il valait ; il lui donna une impulsion qui la remplit de zèle et de confiance.

19 novembre 1793.
Le 19 novembre 1793, ou 29 brumaire an 2, Dugommier et le commandant Bonaparte étaient ensemble, à cheval, parcourant déjà la campagne que le nouveau général en chef ne connaissait pas encore.

Tout-à-coup ils voient déboucher des gorges d'Ollioules dans la plaine une vingtaine de voitures dorées, superbes, suivant à la file et

---

nomme aussi le général Doppet au commandement en chef de l'armée des Pyrénées-Orientales.

Celui-ci quitta l'armée sous Toulon peu après le 17 novembre 1793 (27 brumaire an 2). (Pièces justificatives, n° LVIII, lettre *e.*)

Doppet, qu'on disait méchant, jaloux, haineux, était si certain de son peu de capacité qu'il ne pouvait en souffrir dans les autres. Arrivé aux Pyrénées, il envoya à la mort un grand nombre de généraux et d'officiers recommandables, coupables du seul crime de valoir mieux que lui.

présentant un luxe inconnu dans un camp républicain, et qui alors n'était pas sans danger dans l'intérieur de la république. Qu'est-ce ? se demande-t-on ; est-ce le Comité de Salut public en masse ou la Convention nationale qui voudrait assister, par députation, aux travaux du siége ? La curiosité pousse Dugommier et Bonaparte qui se dirigent vers ce convoi d'un nouveau genre, lequel s'arrête à leur vue; les portières s'ouvrent, il en descend 60 ou 80 personnages en grande tenue militaire, la plupart avec des uniformes de fantaisie; ils s'informent aussitôt où est le général en chef : on le leur désigne ; alors la troupe va gravement à lui, et pendant la marche lui apprend qu'elle a voyagé dans les équipages de l'ancienne cour, mis en réquisition à son profit.

Dugommier et Napoléon sont impatients de savoir qui est ce monde et ce qu'il veut dire au général en chef : un orateur se détache, se place en tête de ses camarades, et d'une voix de tonnerre s'écrie, avec un ton de déclamation :

« Citoyen général, nous arrivons de Paris ;
» les patriotes sont indignés de ton inaction et
» de ta lenteur (1). Depuis long-temps le sol de

---

(1) A peine Dugommier était arrivé.

» la république est violé ; elle frémit de n'être
» pas encore vengée ; elle demande pourquoi
» Toulon n'est pas encore repris, pourquoi la
» flotte anglaise n'est pas encore incendiée ;
» dans son indignation elle a fait un appel aux
» braves ; nous nous sommes présentés, et
» nous voilà brûlants d'impatience de remplir
» son attente : nous sommes canonniers volon-
» taires de Paris; fais-nous donner des canons,
» demain nous marchons à l'ennemi. »

Dugommier confondu de cette harangue, et admirant la suffisance parisienne, est néanmoins embarrassé ; on était à une époque où il ne fallait pas se moquer de l'extravagance, parce qu'elle pouvait prendre la chose au sérieux ; il regarde Napoléon qui le devine et, en deux mots, lui répond qu'il se charge de satisfaire les *avaleurs* de Toulon ; cependant le général en chef leur fait un bon accueil et leur décerne, par anticipation, les palmes qu'ils vont cueillir ; on les échauffe, on les fait boire ; ils seront les guides de l'armée, ses foudres vivantes ; ce soir-là tout alla à ravir.

Mais on décompta le lendemain. Au point du jour, Bonaparte les conduit sur la plage, on leur livre des canons, de la poudre, des projectiles ; on leur montre la ville, les ports, les vaisseaux ennemis, et on les laisse libres de remplir, contre tout cela, le mandat parisien. Cependant ces héros s'étonnent qu'il n'y ait pas d'abri et s'informent où ils en trouveront.

« Nulle part, leur répond-on ; ces lâches
» précautions étaient bonnes du temps de la
» tyrannie, mais elles ont disparu depuis
» l'ère du patriotisme ; c'est face à face, et sans
» épaulement surtout, qu'il faut attaquer l'en-
» nemi. »

Ce propos les excite, mais arrive une voile anglaise qui, en passant, lâche sa bordée; c'est à qui de ces canonniers parisiens se sauvera le plus vite ; ils ont oublié que la capitale s'indigne de l'inertie de l'armée assiégeante. Le rire de tout le camp les accompagne ; la plupart de ces hommes de vent et de jactance regagnent leurs voitures et abandonnent l'armée; quelques-uns moins poltrons deviennent plus modestes et s'associent aux travaux du siége sans prétendre les diriger comme auparavant.

Le 20 novembre 1793, ou 30 brumaire an 2, le général Dugommier prit de fait le commandement en chef de l'armée sous Toulon.

20 novemb. 1793.

Le 21 novembre 1793, ou 1ᵉʳ frimaire an 2,

21 novemb. 1793.

Bonaparte était le 3ᵐᵉ chef de bataillon de son régiment et le 51ᵐᵉ chef de bataillon de l'arme, qui, d'après l'*Almanach national* de l'an 2, en comptait 67 (1).

25 novemb. 1793. Le 25 novembre 1793, ou 5 frimaire an 2, une batterie avait été élevée sur la hauteur des Arènes contre le fort Malbosquet que tenait l'ennemi. Les représentants allèrent voir cette batterie, et, en l'absence du commandant Bonaparte, ils ordonnèrent aux artilleurs de tirer. Le général anglais ignorait cette construction, qui était masquée par des branches d'oliviers, et Napoléon s'en promettait un grand avantage pour le lendemain du jour où le fort *Murgrave* aurait été pris. La réussite dépendait du secret; il fallait le garder et empêcher les coalisés d'en détruire l'effet par une attaque intempestive. La fanfaronade des représentants éventa la combinaison de Bonaparte et la fit avorter. Cette imprudence pouvait être fatale.

26 novemb. 1793. Le 26 novembre 1793, ou 6 frimaire an 2, le général du Teil, se disant commandant l'artillerie de l'armée devant Toulon, adresse

---

(1) Pièces justificatives, n° LVII.

au capitaine Perrier, à Marseille, une lettre relative à des convois d'artillerie (1).

Le 28 novembre 1793, ou 8 frimaire an 2, au matin, l'armée républicaine avait terminé à peine la batterie des Arènes, armée de six canons de 24, et dirigée, comme on l'a vu, sur le fort Malbosquet. *28 novemb. 1793.*

Le 29 novembre 1793, ou 9 frimaire an 2, les représentants du peuble s'y rendirent et firent commencer le feu imprudemment, contre l'opinion de Bonaparte qui s'en plaignit au général en chef. *29 novemb. 1793.*

Cette batterie fit pendant plusieurs jours beaucoup de mal à l'ennemi qui nous répondit avec une grande vigueur.

L'occupation des Arènes par les Français était trop préjudiciable aux assiégés pour qu'ils ne tentassent point un grand effort contre une position qui d'ailleurs privait la ville d'une partie de ses eaux, détournées ou coupées en cet endroit par les troupes républicaines.

Le 30 novembre 1793, ou 10 frimaire an 2, *30 novemb. 1793.*

---

(1) C'est la première trace que j'aie pu saisir du commandement en chef d'artillerie qu'aurait exercé sous Toulon cet officier-général.

sortie repoussée de la garnison de Toulon et capture du général en chef O'Hara (1).

Le chef de bataillon Bonaparte, qui rendit de grands services dans cette journée, sauva le parc général de l'armée, qui recevait à l'instant de Briançon et Mont-Dauphin (alors Mont-Lyon) 27 canons, en bronze, de 24.

14 décemb. 1793. Le 14 décembre 1793, ou 24 frimaire an 2, les représentants du peuple réunirent, à Ollioules, un nouveau conseil de guerre où il fut résolu de donner l'assaut au fort Murgrave.

A cet effet, Bonaparte avait fait construire, à 120 toises seulement de la redoute anglaise, une batterie masquée qui fut foudroyée au moment où elle commençait à tirer.

Les canonniers effrayés refusaient de tenir cette batterie; alors le commandant d'artillerie Bonaparte, persuadé plus que jamais, et d'après les affaires qui avaient eu lieu, que la prise de

---

(1) Lettre du général en chef Dugommier au ministre de la guerre, du 30 novembre 1793 (10 frimaire an 2). (Pièces justificatives, n° LVIII, lettre f.)

Dans cette affaire, on fit aussi prisonniers MM. Campbell, major du 69ᵉ régiment d'infanterie anglaise; Ruws, capitaine au 1ᵉʳ régiment id.; Echabura, capitaine espagnol, aide-de-camp du général Gravina, commandant en chef l'armée de terre.

Toulon dépendait de celle du Petit-Gibraltar, pressé d'ailleurs, ainsi que le général en chef, par des ordres incessants de reprendre Toulon, s'avisa d'une de ces ressources qui prouvaient déjà qu'il connaissait bien le soldat français. Il se fait apporter un poteau et charge Junot d'y adapter un écriteau qu'il fait placer en avant de la batterie : *Batterie des hommes sans peur*. Il avait bien jugé son monde. Tous les canonniers de l'armée voulurent servir à cette batterie, qui ne cessa son feu que le 16 décembre 1793, ou 26 frimaire an 2, à minuit.

Depuis cette époque jusqu'au 17 décembre 1793, ou 27 frimaire an 2, à minuit, les batteries françaises firent un feu roulant.

Le 16 décembre 1793, ou 26 frimaire an 2, les troupes républicaines se rassemblèrent pour faire l'attaque générale qui avait été projetée. *16 décemb. 1793.*

La division qui avait été placée dans la partie de l'ouest, se réunit dans le village de la Seyne ; malgré le mauvais temps, et la pluie qui tombait en abondance, les soldats témoignaient une ardeur et un enthousiasme extrême, présage certain de la victoire.

Le 17 décembre 1793, ou 27 frimaire an 2, le général en chef Dugommier forma son armée *17 décemb. 1793.*

en quatre colonnes et, après une vive résistance de la part de l'ennemi, se rendit maître du fort Murgrave (1).

Le général Laborde et le capitaine Muiron furent grièvement blessés.

Bonaparte eut un cheval tué sous lui, et fut légèrement blessé au mollet par un coup de lance d'un canonnier anglais.

18 décembre 1793. Le 18 décembre 1793, ou 28 frimaire an 2, lettre écrite d'Ollioules par les représentants Ricord, Fréron et Robespierre jeune, à la Convention nationale, qu'ils informent que leur collègue Barras est attaché à la division La Poype (2).

Le 18 décembre 1793, ou 28 frimaire an 2, lettre écrite d'Ollioules au capitaine Perrier,

---

(1) Lettre des représentants au Comité de Salut public, du 18 décembre 1793 (28 frimaire an 2). (Pièces justificatives, n° LVIII, lettre g.)

(2) Fréron, beau-frère de La Poype, dont la femme était à Toulon, ne voulut pas (pour ne point donner prise à la calomnie, dit-il) aller avec cet officier-général, et rejoignit Dugommier, mais bien tardivement, ainsi que son collègue, puisque déjà, le 29 octobre 1793 (8 brumaire an 2), ils avaient été délégués près l'armée de siège.

à Marseille, par le général du Teil, qui lui annonce que les Anglais commencent à s'embarquer, et qui lui rappelle (1) les cartouches d'infanterie et les autres objets d'artillerie que Bonaparte lui avait ordonné d'expédier à l'armée de siége.

Le 18 décembre 1793, ou 28 frimaire an 2, à midi, l'armée de siége bombarde Toulon et s'empare aussi du fort Malbosquet, ce qui fit dire par Bonaparte aux généraux : « *Demain,* » *ou après-demain au plus tard, vous souperez* » *dans Toulon.* » Malgré son ignorance en *géographie*, il devina juste.

Le 19 décembre 1793, ou 29 frimaire an 2, une partie de l'armée républicaine prend possession de la place de Toulon (2).

Le 20 décembre 1793, ou 30 frimaire an 2, les représentants du peuple, délégués près l'armée victorieuse de Toulon, nomment pro-

---

(1) Comme le ferait un chef d'état-major, comme aurait dû le faire Bonaparte s'il eût été le sien, ainsi qu'on l'a dit.

(2) Lettres, du même jour, des représentants et du général en chef. (Pièces justificatives, n° LVIII, lettres *h* et *i*.

visoirement le chef de bataillon d'artillerie Bonaparte au grade de général de brigade d'artillerie.

CHAPITRE XVI.

Le général Bonaparte se rend de Toulon à Marseille; la bonne aventure; il est confirmé dans son grade de général de brigade d'artillerie et chargé du commandement en chef de cette arme à l'armée d'Italie et de l'armement du littoral; dénoncé; part pour Nice, quartier-général de cette armée.

(DU 22 DÉCEMBRE 1793 OU 2 NIVOSE AN 2, AU (6)? MARS 1794 OU 16 VENTOSE AN 2.)

Le 22 décembre 1793, ou 2 nivose an 2, lettre adressée d'Ollioules, par le général du Teil, commandant l'artillerie de l'armée, au capitaine Perrier, commandant l'arsenal, à Marseille, pour lui faire cesser la confection et l'envoi des divers objets d'artillerie qui lui avaient été demandés pour le siége de Toulon qui est rendu.

22 décemb. 1793.

24 décembre 1793.   Le 24 décembre 1793, ou 4 nivose an 2, Bonaparte donne, d'Ollioules, à la 17ᵐᵉ compagnie d'artillerie à cheval, l'ordre de partir de Marseille (1) pour le Pont-Saint-Esprit, et au capitaine Perrier de rester dans la première ville où il continuera de commander l'artillerie (2).

25 décembre 1793.   Le 25 décembre 1793, ou 5 nivose an 2, Bonaparte assista, en uniforme d'officier-général, au dîner que donna l'ordonnateur en chef Chauvet à Toulon (3).

28 décembre 1793.   Le 28 décembre 1793, ou 8 nivose an 2, lettre et rapport du général en chef Dugom-

---

(1) Où elle était allée de la batterie des *Sans-culottes* sous Toulon, peu après l'avis que lui en avait déjà donné le commandant Bonaparte le 9 décembre 1793 (19 frimaire an 2).

(2) Ainsi, le général du Teil et Bonaparte donnent des ordres chacun de son côté.

(3) Une personne qui a fait aussi partie des convives se rappelle qu'arrivée de Marseille dans la nuit précédente, elle a aperçu sur la route beaucoup d'habitants qui allaient ou revenaient de la messe de minuit.

A ce repas, on servit pour pièce de résistance une bombe qui, pendant le siége, était tombée sans éclater, dans la maison où on dînait.

mier sur le siége et la prise de Toulon (1).

Le 30 décembre 1793, ou 10 nivose an 2, {30 décemb. 1793.} Bonaparte, avec son aide-de-camp Junot, était déjà arrivé à Marseille où il revit sa famille. Sous cette date et de cette ville, comme général de brigade d'artillerie, il a délivré un certificat élogieux à la 17me compagnie d'artillerie à cheval (2).

Le 2 janvier 1794, ou 13 nivose an 2, le {2 janvier 1794.} général Bonaparte donne à la 17me compagnie d'artillerie à cheval l'ordre définitif de partir de Marseille pour le Pont-Saint-Esprit (3).

Le 2 janvier 1794, ou 13 nivose an 2, lettre

---

(1) Pièces justificatives, n° LVIII, lettre *j*.

C'est peut-être à la suite de ce rapport que Dugommier, qui voulait emmener avec lui son jeune commandant d'artillerie aux Pyrénées, écrivit au Comité de Salut public : « Récompensez et avancez ce » jeune homme; car si on était ingrat envers lui, » il s'avancerait tout seul. »

L'attachement et l'estime de Dugommier, qui trouva peu après une mort glorieuse à l'armée des Pyrénées-Orientales, laissèrent dans l'âme de Napoléon de profonds souvenirs qu'il consacra à Sainte-Hélène par son quatrième codicile. (Appendice. Pièces justificatives, lettre Z.)

(2) Pièces justificatives, n° LIX, lettre *a*.

(3) Pièces justificatives, n° LIX, lettre *b*.

écrite de Marseille par Bonaparte, général de brigade d'artillerie, au citoyen Sucy, commissaire des guerres à Valence :

« La 17me compagnie de canonniers à che-
» val, quoique formée depuis long-temps, ne
» se trouve point encore au fait et ne connaît
» point la marche qu'elle doit suivre, pour la
» comptabilité des différentes parties de son
» administration, je l'adresse à vous comme
» étant déjà au fait.
» Si vous ne voyez pas d'inconvénient qu'elle
» vienne à Valence, je vous prie de me le
» marquer ; elle restera en attendant au Saint-
» Esprit (1).
» *Le général de brigade d'artillerie,*

» BUONAPARTE. »

Pendant son séjour à Marseille, le général Bonaparte, qui croyait beaucoup aux prédictions des diseuses de bonne aventure, assista (2)

---

(1) Ainsi, Bonaparte, à peine général de brigade, faisait aller en son nom une compagnie d'artillerie de la 8e dans la 9e division militaire, et de là dans la 7e.

(2) En présence d'un témoin digne de foi qui ne m'a pas permis de le nommer.

à une séance de ce genre, pendant laquelle la sorcière (qui ignorait son grade) lui dit mot-à-mot : *Vous passerez les mers ; vous serez victorieux ; vous reviendrez et vous serez plus grand que jamais* (1).

Le 5 janvier 1794, ou 16 nivose an 2, lettre adressée, du Port-la-Montagne (Toulon), par les représentants Barras et Fréron qui se plaignent, au Comité de Salut public, de n'avoir pas été cités, comme Robespierre jeune

5 janvier
1794.

---

(1) On assure que la même bohémienne, donnant le soir une représentation en plein vent à la Tourette, distingua dans le cercle qui s'était formé autour d'elle les sœurs de Napoléon, Pauline et Élisa, accompagnées d'un riche républicain marseillais qui avait accueilli la famille Bonaparte.

« *Vous serez reine un jour, ma belle enfant,* » dit la devineresse à Pauline, à qui le républicain se disposait à offrir sa main et son cœur.

Plus tard, celle-ci, qui dut se marier avec le fameux Fréron, épousa le général Leclerc, convola avec le prince Borghèse, et vint passer quelque temps au château de Saint-Joseph, à une lieue de Marseille.

C'est là que l'ancien républicain marseillais alla la voir et lui dit :

« Votre altesse impériale se rappelle-t-elle la bohé-
» mienne de la Tourette ? »

— « Parfaitement ; mais elle n'a pas dit tout-à-fait
» vrai, car je ne suis que princesse. »

et Salicetti, dans son rapport à la Convention nationale (1).

7 janvier 1794. Le 7 janvier 1794, ou 18 nivose an 2, nomination par le gouvernement du chef de bataillon Bonaparte au grade de général de brigade d'artillerie.

Il est en même temps chargé du commandement en chef de l'artillerie de l'armée d'Italie et de l'armement des côtes de la Méditerranée, depuis l'embouchure du Rhône jusqu'à celle du Var (2).

10 janvier 1794. Le 10 janvier 1794, ou 21 nivose an 2, le général Bonaparte écrit de Marseille au capitaine Perrier, qui y commandait l'artillerie, relativement au matériel à renvoyer à Mont-

---

(1) Le Comité de Salut public tint compte sans doute, dans son rapport, de la lenteur qu'avaient apportée Barras et Fréron à paraître devant Toulon.

Ils furent plus expéditifs dans les exécutions qui suivirent leur entrée dans cette ville à une époque où, quoi qu'on en ait dit, Bonaparte ne s'y trouvait plus.

D'ailleurs, il n'y eut pas à Toulon des *mitraillades*, mais des fusillades.

(2) Ce qui, ce me semble, était un double emploi, puisque déjà, depuis long-temps, la 8ᵉ division militaire faisait partie de l'armée d'Italie.

Lyon (Mont-Dauphin) d'où on en avait tiré pour le siège de Toulon.

Vers la fin de janvier 1794, ou commencement de pluviose an 2, le général Bonaparte fit de Marseille, sur les côtes et au château d'If (1), plusieurs courses pour déterminer la position et l'armement des diverses batteries à établir. Fin janvier 1794.

Le travail auquel il se livra ne laissa rien à désirer, sous le rapport de la défense dont il calcula savamment les moyens, en raison de la position des batteries et de la nature de leur destination.

Napoléon reconnut neuf bons mouillages pour les vaisseaux de haut bord ;

1º Le port du Rhône qu'il qualifia de chantier-construction de la Méditerranée, comme il désigna Toulon et la Spezzia ports d'armement; 2º l'Estisset au fond de la baie de Marseille ; 3º Toulon; 4º l'île de Portecros, l'une des îles d'Hières; 5º Fréjus; 6º le golfe Juan; 7º Villefranche ; 8º Gênes ; 9º et la Spezzia.

Dans cette opération importante, le général Bonaparte pouvait tailler *en plein drap*, puis-

---

(1) Avec sa famille et M. Chantron, aujourd'hui colonel d'artillerie retiré à Avignon.

que la côte et les places des Alpes avaient été presque entièrement dégarnies pour les siéges de Lyon et de Toulon.

24 janvier 1794. Le 24 janvier 1794, ou 5 pluviose an 2, Bonaparte écrit au capitaine des Prés que sa compagnie doit faire partie de l'armée des Alpes (1).

16 février 1794. Le 16 février 1794, ou 28 pluviose an 2, lettre par laquelle le représentant du peuple Maignet aurait dénoncé, de Marseille, au Comité de Salut public le général Bonaparte.

25 février 1794. Le 25 février 194, ou 7 ventose an 2, séance de la Convention nationale, dans laquelle le représentant Granet dénonce le général La Poype et son chef d'artillerie, comme ayant proposé à son collègue Maignet de faire réparer les bastilles que d'après l'ordre de Louis XIV on avait autrefois élevées autour de Marseille (2) ; il demande qu'ils soient cités à la

---

(1) Pièces justificatives, n° LIX, lettre c.
(2) Et que le général Bonaparte avait proposé à Maignet, qui n'y consentit pas, de mettre à l'abri d'un coup de main contre la populace de Marseille, alors très-agitée, pour ne pas compromettre la sûreté des poudres de guerre et des armes qui étaient renfermées dans les forts Saint-Nicolas et Saint-Jean, démolis en partie par le peuple au commencement de la révolution de 1789.

barre pour rendre compte de leur conduite.
(Décreté.)

Le 4 mars 1794, ou 14 ventose an 2, autre 4 mars 1794. lettre écrite de Marseille, dans le même objet, par le représentant Maignet au Comité de Salut public (1).

« Séance de la Convention nationale du 15
» mars 1794, ou 25 ventose an 2, où Barrère,
» au nom du Comité de Salut public, fait lec-
» ture des lettres écrites, de Marseille, par le
» représentant du peuple Maignet à ce Comité,
» les 16 février 1794 ou 28 pluviose an 2, et
» 4 mars 1794 ou 14 ventose an 2; elles dé-
» mentent le fait imputé à La Poype, et l'at-
» tribuent au général d'artillerie Bonaparte en
» ce qu'il avait demandé à Maignet, qui n'y
» consentit pas, de relever les murs du fort
» Saint-Nicolas, à Marseille.

» La Poype justifié est admis aux honneurs
» de la séance (2). »

---

(1) Analysée dans la séance du 15 mars 1794 (25 ventose an 2).

(2) La séance dans laquelle on appelle à la barre le général La Poype et du 25 février; celle où il est admis est du 15 mars suivant : il a donc dû partir de

On a dit que le chef de brigade Sugny, commandant l'artillerie à Marseille, fut aussi mandé à Paris; on débuta par l'accabler de reproches; ensuite on lui permit de se justifier, ce qui lui fut facile, car il prouva que non-seulement il n'était pas l'auteur du projet mais qu'en outre il n'en avait eu aucune connaissance.

Le voilà donc hors de cause; c'est aussi pourquoi le général Bonaparte fut mandé plus tard à la barre de la Convention : mais il était déjà à l'armée, et il employa l'assistance des représentants qui, mieux placés pour juger de l'affaire, la présentèrent sous son vrai jour. Selon toute apparence, le bon droit de Napoléon n'aurait pas suffi si les circonstances n'eussent augmenté de gravité, et si on n'eût reconnu que sa présence était indispensable à l'armée; néanmoins on n'obtint pas une libération complète; le mandat d'amener fut suspendu, sauf à le faire valoir plus tard.

Marseille pour la capitale vers le 6 mars, époque à laquelle, comme on va le voir, le général Bonaparte était déjà en route pour le quartier-général de l'armée d'Italie.

Sans cette circonstance, Bonaparte aurait suivi La Poype à Paris; et qui sait ce qui serait advenu !

Avant le 6 mars 1794, ou 16 ventose an 2 (1), le géneral Bonaparte et son aide-de-camp Junot ont dû partir de Marseille pour Nice, en visitant Toulon et les côtes de la Méditerranée (ainsi que cela a été reconnu par tous les historiens).

Sans la condition de cette date de départ, Napoléon n'aurait pas pu, comme on le verra dans le chapitre suivant, être déjà à Nice le 11 mars 1794, ou 21 ventose an 2, après une tournée qui a dû le retarder.

---

(1) Cette date a été intervertie par exception et avec le dessein de prouver encore qu'elle a été probablement d'une grande influence dans les destinées de Napoléon.

CHAPITRE XVII.

Napoléon arrive à Nice; il prend le commandement en chef de l'artillerie de l'armée d'Italie, et concourt avec elle à de beaux faits d'armes, dont plusieurs sont attribués aux talents du général Bonaparte.

(DU 11 MARS 1794 OU 21 VENTOSE AN 2 AU MOINS, AU 9 JUILLET 1794 OU 21 MESSIDOR AN 2.)

Le 11 mars 1794, ou 21 ventose an 2 (1), le général de brigade Bonaparte était déjà

11 mars 1794.

---

(1) Napoléon a dû arriver au quartier-général entre le 25 février 1794 (7 ventose an 2) et le 15 mars 1794 (25 ventose an 2), parce que 1° s'il eût été encore à Marseille lors du départ pour Paris du général La Poype, mandé à la barre par le décret de la Convention nationale en date du 25 février, et admis à la séance du 15 mars suivant, il aurait dû se conformer comme lui aux ordres qui leur avaient

arrivé à Nice (1) puisque, sous cette date, il adressa une lettre de service au capitaine Perrier, commandant l'artillerie à Marseille.

L'armée d'Italie était alors commandée par le général en chef Dumerbion, vieillard respectable qui avait remplacé Brunet (2).

Les hostilités n'étaient pas reprises et l'armée s'en trouvait bien, à cause de l'impotence de son chef, goutteux, morose, rempli d'un zèle inutile et dont le cœur valait mieux que le corps.

20 mars 1794.

Le 20 mars 1794, ou 30 ventose an 2, ordre

été donnés de venir rendre compte de leur conduite; 2° tous les historiens ne se seraient pas accordés à assurer que les représentants du peuple près l'armée d'Italie écrivirent au gouvernement que les ennemis faisant des démonstrations, il était urgent de ne pas laisser éloigner le général Bonaparte, dont la présence était indispensable.

Pour ne pas scinder l'historique des bastilles marseillaises, j'ai cru devoir intervertir l'ordre chronologique en plaçant un peu plus bas l'article sous la date du 15 du même mois, qui aurait dû précéder celui du 25, appartenant au chapitre précédent.

(1) Où depuis deux ans se trouvait le quartier-général.

(2) Pièces justificatives, n° LX.

du jour daté de Nice et émané du général Bonaparte (1).

Le 27 mars 1794, ou 7 germinal an 2, Napoléon écrit, de Nice, au capitaine Perrier, à Marseille, de rendre au gouvernement la gratification qu'il en avait reçue lorsqu'il passa dans l'artillerie à cheval, et cela pour pouvoir d'après son désir rentrer dans l'artillerie à pied.

27 mars 1794.

Du 27 mars 1794 ou 7 germinal an 2, au 2 avril 1794 ou 13 germinal an 2, le général Bonaparte reconnut toute la force des positions de l'ennemi, et le vice du système d'attaque jusqu'alors dirigé contre lui ; il conçut le plan de tourner la gauche de l'armée austro-sarde, pour rendre l'armée française maîtresse de la chaîne supérieure des Alpes, sans l'engager dans des affaires difficiles. Ce plan devait avoir pour résultat de placer la défensive, du côté de Nice, dans sa position naturelle, sur la crête supérieure des Alpes, de porter la droite de l'armée dans un pays où les montagnes étaient beaucoup moins élevées, de couvrir une portion de la rivière de Gênes et de rétablir les

---

(1) Pièces justificatives, n° LXI.

communications entre cette ville, l'armée d'Italie et Marseille. Tout ce plan reposait sur ce principe de la guerre de montagnes, forcer l'ennemi à sortir de ses positions pour attaquer sous peine d'être tourné. Il fut adopté dans un conseil de guerre, composé des représentants du peuple Ricord et Robespierre jeune, du général en chef Dumerbion et des généraux Masséna, Vial, Rusca et Bonaparte.

2 avril 1794. Le 2 avril 1794, ou 13 germinal an 2, Napoléon écrit, de Nice, au chef de brigade Manceaux (1), directeur d'artillerie à Toulon (2), le billet suivant :

« Nous avons besoin urgent de cartouches ;
» envoie-nous un million de cartouches à Nice,
» sans délai.

« Nous entrons demain (3) en campagne,
» avec 30,000 hommes ; juge des cartouches
» que l'on consumera. »

---

(1) Que quelques documents citent comme étant déjà général de brigade.

(2) Dans les lettres du général Bonaparte au chef de brigade Manceaux, je substituerai le mot *Toulon* à celui de *Port-la-Montagne*, que portait alors cette ville.

(3) Comme on va le voir, le mouvement fut retardé de deux jours.

Le 3 avril 1794, ou 14 germinal an 2, le 3 avril 1794. général Bonaparte expédie de Nice à M. Chantron une commission d'adjudant-major d'artillerie (1), et l'ordre de se rendre à Nice auprès de lui.

Le 6 avril 1794, ou 17 germinal an 2, une 6 avril 1794. division de 14,000 hommes, commandée par le général Masséna, passe la Roya, s'empare du château de Vintimille, marche sur le mont Tanardo et y prend position.

Une autre brigade traverse la Taggia et s'établit au Monte-Grande ; le général Bizannet s'empare du camp de Fougasse.

Le 8 avril 1794, ou 19 germinal an 2, le 8 avril 1794. général Bonaparte, ayant passé à Menton à la tête de trois brigades d'infanterie, culbute une division autrichienne et s'empare du port d'Oneille où les Anglais étaient établis (2).

Le 16 avril 1794, ou 27 germinal an 2, eut 16 avril 1794. lieu le combat de Ponte-di-Nave, où fut battu le reste d'une division autrichienne.

---

(1) Signée la veille, à Nice, par les représentants du peuple Robespierre jeune, Ricord et Salicetti. (Pièces justificatives, n° LXII, lettre a.)

(2) Lettre des représentants du peuple au Comité de Salut public. (Pièces justificatives, n° LXII, lettre b.)

17 avril 1794.
Le 17 avril 1794, ou 28 germinal an 2, au matin, l'armée entra à Ormea approvisionnée de toutes sortes de munitions, et défendue par une garnison de 400 hommes qui capitula (1).

18 avril 1794.
Le 18 avril 1794, ou 29 germinal an 2, l'armée d'Italie, continuant le cours de ses succès, occupa Garessio et Loano (2).

24 avril 1794.
Le 24 avril 1794, ou 5 floréal an 2, le général Masséna emporta les hauteurs de Muriato qu'occupaient les Autrichiens.

25 avril 1794.
Le 25 avril 1794, ou 6 floréal an 2, le général Bonaparte était de retour à Nice, puisque sous cette date il adresse, de cette place, une lettre de service au capitaine Perrier, à Marseille.

Le 25 avril 1794, ou 6 floréal an 2, il écrit une lettre au directeur d'artillerie, à Toulon (3).

29 avril 1794.
Le 29 avril 1794, ou 10 floréal an 2, lettre écrite de Saorgio par les représentants du

---

(1) Lettre des mêmes représentants au même Comité. (Pièces justificatives, n° LXII, lettres e et f.)

(2) Rapport du général en chef Dumerbion. (Pièces justificatives, n° LXII, lettre f.)

(3) Pièces justificatives, n° LXII, lettre g.

peuple Ricord et Robespierre jeune à la Convention nationale (1).

Le 1ᵉʳ mai 1794, 12 floréal an 2, lettre du général Bonaparte au directeur Manceaux (2).

Le 2 mai 1794, 13 floréal an 2, le directeur du parc de siége de l'armée d'Italie au même (3).

Le 2 mai 1794, 13 floréal an 2, le général commandant l'artillerie au citoyen Manceaux :

« Tu feras partir pour Nice 10 pièces de 4
» avec leurs caissons.

» BUONAPARTE. »

Le 8 mai 1794, ou 19 floréal an 2, rapport daté de Nice, du général en chef Dumerbion (4).

Le 8 mai 1794, ou 19 floréal an 2, de Nice, le général d'artillerie de l'armée d'Italie au citoyen Chantron, adjudant-major d'artillerie :

« Dès le moment que la carte sera faite, tu
» te rendras au golfe de Juan ; tu en lèveras
» le plan ; tu marqueras la position des batte-

---

(1) Pièces justificatives, n° LXII, lettre *h*.
(2) Pièces justificatives, n° LXII, lettre *j*.
(3) Pièces justificatives, n° LXII, lettre *k*.
(4) Pièces justificatives, n° LXII, lettre *l*.

» ries existantes et de celles que j'ai ordonnées ;
» tu auras soin de spécifier le mouillage.

» BUONAPARTE. »

11 mai 1794. Le 11 mai 1794, ou 22 floréal an 2, rapport du général en chef Dumerbion annonçant, sans date de lieu, l'occupation du Col-de-Tende par l'armée sous ses ordres (1).

Vers cette époque, Napoléon voulant rapprocher sa famille de lui, l'avait attirée au château *Sallé*, à un quart de lieue d'Antibes; Joseph y était venu passer quelques jours de Saint-Maximin; ils étaient tous réunis. Un jour Napoléon y arriva de Nice (2), plus préoccupé que de coutume, et se promenait entre Joseph et Lucien à qui il annonça qu'il ne dépendait que de lui de partir, dès le lendemain, pour Paris, en position de les y établir tous avantageusement.

« On m'offre, ajouta Napoléon, la place de
« Hanriot (3), je dois donner ma réponse ce

---

(1) Pièces justificatives, n° LXII, lettre *m*.
(2) Distant de huit lieues.
(3) Hanriot fut nommé commandant de la force armée de Paris dans la nuit du 30 au 31 mai 1793. Le 27 juillet 1794 (9 thermidor an 2), Hanriot,

» soir ; eh bien ! qu'en dites-vous ? » Ses frères hésitèrent un moment ; « Eh ! eh ! reprit le

---

d'abord arrêté, ensuite délivré, arrive sur la place du Carrousel, où il rencontre une compagnie de canonniers et quelques gendarmes qui, n'ayant encore reçu aucun ordre, ne savaient à quel parti ils devaient obéir. Hanriot s'élance sur le cheval d'un des gendarmes, fait marcher les canonniers quelques pas en avant, et leur donne l'ordre de pointer leurs canons contre la Convention nationale ; il n'osa point cependant leur ordonner de faire feu, soit qu'il se défiât de leur obéissance, soit qu'il ne se trouvât pas environné de forces suffisantes pour commencer le combat.

Cette hésitation fut la cause de sa perte et de celle de son parti. Au milieu du trouble et de la terreur qui régnaient encore dans Paris et dans le sein de la Convention même, le succès d'un coup d'audace eût été certain, et la victoire eût appartenu au premier attaquant.

La petite troupe dont Hanriot avait pris le commandement fut bientôt effrayée des mouvements en sens divers qui s'opéraient autour d'elle. La Convention, revenue de son premier effroi, avait rallié plusieurs sections à sa cause et réuni ses partisans. Hanriot retourna avec les canonniers à l'Hôtel-de-Ville, où il ne tarda pas à être environné d'une force armée considérable, d'abord indécise, mais qui se déclara contre lui dès qu'elle connut le décret de la Convention qui le mettait hors la loi avec les frères Robespierre et consorts, qui, ainsi que lui, furent guillotinés le lendemain.

» général Bonaparte, cela vaut bien la peine
» d'y penser; il ne s'agirait pas de faire l'en-
» thousiaste; il n'est pas si facile de sauver sa
» tête à Paris qu'à Saint-Maximin. Robespierre
» jeune est honnête, mais son frère ne badine
» pas. Il faudrait le servir, moi! soutenir cet
» homme! non jamais. Je sais combien je lui
» serais utile en remplaçant son imbécille com-
» mandant de Paris, mais c'est ce que je ne
» veux pas être; il n'est pas temps aujourd'hui;
» il n'y a de place honorable pour moi qu'à
» l'armée. Prenez patience, je commanderai
» Paris plus tard. »

Telles furent les paroles de Napoléon, qui exprima ensuite son indignation contre le régime de la terreur, dont il annonça à ses frères la chute prochaine, et finit par répéter plusieurs fois, moitié sombre et moitié souriant : « Qu'irais-je faire dans cette maudite galère? »

Robespierre jeune sollicita vainement Napoléon (1). Peu après il partit de Nice pour

---

(1) Quelques semaines après, le 9 thermidor vint délivrer la France, et justifia la prévoyance du général. Si, à cette journée, Napoléon avait été investi du commandement de Hanriot, de quel côté eût été la victoire?

Paris avec sa sœur Charlotte (1), et rentra

---

(1) « Pendant son second séjour à l'armée d'Italie,
» Robespierre jeune eut l'occasion de se lier assez
» étroitement avec Bonaparte. Durant sa première
» mission, il avait fait, ainsi que moi, sa connais-
» sance, mais il ne l'avait pas cultivée aussi particu-
» lièrement que pendant la seconde. Bonaparte avait
» une très-haute estime pour mes deux frères, et
» surtout pour l'aîné; il admirait ses talents, son
» énergie, la pureté de son patriotisme et de ses in-
» tentions. Alors, Bonaparte était républicain; je dirai
» même qu'il était républicain montagnard, du moins
» il m'a fait cet effet par la manière dont il envisageait
» les choses à l'époque où je me trouvai à Nice. Dans
» la suite, ses victoires lui tournèrent la tête et le
» firent aspirer à dominer ses concitoyens ; mais lors-
» qu'il n'était que général d'artillerie à l'armée d'Ita-
» lie, il était partisan d'une liberté large et d'une
» véritable égalité.

» Une chose qui n'a été rapportée, que je sache,
» par aucun historien, c'est qu'après le 9 thermidor
» (27 juillet 1794), Bonaparte proposa aux représen-
» tants du peuple qui se trouvaient en mission à
» l'armée d'Italie, et qui avaient succédé à mon jeune
» frère et à Ricord, de marcher sur Paris pour châ-
» tier les auteurs du mouvement contre-révolution-
» naire qui avait fait périr mes deux frères. Cette
» proposition hardie, et qui révélait dans celui qui la
» faisait un courage, une portée d'esprit, un patrio-
» tisme extraordinaires, épouvanta les représentants,
» qui se hâtèrent de la repousser.

» L'admiration de Bonaparte pour mon frère aîné,

dans le sein de la Convention nationale (1).

Mai 1794. En mai 1794, correspondant à floréal et prairial an 2, le général Bonaparte aurait été chargé contre la Corse, au pouvoir des Anglais, d'une expédition qui n'eut pas de succès (2).

» son amitié pour mon jeune frère, et peut-être aussi
» l'intérêt que mes malheurs lui inspirèrent *, me
» firent obtenir, sous le consulat, une pension de
» 3,600 fr., réduite d'abord par Louis XVIII à 2,100 fr.,
» et par Charles X à 1,200 fr. ** »

(*Extrait des Mémoires qu'on attribue à Charlotte Robespierre.*)

(1) Dont il fut nommé secrétaire dans la séance de relevée du 5 juillet 1794 (17 messidor an 2).

(2) D'après Mahul et d'autres historiens qui sont probablement dans l'erreur, sinon pour le fait, du moins pour la date; car, d'après ce qu'on vient de lire et les articles suivants, le général Bonaparte était à Nice ou dans les environs pendant les mois de mai et de juin 1794. Il pouvait avoir été désigné pour faire partie d'une expédition maritime; mais aux époques que je viens d'indiquer, il était certainement à l'armée d'Italie.

Je ne connais, pour ce temps, d'autres expéditions navales dans la Méditerranée que le départ de la

* Et peut-être encore le souvenir d'une ancienne intimité qu'on dit avoir existé entre le général de l'armée d'Italie et la sœur du proconsul.
** Dont elle a joui jusqu'à sa mort, qui a eu lieu le 1er août 1834.

Le 27 mai 1794, ou 8 prairial an 2, le général Bonaparte est à Antibes d'où il adresse une lettre de service au capitaine Perrier, à Marseille.

27 mai 1794.

Le 29 mai 1794, ou 10 prairial an 2, ordre topographique donné de Nice par le général

29 mai 1794.

---

flotte de Toulon, en floréal an 2 *, sous les ordres du contre-amiral Martin ** et du représentant Salicetti ***, bientôt bloquée par les Anglais, dans le golfe Juan, jusqu'à la fin de brumaire an 3, époque à laquelle elle rentra à Toulon, d'où elle sortit, comme on le verra en son lieu.

Seulement, on lit dans le *Bulletin des séances de la Convention nationale* du 25 mai 1794 (6 prairial an 2) une lettre par laquelle le général en chef Dumerbion annonce, le 11 mai 1794 (22 floréal an 2), le départ du 3ᵉ bataillon de la 117ᵉ demi-brigade d'infanterie pour Toulon, où il doit s'embarquer pour la Corse; et dans le *Moniteur*, n° 246, du même jour, on voit, sous la rubrique de Toulon, qu'il y arrive plusieurs bataillons de l'armée d'Italie qui doivent s'embarquer pour la Corse.

* Et le 8 ou 27 avril 1794, d'après M. Marc Aurel, qui était imprimeur en chef de l'escadre.

** Qui, le 22 janvier 1794 (3 pluviose an 2), avait été nommé par la Convention nationale commandant des forces navales de la Méditerranée (*Moniteur*, n° 124).

*** Qui, après la journée du 9 thermidor an 2 (27 juillet 1794), fut remplacé par le représentant Jean Bon Saint-André, et fut envoyé près l'armée d'Italie.

Bonaparte à l'adjudant-major Chantron (1), et commission de conducteur d'artillerie au citoyen Serre (2), canonnier au 4me régiment d'artillerie à pied (3).

6 juin 1794. Le 6 juin 1794, ou 18 prairial an 2, le général Bonaparte écrit, d'Antibes, une nouvelle lettre au capitaine Perrier, à Marseille.

10 juin 1794. Le 10 juin 1794, 22 prairial an 2, il écrit au directeur d'artillerie Manceaux, à Toulon (4).

19 juin 1794. Le 19 juin 1794, 1er messidor an 2, le général Bonaparte expédie de Nice une commission de conducteur principal d'artillerie au citoyen Martel (5), conducteur des charrois d'artillerie.

---

(1) Pièces justificatives, n° LXII, lettre n.

(2) De Romans, mort à Paris.

(3) Nouvelle dénomination devenue nécessaire depuis l'enrégimentement de l'artillerie à cheval, d'après le décret du 19 pluviose an 2 (7 février 1794).

(4) Pièces justificatives, n° LXII, lettre o.

(5) Devenu conducteur-général d'artillerie de l'armée d'Égypte, M. Martel a été capitaine-commandant au 4e régiment d'artillerie à pied, et s'est retiré à Romans, son pays, où il est mort.

Le 26 juin 1794, 8 messidor an 2, le général Bonaparte adresse, de Nice, une lettre de service au commissaire Sucy, à Valence.

Le 27 juin 1794, 9 messidor an 2, il donne, de Nice, un avis écrit au citoyen Faultrier, directeur de l'équipage de campagne (1).

Le 1er juillet 1794, 13 messidor an 2, lettre du général Bonaparte au directeur Manceaux (2).

Le 2 juillet 1794, 14 messidor an 2, il adresse, de Nice, une commission de conducteur d'artillerie au citoyen Epailly (3), canonnier au 4me régiment d'artillerie à pied.

Le 7 juillet 1794, 19 messidor an 2, lettre du général Bonaparte au directeur Manceaux (4).

Le 9 juillet 1794, 21 messidor an 2, lettre du même au commissaire Sucy, à Valence.

L'armée d'Italie, d'après l'exécution des plans du général Bonaparte, était maîtresse de toute la chaîne supérieure des Alpes maritimes et communiquait avec le poste d'Argen-

---

(1) Pièces justificatives, n° LXII, lettre *p*.
(2) Pièces justificatives, n° LXII, lettre *q*.
(3) Capitaine-commandant d'artillerie retraité à Avignon.
(4) Pièces justificatives, n° LXII, lettre *r*.

tière, dépendant de la droite de l'armée des Alpes.

4,000 prisonniers, 70 pièces de canon, deux place fortes, Oneille et Saorgio, enfin l'occupation de la chaîne des Alpes jusqu'aux Apennins furent les résultats inespérés de cette belle opération.

Aussi le général en chef Dumerbion disait aux représentants du peuple près l'armée d'Italie : *C'est au talent du général Bonaparte que je dois les savantes combinaisons qui ont assuré notre victoire.*

Nous verrons dans le chapitre suivant comment il fut récompensé.

CHAPITRE XVIII.

Mission; 9 thermidor; suspension; arrestation; secret; justification; élargissement; prétendue destitution; réintégration réelle quoique non avouée.

(DU 13 JUILLET 1794 OU 25 MESSIDOR AN 2, AU 18 SEPTEMBRE 1794 2ᵉ JOUR COMPLÉMENTAIRE AN 2.)

---

13 juillet 1794, 25 messidor an 2, ordre et instructions secrètes donnés, de Laono, par les représentants du peuple près l'armée d'Italie au général Bonaparte (1).

Il paraît (quoique les instructions secrètes n'en fissent pas mention) que la mission du général Bonaparte avait eu un but politique,

13 juillet 1794.

---

(1) Pièces justificatives, n° LXIII, lettres a et b.

celui de décider le gouvernement génois à se lier avec nous, de presser l'envoi de munitions et d'approvisionnements achetés sur les côtes Liguriennes, et retenus par les intrigues anglaises; enfin, de recueillir des renseignements utiles en cas que la Convention se déterminât à permettre une descente en Italie.

<small>27 juillet 1794.</small> Le 27 juillet 1794, 9 thermidor an 2, les représentants Vadier, Tallien, Fréron, Billaud-Varennes, etc., dénoncent à la Convention nationale leurs proscripteurs Robespierre frères et consorts, qui sont traînés à l'échafaud.

La hache thermidorienne va aussi être un moment suspendue sur la tête du général Bonaparte.

<small>28 juillet 1794.</small> Le 28 juillet 1794, 10 thermidor an 2, le général Bonaparte est déjà de retour à Nice, de la mission qui lui avait été confiée, et écrit une lettre de service au capitaine Perrier, à Marseille.

<small>4 août 1794.</small> Le 4 août 1794, 17 thermidor an 2, il écrit, du camp de Sieg, la lettre suivante au citoyen Bertier (1) :

---

(1) Ou Berthier, qui alors devait être chef de brigade d'artillerie.

« Je donne l'ordre à Songis qu'il fasse passer
» deux pièces de 24 à Fréjus ; tu voudras bien
» y faire un tour pour t'assurer que la batterie
» est en état et pour déterminer l'emploi que
» l'on doit faire des pièces de 8.

» BUONAPARTE. »

Le 6 août 1794, 19 thermidor an 2, lettre écrite de Barcelonnette par les représentants Albitte, Salicetti et La Porte au Comité de Salut public, auquel ils déclarent qu'ils vont s'assurer de la personne du général Bonaparte (1) qu'ils enverront à Paris avec ses papiers (2).

Le 6 août 1794, 19 thermidor an 2, arrêté des mêmes représentants qui suspend de ses

6 août 1794.

---

(1) J'ai lu que la liaison de Bonaparte avec Robespierre jeune fut cause qu'après le 9 thermidor (27 juillet 1794), le premier fut arrêté et traduit au fort Carré d'Antibes, mais bientôt après élargi ; et que le général Bonaparte obtint, par l'entremise de Barras, que le représentant Courtois, dans le rapport qu'il présenta à la Convention nationale, dans la séance du 5 janvier 1795 (16 nivose an 3) et les suivantes, supprimât ses lettres aux deux frères Robespierre.

(2) Pièces justificatives, n° LXIII, lettre c.

fonctions le général Bonaparte, ordonne son arrestation et sa tradition au Comité de Salut public, à Paris; enfin, l'apposition des scellés sur ses papiers (1).

7 août 1794. Le 7 août 1794, 20 thermidor an 2, l'ordre d'arrestation, lancé la veille à Barcelonnette, contre le général Bonaparte, alors à Nice, n'avait pas encore reçu son exécution, puisque sous cette date il écrit deux lettres, l'une au directeur d'artillerie Manceaux, ainsi conçue:

« Envoie 200,000 cartouches pour l'appro-
» visionnement de la place d'Antibes.

» BUONAPARTE. »

L'autre au citoyen Tilly, ministre de la république française, à Gênes (2).

---

(1) Pièces justificatives, n° LXIII, lettre *d*.

(2) Pièces justificatives, n° LXIII, lettre *e*.
A la fin de novembre 1793 (au commencement de frimaire an 2), il était déjà chargé d'affaires à Gênes, d'où il transmet des détails sur l'assassinat commis dans ce port par les Anglais de l'équipage de la frégate française *la Modeste*.
Le 13 juillet 1794 (25 messidor an 2), il est désigné comme ministre à Gênes, et fortement sus-

Le 12 août 1794, 25 thermidor an 2, les mêmes représentants (hors La Porte resté à l'armée des Alpes) qui viennent de passer à l'armée d'Italie, écrivent de Nice, au Comité de Salut public, qu'ils ont fait mettre le général Bonaparte en état d'arrestation et qu'on examine ses papiers (1).

Peu après son emprisonnement, le général Bonaparte, qui dans les premiers moments avait été mis au secret, écrivit à son aide-de-camp Junot une lettre en réponse à celle que celui-ci lui avait fait parvenir par un soldat de garde (2).

Plus tard, le secret ayant été levé, et le général Bonaparte ayant pu communiquer avec

12 août 1794.

---

pecté dans l'ordre et l'instruction que le représentant Ricord a donnés au général Bonaparte.

Le 29 novembre 1794 (9 frimaire an 3), il fut arrêté, en arrivant de Vado, à Gênes, d'où on a dû le transférer à Paris.

(1) Pièces justificatives, n° LXIII, lettre *f*.

(2) Pièces justificatives, n° LXIII, lettre *g*.

Junot, dans sa lettre, lui proposait de s'échapper, lui soumettant plusieurs plans qui n'étaient admissibles que par une jeune tête exaltée comme la sienne, et il annonçait à son général l'intention bien déterminée de partager sa détention, dût-elle être éternelle.

son aide-de-camp, lui dicta une lettre pour les représentants Salicetti et Albitte (1).

20 août 1794. Le 20 août 1794, 3 fructidor an 2, arrêté des mêmes représentants qui ordonne la mise en liberté provisoire du général Bonaparte, qui devra rester au quartier-général jusqu'à la décision définitive du Comité de Salut public (2).

24 août 1794. Le 24 août 1794, 7 fructidor an 2, lettre par laquelle les représentants du peuple Albitte et Salicetti informent, de Nice, le Comité de Salut public qu'ils ont remis le général Bonaparte en liberté, *sans cependant l'avoir réintégré* (3).

A sa sortie de prison, le général Bonaparte avait encore pour aide-de-camp Junot et Louis Bonaparte, et pour adjoint le capitaine Marmont (4).

---

(1) Pièces justificatives, n° LXIII, lettre *h*.
(2) Pièces justificatives, n° LXIII, lettre *i*.
(3) Pièces justificatives, n° LXIII, lettre *j*.
(4) Ce dernier, par attachement ou par instinct, avait éludé l'ordre de départ pour Bayonne où était sa compagnie du 1er régiment d'artillerie à pied, qui, après l'arrestation du général Bonaparte, lui avait été intimé par le général Dujard; le capitaine Muiron

On dit qu'alors le général Bonaparte aurait eu une altercation avec le représentant Albitte qu'il traita avec tant de hauteur que celui-ci lui aurait demandé s'il le connaissait : « Si je » ne vous connaissais pas, je vous estimerais, » et vous voyez que je vous méprise. »

Le 15 septembre 1794, 29 fructidor an 2, le général de brigade Bonaparte aurait été destitué par le Comité de Salut public (1). *15 septemb. 1794.*

« Liberté, égalité.

» Ampliation d'un arrêté du Comité de Salut » public, en date du 29 fructidor an 2 (15 » septembre 1794) de la République Fran- » çaise, une et indivisible.

---

avait rejoint à Antibes sa compagnie du 4ᵉ régiment d'artillerie à pied, et le capitaine Charbonnel était parti pour Schélestadt, où était stationnée la compagnie du 2ᵉ régiment d'artillerie à pied dans laquelle il comptait.

(1) Ou plutôt par M. de Bourienne, que nous ne suivrons pas dans son raisonnement inapplicable à l'an 2, nous réservant de le reproduire en l'an 3. Voir aux pièces justificatives, sous le n° LXV, l'état des membres du Comité de Salut public, dans lequel on ne trouve aucun de ceux qui, alors, auraient signé le prétendu arrêté de destitution.

» Le Comité de Salut public arrête que le
» général Bonaparte sera rayé de la liste des
» officiers-généraux employés, attendu son
» refus de se rendre au poste qui lui a été assi-
» gné.

» La neuvième commission est chargée de
» l'exécution du présent arrêté.

» Signés à la minute, LE TOURNEUR, de la
» Manche; MERLIN, de Douai; T. BERLIER;
» BOISSY (1); CAMBACERÈS, président.

» Pour copie : L. A. PILLE. »

18 septembre 1794. Le 18 septembre 1794, 2me jour complémentaire an 2, le directeur du parc d'artillerie de l'armée d'Italie écrivit au directeur d'artillerie à Toulon, la lettre suivante :

« En conséquence des ordres du général
» Bonaparte, tu remettras au conducteur d'ar-
» tillerie, conduisant trois attelages à Toulon,
» les trois wurth (2) qui sont venus en poste
» de Paris, et qui sont destinés à l'armée d'I-
» talie. »

---

(1) Boissy-d'Anglas, dont le fils est intendant militaire.

(2) Caissons imités des Prussiens, qui les appellent ainsi parce qu'ils ressemblent à des boudins.

Le général Bonaparte n'était donc pas destitué, ou plutôt, et malgré qu'en aient dit les représentants du peuple, il était rentré dans ses attributions (1) qu'il conserva pendant la campagne suivante.

---

(1) Pendant la captivité du général Bonaparte, l'armée d'Italie était dans la torpeur, et le général Dujard ne s'est permis de prendre aucune disposition.

CHAPITRE XIX.

Nouveaux succès de l'armée d'Italie auxquels s'associe son général d'artillerie; Bonaparte et madame T.....; il quitte l'armée.

(DU 19 SEPTEMBRE 1794 3ᵉ JOUR COMPLÉMENTAIRE AN 2, AU 4 JANVIER 1795 OU 15 NIVOSE AN 3.)

L'armée piémontaise campée dans les plaines et sur les mamelons du pied des Alpes était dans la plus grande abondance : elle se remettait de ses fatigues et réparait ses pertes ; elle se renforçait tous les jours par l'arrivée de nouveaux bataillons autrichiens, tandis que les armées françaises, campées sur les crêtes de la chaîne supérieure des Alpes, décrivait ainsi une demi-circonférence de soixante lieues de développement, depuis le Mont-Blanc jusqu'aux sources du Tanaro, périssaient de misère et de maladies. Les communications étaient difficiles, les vivres rares et fort coûteux; les chevaux étaient aussi exténués. L'air, les eaux crues de ces régions élevées occasionnaient dans les hôpitaux une mortalité qui, tous les trois mois, aurait pu suffire à la consommation d'une grande bataille. Cette défensive était plus onéreuse pour les finances et plus désastreuse pour les hommes qu'une campagne offensive.

Outre ces désavantages, la défensive des Alpes en a d'autres qui tiennent à la nature de la topographie du pays; les divers corps campés sur ces sommités ne peuvent se secourir; ils sont isolés; pour aller de la droite à la gauche il faut 20 jours, tandis que l'armée qui défend le Piémont est dans de belles plaines, occupe le diamètre de la demi-circonférence française et peut en un très-petit nombre de jours se réunir en force sur le point qu'elle veut attaquer.

Le Comité de Salut public désirait qu'on prît l'offensive. Napoléon eut à ce sujet des conférences avec des officiers de l'armée des Alpes, à Colmars; mais on ne tomba pas d'accord parce qu'il fallait, préalablement, que les deux armées fussent soumises à un seul général en chef.

Dès le 12 septembre 1794 ou 26 fructidor an 2, une partie du corps auxiliaire autrichien du général Wallis s'étant réunie sur les rives de la Bormida forma des magasins à Dégo.

12 septemb. 1794.

Une division anglaise devait débarquer à Vado et les deux armées réunies occuper Savonne et forcer la république de Gênes, privée alors de toute communication par terre et par mer, de se déclarer contre la France.

La rade de Vado avait remplacé celle d'Oneille (1); elle était le refuge des croisières anglaises et des corsaires; par-là ils interceptaient le commerce de Gênes à Marseille.

Il était de la plus grande importance que les forces austro-sardes et anglaises, une fois réunies, ne suivissent pas l'exemple que leur avaient donné les armées de la république (2) et ne violassent pas le territoire génois.

Le général Bonaparte fit part de ses craintes au général Dumerbion qui lui répondit : *Mon enfant, présentez-moi un plan de campagne,*

---

(1) Dont l'armée française s'était déjà emparée.
(2) Au mois d'avril de la même année.

» *tel que vous savez les faire, et je l'exécuterai de mon mieux.* »

Le général Bonaparte proposa en conséquence de s'emparer des positions de Saint-Jacques, de Montenotte et de Vado, et d'appuyer ainsi la droite de l'armée aux portes de Gênes.

19 septembre 1794. Le 19 septembre 1794, troisième jour complémentaire an 2 (1), le général en chef Dumerbion, à la tête de 18,000 hommes et de 20 pièces de montagne (2), accompagné de

---

(1) Pièces justificatives, n° LXIV, lettres *a*, *b* et *c*, qui renferment tous les documents officiels sur la fin de la campagne de 1794.

(2) L'équipage d'artillerie de montagne avait été perfectionné; le chef de bataillon Faultrier *, sous-directeur du parc, ancien officier d'ouvriers, en avait soigné les détails. Les pièces de 3 piémontaises trouvées dans l'arsenal de Nice et dans les places d'Orméa et de Saorgio, ou dans les camps abandonnés par l'ennemi, étaient assez légères pour pouvoir être portées à dos de mulet; mais ce calibre ne pouvait pas suffire à tous les besoins. Il avait été construit en 1768, pour la guerre de Corse, des affûts-traîneaux et des leviers porte-corps qui avaient servi au transport des pièces de 4 à la suite des colonnes : ce moyen fut adopté pour les canons de 8 et de 12 et les obusiers de 6 pouces. On imagina aussi une forge de montagne, portative à dos de mulet.

* Qui a été directeur-général des parcs des armées d'Italie et d'Égypte, et qui est mort général de division d'artillerie.

son général d'artillerie, se mit en mouvement pour attaquer l'armée ennemie; le général Colloredo occupait Carcare et une partie de la vallée de la Bormida; le général Mercy-Argenteau était à Mondovi; une troisième division Wallis, placée en réserve vers Dego, devait appuyer les deux premières.

Le général Dumerbion inquiéta seulement la division Argenteau pour agir plus fortement sur celle de Colloredo ; la position de Saint-Jacques fut d'abord emportée, et bientôt après les Autrichiens évacuèrent Bormida, Malère, Pallère, Altare et Carcare.

Le 20 septembre 1794, quatrième jour complémentaire an 2, l'armée française force le château de Cossaria, au-dessus de Millesimo, où l'ennemi s'était retiré dans la nuit du 20 au 21 septembre 1794 (du quatrième au cinquième jour complémentaire an 2) les Autrichiens, poursuivis avec chaleur, continuèrent leur retraite sur Dego pour se réunir à leur réserve.

20 septemb. 1794.

Le 21 septembre 1704, cinquième jour complémentaire an 2, le général Dumerbion atteignit à Caire l'ennemi qui se disposait à continuer son mouvement rétrograde et qui fut culbuté sur tous les points.

21 septemb. 1794.

Le général Wallis, harcelé par le général Cervoni, qui commandait l'avant-garde, prit position à Acqui, où le général en chef français ne jugea pas à propos de le suivre pour ne pas attirer sur lui toutes les forces autrichiennes et sardes; il se contenta de cette reconnaissance, se replia par Montenotte, sur Savonne, et conservant un poste dans cette vallée, il prit position sur les hauteurs de Vado qui furent liées par de forts ouvrages et des postes de communication avec les hauteurs du Tanaro.

Alors se rétablirent les relations commerciales entre Gênes et Marseille ; les batteries que l'on construisit sur toute la côte protégèrent le cabotage et interceptèrent tout rapport entre les Autrichiens et les Anglais; enfin, l'armée française, maîtresse de la rivière du Ponant, maintenait la république de Gênes dans sa neutralité, défendait à l'ennemi l'entrée dans cette capitale dont notre proximité entretenait les bonnes dispositions des nombreux partisans de la république française ; tels furent les avantages que nous retirâmes du second plan d'opérations que le général Bonaparte avait conçu.

Il voulait que l'on profitât des succès qu'on

venait d'obtenir pour enlever le camp retranché de Céva, centre de résistance des Piémontais; il demandait qu'on se précipitât sur le Piémont, et il forma en conséquence un plan d'invasion qui fut envoyé au Comité de la guerre; mais la fortune en réservait l'exécution à celui-là seul qui l'avait conçu et exécuté.

Ainsi, le combat de Cairo fut la dernière des opérations de l'armée d'Italie dans cette campagne.

Il y avait aussi à l'armée d'Italie un représentant assez insignifiant; sa femme extrêmement jolie, fort aimable, partageait et parfois dirigeait sa mission; elle était de Versailles; le ménage faisait le plus grand cas du général d'artillerie; il s'en était tout-à-fait engoué et le traitait au mieux sous tous les rapports, « ce » qui était un avantage immense, observait » Napoléon; car, dans ce temps de l'absence » des lois ou de leur improvisation, disait-il, » un représentant du peuple était une véri- » table puissance. »

Le général Bonaparte, heureux et fier de son petit succès, cherchait à le reconnaître par toutes les attentions en son pouvoir.

Se promenant un jour avec Mme de T....,

au milieu des positions de l'armée, dans les environs du Col-de-Tende (1), à titre de reconnaissance comme commandant de l'artillerie, il lui vint subitement dans l'idée de lui donner le spectacle d'une petite guerre (2), et il ordonna une attaque d'avant-poste. Les Français furent vainqueurs, il est vrai, mais évidemment il ne pouvait y avoir de résultat; l'attaque était une pure fantaisie, et cependant quelques hommes y restèrent (3).

(1) Et non le 15 messidor an 2 (13 juillet 1794), date qu'on assigne au combat de Loano, où ne pouvait pas être Mme T....., dont le mari, conventionnel, qui a été nommé secrétaire de cette assemblée le 1er messidor an 2 (19 juin 1794 au soir)*, ne fut délégué près l'armée d'Italie que le 4 fructidor an 2 (21 août 1794)**, siégeait encore le 11 fructidor (28 août), et n'a fait connaître ses premières traces dans cette nouvelle mission que par la lettre qu'il a écrite de Cairo, au Comité de Salut public, le 23 septembre 1795 (2 vendémiaire an 3). (Pièces justificatives, n° LXIV, lettre c.)

(2) En convenant de la vérité de l'anecdote, Mme T...... a dit que le général Bonaparte ne fit point attaquer à cause d'elle, mais qu'il lui avait promis de la faire avertir à la première occasion.

(3) Plus tard, l'empereur Napoléon s'est reproché

* *Moniteur* (n° 273) du 21 juin 1794 (3 messidor an 2).
** *Bulletin des lois.*

Le 9 octobre 1794, 18 vendémiaire an 3.

« Le général d'artillerie de l'armée d'Italie
» au citoyen Manceaux, directeur d'artillerie
» à Toulon :

» Nous venons d'occuper le fort de Vado
» près de Savonne, qui maîtrise la rade de

---

cet acte, qu'il a qualifié lui-même d'abus d'autorité.

Il revit un jour la belle représentante de Nice, d'ancienne et douce connaissance : elle était bien changée, à peine reconnaissable, veuve, et tombée dans une extrême misère. L'empereur se plut à lui accorder tout ce qu'elle demanda ; il réalisa même, et au-delà, tous les rêves de cette malheureuse.

Bien qu'elle vécût à Versailles, elle avait été nombre d'années avant de pénétrer jusqu'à Napoléon. Lettres, pétitions, sollicitations de tous genres, rien n'avait réussi : tant il est difficile d'arriver au souverain, même quand il ne s'y refuse pas. Encore, était-ce lui qui, un jour de chasse, à Versailles, était venu à la mentionner par hasard ; et Berthier, de cette même ville, ami d'enfance de cette dame, qui, jusque là, n'avait jamais daigné parler d'elle, encore moins de ses sollicitations, fut, le lendemain, son introducteur auprès du souverain, qui lui dit entre autres choses : « Mais comment ne vous êtes-vous pas servie de nos
» connaissances communes de l'armée d'Italie pour
» arriver jusqu'à moi ? Il en est plusieurs qui sont des
» personnages, et en perpétuel rapport avec moi. » —
« Hélas ! sire, » répondit-elle, « nous ne nous sommes
» plus connus dès qu'ils ont été grands et que je suis
» devenue malheureuse. »

» Vado ; nous sommes obligés d'y placer huit
» pièces de 36 ; je te prie d'en faire la demande
» à la marine ; si elle n'a pas d'affûts, envoie-
» nous toujours les pièces avec 400 boulets de
» 36 ; j'en attends 6,000 au premier jour.

» BUONAPARTE. »

12 octobre 1794.

Le 12 octobre 1794, 21 vendémiaire an 3.

« Le général d'artillerie de l'armée d'Italie
» au citoyen Manceaux, directeur d'artillerie
» à Toulon :

» Je fais partir d'Antibes quatre *porte-corps*
» avec six charrettes pour que tu envoies à An-
» tibes quatre pièces de 24 ou de 18 en fer,
» avec affûts, et cent boulets par pièce, si ce
» sont des boulets de 18 que tu nous envoies.
» Si ce sont des pièces de 24, nous n'avons
» pas besoin de boulets ; il est possible aussi
» que je fasse partir demain huit *porte-corps*
» et seize charrettes pour prendre les huit
» pièces de 36 que je t'ai demandées, leurs
» affûts et cinquante boulets par pièce ; cela
» t'évitera la peine de les faire embarquer.

» BUONAPARTE »

Le 22 octobre 1794, 1ᵉʳ brumaire an 3.

« Le général commandant en chef l'artillerie
» de l'armée d'Italie au citoyen Manceaux, di-
» recteur d'artillerie à Toulon :

» Du moment que l'on envoie, citoyen, les
» dix pièces de 36, que le général Dommartin
» a demandées, mon objet est en partie rem-
» pli ; je te prie de me prévenir du jour que
» ces pièces partiront et d'en hâter le départ le
» plus tôt possible ; 'je m'imagine que l'on y
» envoie aussi dix affûts. Je te prie de m'in-
» former si on ne pourrait pas avoir six pièces
» de 24 en fer ; si cela est possible, je les en-
» verrai prendre par terre.

» Je vais donner ordre que l'on t'envoie
» mille bombes de 12 pouces.

» BUONAPARTE. »

Le 29 octobre 1794, 8 brumaire an 3, le
général Bonaparte écrit de Nice au capitaine
Perrier, à Marseille.

Le 6 novembre 1794, 16 brumaire an 3.

» Le général d'artillerie de l'armée d'Italie
» au citoyen Manceaux, directeur d'artillerie
» à Toulon :

» Si les pièces de 24 sont évasées, je ne crois
» pas qu'elles vaillent la peine d'être trans-
» portées ici.

» BUONAPARTE. »

Le 21 novembre 1794, 1ᵉʳ frimaire an 3.

« Le général d'artillerie de l'armée d'Italie
» au directeur d'artillerie à Toulon :

» Je donnerai les ordres pour qu'on te fasse
» passer 3,500 livres de poudre.

» BUONAPARTE. »

Vers le 21 novembre 1794, ou 1ᵉʳ frimaire
an 3, le général de brigade Bonaparte figurait sur l'*Almanach national* de France parmi
les officiers-généraux employés à l'armée d'I-
talie.

Le 5 décembre 1794, ou 15 frimaire an 3.

« Le général de brigade, commandant l'artil-
» lerie à l'armée d'Italie au citoyen Manceaux,
» chef de brigade, directeur d'artillerie à
» Toulon :

» La Lance (1) te remettra cette lettre ; un

---

(1) M. La Lance, second lieutenant au 4ᵉ régiment d'artillerie du 1ᵉʳ septembre 1792, était alors

» équipage d'artillerie de siége va arriver par
» mer à Toulon; tu auras soin qu'on ne dé-
» barque rien sans mon ordre.

» Un équipage de campagne doit arriver par
» terre ; il est destiné à être embarqué, tu le
» feras parquer hors de la ville, dans l'empla-
» cement que tu jugeras le plus convenable.

» Un équipage de montagne doit partir par
» mer : tu le feras débarquer, au moment *qu'il*
» *sera arrivé*, pour l'assortir.

» Le chef de brigade Sugny, qui est destiné
» à commander l'artillerie dans cette expédi-
» tion, doit se rendre à Toulon.

» BUONAPARTE. »

Cette expédition qu'on armait en effet à Toulon fut destinée d'abord à reprendre la Corse, encore au pouvoir des Anglais; ensuite on voulut la diriger contre la Toscane (1), plus

---

capitaine-adjoint au général Bonaparte. Il devint officier supérieur et général de cette arme au service de la République italienne, revint en France, et mourut dans son pays, à Metz, où il était retiré, comme inspecteur aux revues.

(1) Qui fit la paix avec la France le 9 février 1795 (21 pluviose an 3).

tard contre les États-Romains (1), enfin contremandée, peut-être à cause de l'issue malheureuse du combat qui eut lieu entre notre flotte (2) et celle des Anglais.

On prétend que le général La Harpe (3) a dû commander cette expédition (4).

<small>11 décembre 1794.</small>

Le 11 décembre 1794, 21 frimaire an 3, ordre des représentants du peuple Ritter et

---

(1) Pour venger l'assassinat de l'agent français Basseville, qui périt à Rome le 14 janvier 1793.

(2) Sortie de Toulon le 1ᵉʳ mars 1795 (11 ventose an 3), elle se battit quatorze jours après avec la flotte anglaise, qui s'empara des vaisseaux *le Ça ira* et *le Censeur*, et qui perdit *le Berwick* et *l'Illustrious*, à trois ponts.

(3) Il fut tué l'année suivante, en Italie, par une balle française tirée par méprise sur lui.

(4) Voici tout ce que j'ai pu réunir sur cet armement : Le 25 janvier 1795 (6 pluviose an 3), on annonce de Nice le départ pour Toulon du général La Harpe, avec six bataillons qui doivent s'y embarquer sous ses ordres. Le 1ᵉʳ mars 1795 (11 ventose an 3), on écrit de Toulon que l'armée navale qui a appareillé est forte de quinze vaisseaux, dont un à trois ponts, trois de 80, cinq frégates, une corvette et quelques bricks ; enfin, qu'un convoi de deux mille hommes est prêt à mettre à la voile : le tout sous le commandement du contre-amiral Martin et du représentant du peuple Le Tourneur, de la Manche.

Tureau, délégués près l'armée d'Italie, à l'adjudant-major Chantron (1) et qui lui est parvenu par la filière du général de brigade Bonaparte qui commandait encore en chef l'artillerie de l'armée d'Italie, à Nice, d'où est daté aussi l'ordre des commissaires conventionnels.

Le 22 décembre 1794, ou 2 nivose an 3. 22 décemb. 1794.

« Le commandant d'artillerie de l'armée
» d'Italie au citoyen Manceaux :

» Il y a, aux ateliers de réparation d'armes,
» 26 fusils d'artillerie, 60 mousquettons, 6
» carabines de dragons; je te prie de faire
» mettre ces 132 fusils à la disposition du ci-
» toyen Muiron, chef d'état-major de l'artil-
» lerie de l'expédition maritime. »

Le 1er janvier 1795, ou 12 nivose an 3, 1er janvier 1794. Napoléon ayant passé la nuit sur le Col-de-Tende, découvrit, au soleil levant, et convoita, avec cette puissante ardeur qui a décidé de toute sa vie, ces belles plaines de l'Italie, dont la conquête devint l'objet constant de ces méditations.

---

(1) Dont il a déjà été fait mention.

6 janvier 1795. — Vers le 4 janvier 1795, ou 5 nivose an 3, le général Bonaparte brouillé, dit-on, avec les représentants Ritter et Tureau, et voulant profiter de l'inaction obligée de l'armée d'Italie, alla visiter sa famille à Marseille sous le prétexte de surveiller, à Toulon, pour la partie qui le concernait, les détails de l'expédition maritime.

CHAPITRE XX.

Marseille; Toulon; expédition maritime; Napoléon sauve la famille de Chabrillan, prétendue émigrée; réformé; retourne à Marseille.

(DU 7 JANVIER 1795 OU 18 NIVOSE AN 3, AU 21 AVRIL 1795 OU 2 FLORÉAL AN 3.)

Le 7 janvier 1795, 18 nivose an 3, de Marseille probablement.

7 janvier 1795.

« Le général commandant l'artillerie de l'ar-
» mée d'Italie au citoyen Manceaux, chef de
» brigade, etc. :

» J'ai donné ordre à une compagnie de gre-
» nadiers de Paris, qui est arrivée à Avignon,
» de se rendre à Toulon où elle prendra tes
» ordres; j'ai ordonné à Faisand de te faire
» passer sur-le-champ les cinq milliers de pou-
» dre qui te reviennent. »

Le même jour et probablement encore de Marseille (1), le général d'artillerie Bonaparte écrit la lettre suivante au citoyen Manceaux :

« Tu mettras à la disposition du directeur
» du parc d'artillerie de l'expédition maritime;
» savoir :

Chariot à canons	1	Grils (à rougir les boulets).	2
Triqueballe.	1	Soufflets qui seront rempla-	
Brouettes.	20	cés de Nice	3
Civières	20	Paniers à terre	400
Lunettes de 36	2	Gabions	500
Madriers de 36.	2		

9 janvier 1795.

Le 9 janvier 1795, 20 nivose an 3.

« Le général d'artillerie Bonaparte au citoyen
» Manceaux :

« Tu trouveras ci-joint l'ordre au directeur
» du parc de l'armée d'Italie de t'envoyer, sans
» retard, un charriot à canons, et une autre
» au même directeur de t'envoyer quatre souf-
» flets de forge (2).

---

(1) Où une personne digne de foi l'a vu dictant à son aide-de-camp Junot.

(2) Si, par cet ordre, on ne voit pas clairement que Bonaparte était à Marseille, on ne peut cependant pas en conclure qu'il était à Nice ou à Toulon.

» A mon arrivée à Toulon, qui ne doit pas
» tarder, nous causerons sur les affûts de
» côte..... »

Le 18 janvier 1795, ou 29 nivose an 3.

« Le général Bonaparte commandant l'artil-
» lerie de l'armée d'Italie au citoyen Man-
» ceaux :
» Tu mettras cent fusils d'artillerie à la dis-
» position du chef d'état-major de l'expédition
» maritime.

» BUONAPARTE »

Le 23 janvier 1795, 4 pluviose an 3.

« Le général commandant en chef l'artillerie
» de l'armée d'Italie au citoyen Manceaux :
» Tu mettras à la disposition du conducteur-
» général des charrois d'artillerie cinquante
» mulets de trait pour être incorporés dans les
» brigades destinées à l'expédition maritime ;
» tu trouveras ci-joint un ordre pour qu'on
» t'envoie cent mulets de trait d'Avignon ; tu
» enverras en place dans cette ville les attela-
» lages qui sont à Toulon, exténués de fatigue,
» et qui ont besoin de se remettre.

» BUONAPARTE. »

28 janvier 1795.

Le 28 janvier 1795, 9 pluviose an 3.

« Le général commandant l'artillerie de l'ar-
» mée d'Italie au citoyen Manceaux, etc. :

» Donne ordre au citoyen Ava, capitaine
» d'artillerie de la marine, au citoyen Serrette,
» lieutenant d'artillerie de la marine, de se
» tenir prêts à partir pour l'expédition mari-
» time.

» BUONAPARTE. »

2 février 1795.

Le 2 février 1795, ou 14 pluviose an 3.

« Le général commandant l'artillerie de
» l'armée d'Italie au citoyen Manceaux, etc. :

» Tu voudras bien envoyer à Nice 4,000
» fusils ; tu profiteras de 12 voitures qui sont
» ici (1), devant retourner à Nice. »

Le 7 février 1795, ou 19 pluviose an 3.

« Le général commandant l'artillerie de l'ar-
» mée d'Italie au citoyen Manceaux, etc. :

» J'ai vu hier, avec le plus grand étonne-

---

(1) Expression qui démontre que le général Bonaparte était déjà arrivé à Toulon.

» ment, que le fort Malbousquet (2) est abso-
» lument désarmé, les fortifications détruites,
» les magasins et les épaulements ; je te prie
» de m'instruire par quel ordre tu as ôté l'ar-
» tillerie qui défendait ce fort, et que tu as
» permis que l'on dégradât les établissements
» d'artillerie qui y étaient. »

Peu après, un conseil de guerre relatif à l'expédition maritime, fut réuni à Toulon ; Bonaparte y fut convoqué ; il était d'avis que cette
opération compromettait l'armée d'Italie et se
terminerait elle-même par un désastre ; les
troupes de débarquement ne lui paraissaient
pas suffisantes pour tenter un pareil coup de
main ; il était impossible de le faire sans cavalerie. Une fois débarqué dans les États-Romains, ce corps aurait sur les bras trente mille
Napolitains, et peut-être une division autrichienne.

Les Anglais étant maîtres de la mer, il convient d'abord, disait Napoléon, de les chasser
de la Méditerranée, et, en cas de succès, le
convoi pourra sortir sûrement.

---

(2) Fort de Toulon dont j'ai souvent parlé lors du
siége. Cette lettre prouve évidemment que Napoléon
était encore à Toulon.

Cet avis fut partagé par le conseil qui décida que l'escadre sortirait seule.

1er mars 1795.

Le 1er mars 1795, ou 11 ventose an 3, la flotte française appareilla de Toulon (1).

Bientôt les deux escadres ennemies se rencontrèrent et eurent plusieurs engagements.

14 mars 1795.

Enfin, le 14 mars 1795, 24 ventose an 3, elles en vinrent aux prises dans la rivière de Gênes ; elles étaient en nombre égal, mais les Anglais avaient quatre vaisseaux à trois ponts, et nous n'en avions qu'un ; le combat ne fut pas absolument décisif ; on perdit deux vaisseaux de chaque côté, mais l'escadre française rentra à Toulon (2) ; l'expédition maritime fut abandonnée et les troupes renvoyées à l'armée d'Italie (3).

12 mars 1795.

Le 12 mars 1795, ou 22 ventose an 3, le général Bonaparte, resté à Toulon après le retour à Nice des troupes du convoi maritime,

---

(1) Note 2 de la page 350.

(2) D'où elle sortit de nouveau le 29 mars 1795 (9 germinal an 3).

(3) En effet, le 21 mars 1795 (1er germinal an 3), on mande de Gênes : « Le général La Harpe est de retour à l'armée d'Italie. » Le 9 avril 1795 (20 germinal an 3), on annonce de Nice l'arrivée de bataillons qui viennent de Toulon.

y apaisa une insurrection occasionnée par l'arrivée dans ce port d'un corsaire français qui y avait amené une prise espagnole, à bord de laquelle se trouvaient une vingtaine d'émigrés dont quelques-uns appartenaient à la famille de Chabrillan.

On voulait égorger ces prisonniers sans les mettre en jugement, sans savoir si réellement ils étaient émigrés (1).

Le général de brigade Bizannet (2) qui com-

---

(1) D'après la lettre des représentants, en date du 17 mars 1795 (27 ventose an 3), ces émigrés auraient été capturés par la frégate française *la Minerve*.

En effet, dans le *Moniteur* (n° 118) du 17 janvier 1795 (28 nivose an 3), on annonçait de Toulon le retour dans ce port de la division navale du contre-amiral Perrée, qui, entre autres prises, y avait amené un bâtiment chargé d'émigrés, parmi lesquels se trouvait la famille Chabrillan.

(2) « Que de belles actions, » disait l'empereur dans son exil, « ont été se perdre dans la confusion de nos
» désastres, ou même dans la multiplicité de celles
» que nous avons produites ! Celle de Berg-op-Zoom
» est du nombre. La garnison naturelle de cette place
» était peut-être de 8 à 10,000 hommes, et pourtant
» elle ne comptait alors pas plus de 2,700 combat-
» tants. Un général anglais, à la faveur de la nuit,
» et d'intelligence avec les habitants, s'y introduit avec
» 4,800 hommes d'élite. Ils sont dans la place; la po-

mandait à Toulon protégeait contre la populace exaspérée ces victimes commises à sa garde, il allait échouer, le sang allait ruisseler; il s'adresse au général Bonaparte, lui fait ses doléances, lui demande des conseils et tous deux courent chez les représentants du peuple Mariette Ritter et Chambon, desquels ils obtiennent un arrêté qui fut rédigé et écrit par Bonaparte ; par cet acte ils ordonnaient la translation de ces prisonniers devant le tribunal criminel du département du Var, à Grasse, pour y être jugés comme accusés d'émigration.

Les assassins se promettaient d'assouvir le lendemain leur rage sur leurs infortunés compatriotes lors de leur départ de Toulon ; mais ils furent déçus dans leur coupable espérance,

---

» pulation est pour eux : mais rien ne saurait triom-
» pher de la valeur française ! On se bat en désespérés
» dans les rues, et la presque totalité de la troupe
» anglaise est tuée ou demeure prisonnière. Certes,
» concluait l'empereur, voilà un acte de braves! Le
» général Bizannet est un brave! »

En 1815, Napoléon, passant à Grenoble, conféra le titre de comte de Berg-op-Zoom au général Bizannet, qui y est mort depuis peu d'années auprès de sa famille et de ses compatriotes.

car, dans la nuit, le général Bonaparte fait partir, avec doubles attelages, un nombre suffisant de caissons censés chargés de munitions de guerre pour l'armée d'Italie, mais remplis de ces émigrés, qui furent ainsi arrachés à une mort certaine (1) par le général Bonaparte (2).

Le soir du même jour, les ouvriers de l'arsenal, les équipages des vaisseaux et la populace de la ville, tenant pour la *Montagne* contre les représentants en mission, demandaient hautement leur mort et celle des émigrés. Heureusement le général Bonaparte reconnut, à la tête de ce tumulte, des canonniers qui avaient servi sous lui au siége de Toulon ; il monta sur un chantier, les pérora, reprit sur eux tout son crédit et parvint à sauver aussi les représentants du peuple.

Le 22 mars 1795, ou 2 germinal an 3, Bonaparte, toujours commandant en chef l'artil-

22 mars 1795.

---

(1) De ces malheureux, plusieurs s'évadèrent, et les autres furent acquittés comme n'ayant pas été arrêtés en France, et par conséquent comme n'ayant pas rompu leur ban.

(2) Je tiens du général Bizannet ces détails, qui font le plus grand honneur à l'un et à l'autre.

lerie de l'armée d'Italie, écrivit de Toulon la lettre suivante au citoyen Manceaux, etc.:

« Il y a, dans la demi-lune de la porte d'I-
» talie, des écouvillons et des lanternes sur les
» affûts; je te prie de donner des ordres pour
» qu'on les retire; tu sens l'inutilité de tenir le
» rempart de Toulon et les forts environnants
» armés.

» J'apprends que les troupes ont brûlé des
» chapiteaux, des leviers et autres armements
» qui étaient au rempart; je te prie de le véri-
» fier et de m'en rendre compte.

» BUONAPARTE. »

Dudit jour, lettre du même au même:

« Je donne ordre que l'on te remette dix
» milliers de poudre, de celle destinée à l'ex-
» pédition. »

20 avril 1795.

Le 20 avril 1795, 1er floréal an 3, le général Bonaparte prévient, de Toulon, le directeur d'artillerie Manceaux que le citoyen Faultrier, directeur des parcs d'artillerie de l'armée d'Italie, a reçu l'ordre de lui remettre 25,000 liv. qui étaient destinées à l'expédition maritime.

Le 21 avril 1795, ou 2 floréal an 3, le général Bonaparte, qui avait reçu sa réforme suivant les uns et un congé de Beffroy, représentant du peuple à Marseille, d'après une autre version (1), retourna dans cette ville revoir sa famille avant de partir, avec son aide-de-camp Junot, pour la capitale.

21 avril 1795.

---

(1) Dans tous les cas, c'est le général Bizannet qui lui a remis à Toulon l'autorisation de partir qu'il avait reçue pour lui.

CHAPITRE XXI.

Le général Bonaparte arrive à Marseille, y donne quelques ordres, prend congé de sa famille et part pour la capitale en passant par Avignon, Montélimar, Valence, Lyon et Châtillon-sur-Seine.

(DU 21 AVRIL 1795 OU 2 FLORÉAL AN 3, A UNE ÉPOQUE QUI DOIT ÊTRE ANTÉRIEURE AU 20 MAI 1795 OU 1ᵉʳ PRAIRIAL AN 3.)

Vers le 21 avril 1795, 2 floréal an 3, le général Bonaparte, exerçant encore son commandement, arrive à Marseille, en inspecte l'armement ainsi que celui du littoral, opère quelques échanges de personnel et de matériel d'artillerie entre cette place et Toulon, et revoit sa famille qui y était toujours.

Vers le 22 avril 1795, ou vers le 3 floréal an 3, il part pour Paris dans sa voiture où il admet ses aides-de-camp Junot et Louis.

24 avril 1795.

Vers le 24 avril 1795, ou vers le 5 floréal an 3, un peu avant midi, il arriva à Avignon et dîna avec l'adjudant-général Grillon, qui y commandait, et M. Hypolitte Charles, son adjoint, à l'hôtel du Palais-Royal, où l'on servit la première alose qui eût paru cette année-là dans le pays.

Immédiatement après le repas il continua sa route.

25 avril 1795.

Vers le 25 avril 1795, ou vers le 6 floréal an 3, il arriva à Montélimar (1). Il logea à l'hôtel de la Poste, tenu alors par M. Chabeau (2). Ce maître d'hôtel avait pour les voyageurs les plus minutieuses attentions, prévenait même leurs désirs, ce qui établit entre Napoléon et lui (3) une espèce de liaison. Ils se promenaient quelquefois ensemble.

---

(1) Où il s'était déjà arrêté en juillet 1793, lorsqu'il allait de Valence au Pont-Saint-Esprit.

(2) Père du propriétaire actuel de ce vaste et bel établissement.

(3) Napoléon, empereur déchu, passa à Montélimar en avril 1814, se rendant à l'île d'Elbe. Il y arriva vers cinq heures du soir. Un accident survenu à sa voiture l'arrêta dans cette ville. Il dîna à l'hôtel de la Poste, et en demanda le maître. M. Chabeau fils parut : « C'est votre père que je demande, » lui

Ayant parcouru en divers sens le territoire, de Montélimar il le trouvait, disait-il à M. Chabeau, dans une agréable position; il était enchanté de cette vaste plaine, d'un bon rapport, s'étendant jusqu'au Rhône, complantée de beaux mûriers, traversée par la grande route,

dit-il. Le fils lui ayant appris qu'il avait eu le malheur de le perdre : « Ah! tant pis ! c'était un brave » homme que j'estimais. »

Alors Bonaparte demanda à M. Chabeau combien il fallait d'heures pour se rendre en poste de Montélimar à Avignon, voulant traverser cette ville pendant la nuit, attendu qu'il avait appris à l'Isère que les habitants se disposaient à l'arrêter. « Je connais, » ajouta-t-il, « les têtes ardentes des habitants de ce » pays : ils se porteraient aux dernières extrémi- » tés » *.

M. Chabeau lui répondit qu'il fallait huit heures. Napoléon calcula, réfléchit long-temps sur l'heure à laquelle il partirait, et se décida à se mettre en route à dix heures du soir.

L'empereur calcula mal ou fut trompé, car il n'arriva à Avignon, le lendemain, qu'à sept heures du matin; et s'il y eût passé pendant la nuit, comme il le voulait, il était perdu ; la populace étant restée assemblée à l'attendre, au relais, de dix heures du soir à quatre heures du matin, et ne s'étant séparée que sur le bruit que l'illustre exilé s'était embarqué sur le Rhône.

* Il semblait qu'il prévoyait le sort qui, quinze mois plus tard, était réservé à un de ses anciens maréchaux.

très-animée, de Marseille à Lyon, et par deux rivières, le Roubion et le Jabron; il s'émermerveillait des superbes coteaux complantés en vignes de la plus grande étendue, qui formaient des vallons très-agréables et présentaient des points de vue du plus bel aspect, s'étendant à l'est jusqu'aux hautes montagnes de la forêt de Saou.

Le général Bonaparte avait envie de faire une acquisition près de Montélimar; à cet effet il alla avec son maître d'hôtel, MM. Cavard et Grasson aîné, mandataire de M. Mallet, voir sa campagne de Beau-Seret, alors en vente, située à un quart de lieue de la ville, avec laquelle on communique par un beau chemin plat.

L'exposition, à mi-côte, de cet immeuble longé par le Roubion et traversé par un canal d'irrigation, convint infiniment à l'illustre voyageur.

On fut bientôt d'accord du prix que Napoléon offrait de payer de suite en assignats (1).

---

(1) On ne se rappelle plus ce prix, mais on sait que M. Alexandre-Clément Mallet, alors négociant à Anconne, venait d'acquérir cet immeuble des cohéritiers Barthélemy, le 9 avril 1795 (20 germinal an 3),

Déjà il méditait les changements qu'il se proposait d'effectuer : il voulait faire démolir une partie des bâtiments, ne conservant que ceux nécessaires pour les écuries, et se proposait de faire construire, à côté, un grand pavillon sur le modèle italien, au-devant duquel il aurait son verger et son potager (1).

Le général Bonaparte ayant demandé à M. Grasson les titres de propriété, et ayant appris de lui un fait connu dans le pays et que je dois taire, rompit de suite le marché, ne voulut pas rester un moment de plus, et se retira avec tant de précipitation que ses compagnons avaient peine à le suivre; ils entendirent ses justes lamentations qu'il termina en disant : « O révolution ! combien tu as enfanté de cri- » mes ! »

---

devant M⁰ Blanc, pour la somme de 100,000 livres en assignats, qui, à cette époque, ne valaient plus que 14,000 livres en numéraire, c'est-à-dire 14 pour 100, et qui, dans la 1ʳᵉ décade de floréal (pendant laquelle cette vente a été débattue), ne valaient déjà plus que 11 livres 10 sous pour 100.

(1) C'est ce qu'a exécuté M. Guinet, ancien garde-magasin à l'armée d'Italie, qui a acquis ce domaine, le 26 octobre 1798 (5 brumaire an 7), pour 19,000 livres, à son retour de Milan, dont le nom a remplacé celui de Beau-Scret.

Napoléon marchanda aussi à Montélimar deux chevaux normands de M. Richon, qui y était négociant (1).

29 avril 1795.   Vers le 29 avril 1795, ou vers le 10 floréal an 3, il partit pour Valence, où commandait le général de brigade Simien.

Pour la première fois il ne logea pas chez Mademoiselle Bou, et alla demander l'hospitalité à Madame de Sucy qui lui apprit que son fils était à Paris (2), et chez laquelle il oublia sa canne (3).

Il revit M. de Montalivet qui arrivait de la capitale (4) et la famille Aurel qui avait perdu son chef.

Napoléon s'informa de Madame de Bressieux qui habitait près de Tullins (5).

---

(1) Aujourd'hui maire de Pierrelatte.
(2) Note 1 de la page 88.
(3) Que Mme de Chièze, fille de Mme de Sucy, a bien voulu me donner.
(4) Notes 1 des pages 88 et 89.
(5) En 1805, l'empereur Napoléon, qui ne l'avait pas vue depuis 1791, allant à Milan se faire couronner roi d'Italie, retrouva avec grand plaisir, à Lyon, Mme de Bressieux, qui pénétra enfin jusqu'à lui avec cette difficulté qui entoure les souverains.

Peu après le retour de l'empereur à Paris, il donna

Il visita l'arsenal et la fonderie de canons qu'il ne connaissait pas (1).

Vers le 2 mai 1795, ou vers le 13 floréal an 3, le général Bonaparte partit de Valence pour Lyon. *2 mai 1795.*

Vers le 3 mai 1795, ou vers le 14 floréal an 3, il arriva dans cette ville. *3 mai 1795.*

Le lendemain matin, de bonne heure, il se présente avec le représentant Ritter (2), maison Tolosan, quai Saint-Clair, où logeaient les Conventionnels Boisset et Borel, des Hautes-Alpes, en mission spéciale pour raviver à Lyon le commerce et les arts.

Il sont d'abord admis chez le commissaire des guerres M. Hatot-Rozières, secrétaire du

---

à M. de Bressieux une des places d'administrateur-général des forêts; il attacha Mme de Bressieux, comme dame d'honneur, à Madame mère; et son frère, qui m'a raconté ces détails à Naples, y obtint une compagnie dans le régiment de La Tour-d'Auvergne.

(1) Et qui y avaient été établis, d'après l'arrêté rendu par les représentants du peuple délégués à Lyon (Commune-Affranchie), le 27 septembre 1793 (6 vendémiaire an 2), époque depuis laquelle Napoléon n'avait pas vu son ancienne garnison.

(2) Qui, sans doute rappelé par la Convention, n'a pas dû faire route depuis Valence avec Bonaparte, et l'aura probablement rencontré à Lyon.

premier de ces deux représentants, qui les introduit chez eux ; ces deux délégués les invitent, pour le jour même, à un dîner qui est accepté.

Dans la nuit du 4 au 5 mai 1795, ou du 15 au 16 floréal an 3, on égorge à Lyon les prisonniers politiques de la maison de détention de Roanne.

5 mai 1795. Le 5 mai 1795, ou 16 floréal an 3, dans la matinée, le général Bonaparte et le représentant Ritter vinrent faire leurs adieux aux collègues de celui-ci.

Il serait difficile (1) de rendre l'expression qu'avait dans cette entrevue la physionomie du général, où toutes les passions généreuses et comprimées se montraient ensemble et alternativement, lorsqu'il fut question de la scène déplorable et sanglante de la nuit précédente.

Le même jour Napoléon, consterné des événements qui venaient d'avoir lieu dans une ville où il avait eu le projet de passer quelques jours, continue sa route en s'embarquant, dit-

---

(1) M'a écrit M. Hatot-Rozières, qui m'a appris avec une complaisance dont je me plais à lui répéter ici l'expression de ma gratitude, la connexion qui existe entre la catastrophe de Lyon et les dates qui concernent Napoléon.

on, sur la Saône jusqu'à Châlons, et là, en remontant dans sa voiture, il se dirigea sur Châtillon-sur-Seine.

Avant le 20 mai 1795, ou 1ᵉʳ prairial an 3, il était déjà arrivé dans cette ville et n'en était pas encore parti (1).

20 mai 1795.

Il fut reçu par le père de son adjoint, M. Marmont qui, pour prouver qu'il n'était pas aussi avare que son fils le disait en plaisantant, fit entretenir constamment du feu dans toutes les cheminées de son château pendant le séjour qu'y fit le général Bonaparte (2).

---

(1) Puisqu'on s'accorde à assurer que c'est là qu'il apprit les événements de cette journée.

(2) Ce qui déjà devait convenir au grand homme, s'il faut en croire sur cela Mᵐᵉ la duchesse d'Abrantès, qui prétend qu'il se chauffait même au mois de juillet.

CHAPITRE XXII.

Arrivée à Paris; démarches inutiles auprès d'Aubry; Napoléon refuse le commandement d'une brigade d'infanterie dans la Vendée; est employé au Comité de la guerre; mémoires et projets pour l'armée d'Italie; programme d'une mission militaire en Turquie; est destitué par Bourienne.

(DEPUIS UNE ÉPOQUE POSTÉRIEURE AU 20 MAI 1795
OU 1ᵉʳ PRAIRIAL AN 3,
MAIS ANTÉRIEURE AU 27 MAI 1795 OU 8 PRAIRIAL AN 3,
JUSQU'AU 23 SEPTEMBRE 1795 OU 1ᵉʳ VENDÉM. AN 4.)

Après le 20 mai 1795, 1ᵉʳ prairial an 3.(1), et avant le 27 mai 1795, 8 prairial an 3.(2),

Après le 20 mai 1795.

---

(1) Page 373.
(2) Puisque Bonaparte aurait vendu sa voiture, pour 3,000 livres en assignats, au représentant Salicetti, qui, mis en accusation par décret de ce jour, s'est tenu constamment caché, depuis lors, jusqu'à son départ de Paris.

le général Bonaparte, venant de Châtillon-sur-Seine, arriva dans la capitale avec son frère Louis et son aide-de-camp Junot.

Par conséquent, et malgré Madame d'Abrantès, il n'a pas assisté aux journées des 1er et 12 germinal an 3, 21 mars et 1er avril 1795, à Paris, et n'a pu y voir tous les soirs chez Madame Permon le représentant Chiappe (1).

Il logea, suivant les uns, rue des Fossés-Montmartre (2), et, suivant d'autres, rue

---

(1) Qui, le 18 mai 1795 (29 floréal an 3), était déjà arrivé de Nice à Toulon, où il vit le cadavre de son collègue Brunet, qui y perdit la vie dans une révolte *; qui, le 7 juin 1795 (19 prairial an 3), était encore à Toulon **; qui, le 27 juin 1795 (9 messidor an 3), écrit de Nice qu'il a quitté Toulon depuis huit jours ***; qui, enfin, le 27 août 1795 (10 fructidor an 3), était dans le port d'Alassio, en Italie. (*Victoires et conquêtes*, tome 4, page 265.)

(2) Dans un hôtel tenu alors par un sieur Grégoire, qui, en 1814, occupait encore l'hôtel Richelieu, rue Neuve-Saint-Augustin, en face de la rue d'Antin.

* *Moniteur* (n° 252) du 31 mai 1795 (12 prairial an 3), séance du 8.

** *Moniteur* (n° 268) du 16 juin 1795 (28 prairial an 3), suite de la séance du 25.

*** *Moniteur* (n° 289) du 7 juillet 1795 (19 messidor an 3), séance du 16.

du Mail, près la place des Victoires (1).
Il revit à Paris le général Tilly (2), Rey (3)

---

(1) Plus tard, Bonaparte a habité dans la rue Michodière le n° 19, qu'il a indiqué à M. de Rossi le 31 août 1795 (14 fructidor an 3), et a voulu, en société de son oncle Fesch * et du père Patrault **, louer un hôtel, rue des Marais, n° 19, vis-à-vis de celui dont un appartement, au premier étage, était occupé par M. et Mme de Bourienne, à qui Bonaparte aurait dit, relativement à ce projet : « Cette maison, » avec mes amis, vis-à-vis de vous, et un cabriolet, » et je serai le plus heureux des hommes. »

(2) Né en 1760, colonel de dragons au commencement de la révolution de 1789, était devenu général de division.

En 1793, assiégé dans Gertruydenberg, il fut sommé de se rendre, sous peine d'être passé au fil de l'épée avec sa garnison. Il répondit simplement au chef d'état-major du prince Frédéric d'Orange : *M. le comte de Wartensleben se trompe.*

En 1794, destitué comme noble, il était à Paris avec Bonaparte, à qui on prétend qu'il a rendu un service, qu'il reconnut complètement lors de l'affaire de Babeuf, où le général Tilly fut impliqué.

Cet officier-général n'avait, à ma connaissance, aucun rapport avec son homonyme, ministre de France à Gênes.

(3) M. Rey, ou de Rey, ou de Ray, fils d'un cordon-

---

* Sans emploi, après avoir été garde-magasin. Plus tard, il suivit à l'armée d'Italie, comme commissaire des guerres, son neveu, qui en devint général en chef.

** Note 3 de la page 28.

et l'ex-père Patrault, ancien professeur à Brienne.

Il fit connaissance avec Talma et l'orientaliste l'Anglès, et se lia particulièrement avec Ozun.

Le général Bonaparte retrouva à Paris son ancien condisciple Bourienne et sa femme, avec qui il alla au Théâtre-Français, où, après la tragédie, on joua *le Sourd, ou l'Auberge pleine* (1).

Il venait réclamer contre sa réforme et présenter ses réclamations au député Aubry (2),

---

rouge qui avait péri au siége de Lyon. Le fils, qui était aussi dans la ville, avait été sauvé miraculeusement. C'était un jeune homme doux, aimable et dévoué à la cause royale.

(1) Comédie en trois actes et en prose, de Desforges, représentée, pour la première fois, en 1790, sur le théâtre Montansier, au Palais-Royal, à Paris.

(2) Le député Aubry, ainsi que M. Marboz, évêque constitutionnel du département de la Drôme, que Bonaparte avait beaucoup connu à Valence *, étaient signataires de la fameuse protestation des 6 et 19 juin 1793 contre les décrets rendus par la Convention le 31 mai précédent, et firent partie des soixante-treize députés que le parti montagnard fit arrêter. Ils furent réintégrés dans leurs fonctions le 8 décembre 1794 (18 frimaire an 3).

* Au café Bou (Pièces justificatives, n° XXII), au cabinet littéraire de M. Aurel et à la *Société des Amis de la constitution.*

membre du Comité de Salut public (1) en place de Carnot, et qui, chargé de la partie militaire, avait présidé au travail dont le général Bonaparte était victime.

Aubry consentit à le voir une seule fois, et l'arrêtant de suite dans ses doléances, il lui reprocha d'être trop jeune pour commander en chef l'artillerie d'une armée. — « On vieillit » vite sur le champ de bataille, et j'en arrive. »

Cette réponse déplut au proconsul (2) qui, n'ayant entendu le canon qu'au polygone, devint invisible pour le solliciteur.

Aubry fut sourd à la voix de son compagnon de captivité, M. Marboz (3), de Fré-

---

(1) Du 4 avril 1795 (15 germinal an 3) * au 2 août 1795 (15 thermidor an 3) **.

(2) Aubry, capitaine au régiment d'artillerie de Strasbourg, avant la révolution de 1789, n'avait jamais vu le feu qu'au polygone.

(3) M. Marboz m'a souvent raconté que, d'après les justes doléances qui lui avaient été faites par le général Bonaparte, il lui avait proposé de le conduire chez son collègue et ami Aubry, logé rue Saint-Florentin; qu'arrivé avec son protégé dans l'antichambre du membre du Comité de Salut public, il pénétra seul dans l'appartement de celui-ci, qui fut inexo-

* *Moniteur* (n° 198) du 7 avril 1795 (18 germinal an 3).
** *Moniteur* (n° 310) du 7 août 1795 (20 thermidor an 3).

ron (1), de Barras, La Reveillère-Lepeaux (2) homme alors influent, à qui le général Bonaparte fut présenté par M. de Volney (3) et d'autres personnes alors recommandables.

27 mai 1795. Le 27 mai 1795, 8 prairial an 3, le général Bonaparte dîna chez Madame Permon (4), à

---

rable, et accompagna les refus qu'il lui fit constamment de recevoir chez lui et de replacer Bonaparte, de ces paroles : *avancement prématuré; ambition sans frein.*

Le travail d'Aubry, qui éliminait Bonaparte de l'artillerie, y introduisit, comme général de division, inspecteur-général de cette arme, ce même député qui, le 8 août 1797 (21 thermidor an 5), à la tribune du Conseil des Cinq-Cents *, osa répondre à son collègue Talot, qui lui reprochait son injustice envers le général Bonaparte, qu'à son arrivée (d'Aubry) au Comité, il y avait beaucoup trop d'officiers-généraux pour qu'il pût les employer tous.

(1) Qui l'assure dans le volume unique de ses *Mémoires.*

(2) Il rentra à la Convention le 8 mars 1795 (18 ventose an 3). *Moniteur* (n° 171) du 11 mars 1795 (21 ventose an 3).

(3) M. de Volney, qui, ainsi qu'on l'a vu, avait connu Bonaparte en Corse, était professeur à l'école normale depuis le 9 novembre 1794 (19 brumaire an 3).

(4) D'après sa fille, Mme la duchesse d'Abrantès, qui se trompe sur la date du décret de mise en accusation rendu contre Salicetti.

* *Moniteur* (n° 325) du 12 août 1794 (25 thermidor an 5).

qui le représentant Salicetti, décreté d'accusation, vint demander l'hospitalité (1).

Bonaparte qui s'en douta (2) et qui voulait obtenir l'aveu de Madame Permon, lui dit d'une voix altérée : « Salicetti m'a fait bien
» du mal....., il a brisé mon avenir à mon ma-
» tin; il a desséché mes idées de gloire à leur
» tige. Je le répète, il m'a fait bien du mal.....
» Cependant je ne lui en souhaite pas. » M. Permon fils voulut excuser Salicetti. « Tais-toi
» Permon, dit Bonaparte, tais-toi ; cet homme
» a été mon mauvais génie. Dumerbion m'ai-
» mait, il m'aurait employé activement. Ce
» rapport fait à mon retour de Gênes, et que
» la méchanceté a envenimé pour en faire un
» motif d'accusation !.... Non, je puis bien
» pardonner, mais oublier c'est autre chose.
» D'ailleurs, je le répète, je ne lui veux pas
» de mal. »

---

(1) Salicetti, qui était le compatriote de Mme Permon, lui avait rendu, ainsi qu'aux siens, de nombreux services pendant le régime de la Terreur.

(2) Plus tard, Bonaparte en acquit la preuve par son domestique, qui faisait la cour à une nommée Mariette, de Toulouse, femme de chambre de Mme Permon, qui lui confia ce secret, dont la divulgation aurait fortement compromis toute cette famille.

18 juin 1795. Vers le 18 juin 1795, 30 prairial an 3, Mesdames Permon partirent, en poste, de Paris pour Bordeaux, emmenant Salicetti déguisé en domestique.

Arrivée à Berni, premier relais, à trois lieues de la capitale, Madame Permon reçut, du postillon qui venait de l'y conduire, une lettre que Bonaparte avait dictée pour elle à Junot;

« Je n'ai jamais voulu être pris pour dupe; je
» le serais à vos yeux si je ne vous disais que
» je sais, depuis plus de vingt jours, que Sa-
» licetti est caché chez vous. Rappelez-vous
» mes paroles, Madame Permon, le jour même
» du 1er prairial (1), j'en avais presque la cer-
» titude morale. Maintenant je le sais positive-
» ment. Salicetti tu le vois; j'aurais pu te rendre
» le mal que tu m'as fait, et, en agissant ainsi,
» je me serais vengé, tandis que toi tu m'as
» fait du mal sans que je t'eusse offensé. Quel
» est le plus beau rôle en ce moment du mien
» ou du tien ? Oui, j'ai pu me venger et je ne
» l'ai pas fait. Peut-être diras-tu que ta bien-

---

(1) Mme d'Abrantès, à qui j'emprunte cette lettre, est ici en contradiction avec elle-même, puisque l'entretien dont elle a déjà parlé serait du 2 prairial, tandis que je soutiens qu'il n'a pu avoir lieu que le 8.

» faitrice te sert de sauvegarde. Il est vrai que
» cette considération est puissante. Mais seul,
» désarmé et proscrit (1), ta tête eût été sacrée
» pour moi. Va, cherche en paix un asile où
» tu puisses revenir à de meilleurs sentiments
» pour ta patrie. Ma bouche sera fermée sur
» ton nom et ne s'ouvrira jamais. Repens-toi,
» et surtout apprécie mes motifs. Je le mérite,
» car ils sont nobles et généreux.

» Madame Permon mes vœux vous suivent,
» ainsi que votre enfant. Vous êtes deux êtres
» faibles, sans nulle défense. Que la providence

---

(1) Mmes Permon et Salicetti arrivèrent sains et saufs à Bordeaux, où était le mari, et de là à Toulouse et à Cette, où le fugitif s'embarqua sur la *Convention* pour Gênes.

Le décret d'amnistie du 26 octobre 1795 (4 brumaire an 4) permit à Salicetti de rentrer dans le sein de la Convention.

Nommé ensuite commissaire du gouvernement près l'armée d'Italie, que commandait en chef le général Bonaparte, Salicetti s'associa à ses victoires.

A la journée du 9 novembre 1799 (18 brumaire an 8), il montra contre le premier consul une opposition que celui-ci voulut oublier encore, puisqu'il lui confia diverses missions, et que l'empereur Napoléon le nomma enfin ministre de la police générale à Naples, où il est mort (empoisonné, dit-on) le 25 décembre 1809.

» et les prières d'un ami soient avec vous. Soyez
» surtout prudente et ne vous arrêtez jamais
» dans les grandes villes. Adieu ; recevez mes
» amitiés. »

Le général Bonaparte dînait quelquefois chez Madame de Bourienne, et allait souvent avec elle et son mari soit au spectacle, soit aux beaux concerts de Garat.

Mais il mangeait fréquemment chez les frères Provençaux, qui n'avaient pas alors le plus somptueux restaurant de Paris ; il prenait quelquefois ses repas avec d'autres officiers. Triste, rêveur, méditatif, son laconisme était remarquable. Il payait à part son écot, et avait pour habitude de plier dans la carte payante le montant de sa dépense et d'en séparer le peu de monnaie qu'il destinait au garçon; il portait cela lui-même au comptoir et le remettait au maître sans jamais dire une seule parole ; le plus souvent il se retirait seul et avant ses commençaux. Jamais le prix de son dîner n'a dépassé trois francs (1).

---

(1) Aussi, quand le restaurateur apprit que le général en chef de l'armée d'Italie avait souvent mangé chez lui, et qu'on lui désigna Bonaparte, il

C'est dans le même établissement que Bonaparte, plein de respect pour les chefs-d'œuvre du Théâtre-Français, et qui estimait particulièrement ses dignes interprètes, dînait quelquefois avec Talma. La conversation du tragédien, qui parlait si bien de son art, avait beaucoup d'attraits pour lui; il y trouvait une douce distraction aux grandes pensées qui l'occupaient. Son regard spirituel et fin semblait s'animer en l'écoutant; il voyait dans ce comédien une illustration française, et tout ce qui honorait le pays trouvait déjà dans son âme un prompt et vif retentissement (1), aussi paraissait-il alors moins rêveur et moins laconique.

---

dit ingénûment qu'il n'aurait jamais cru que parmi les nombreux officiers qui avaient mangé chez lui, ce fût précisément celui qui ne parlait jamais et dépensait si peu qui pût devenir en si peu de temps un grand général.

(1) Talma ne parlait de ces petits détails qu'avec émotion, et le souvenir le touchait profondément. Tout le monde sait avec quelle bienveillance l'empereur Napoléon l'a toujours traité. Deux fois il a payé, et avec ses propres deniers, les dettes du grand acteur; il regrettait même de ne pouvoir lui donner la croix d'honneur. Depuis lors, on n'a pas été aussi scrupuleux, et le ruban rouge n'a pas toujours été aussi bien placé.

24 juin 1795.

Le 24 juin 1795, 6 messidor an 3, extrait d'une lettre (1) écrite de Paris par Bonaparte à son frère Joseph (2), à Marseille.

. . . .

« Dans quelques événements que la fortune
» te place tu sais bien, mon ami, que tu ne
» peux pas avoir de meilleur ami, à qui tu sois
» plus cher et qui désire bien sincèrement ton
» bonheur.
» La vie est un songe léger, qui se dis-
» sipe.   Si tu pars, et que tu penses que
» ce puisse être pour quelque temps, envoie-
» moi ton portrait.   Nous avons vécu tant
» d'années ensemble   , si étroitement unis
» que nos cœurs se sont confondus....., et tu
» sais, mieux que personne, combien le mien
» est entièrement à toi. Je sens, en traçant ces
» lignes, une émotion dont j'ai eu peu d'exem-
» ples dans ma vie. Je sens bien que nous tar-

---

(1) Dans cette lettre, on a laissé des espaces blancs pour marquer les endroits qui conservent la trace des larmes que Bonaparte laissa tomber sur le papier.

(2) Alors commissaire des guerres adjoint, aussi réformé, et vivant au milieu de la famille opulente à laquelle il s'était allié.

» derons à nous voir, et je ne puis plus conti-
» nuer ma lettre. »

» Adieu, mon ami ! »

« 4 juillet 1795 (16 messidor an 3), Paris.
« Je soussigné, reconnais avoir reçu du
» citoyen Rattier (1) la copie du brevet du ci-
» toyen Paravicini (2).

« BUONAPARTE jeune. » (3)

Le 2 août 1795, 15 thermidor an 3, le représentant Doulcet de Pontécoulant (4) rem-

---

(1) Gendre et successeur de M. Labitte, à qui Napoléon avait déjà écrit pour le même objet le 23 septembre 1785. (Pages 72 et 73.)

(2) Dont il est aussi question dans la lettre ci-dessus.

(3) D'après ce qu'a bien voulu m'écrire M. Rattier, les signatures de la lettre du 23 septembre 1785 et du reçu du 4 juillet 1795 n'étant pas semblables, je pense que le général Bonaparte chargea de la mission de retirer cette pièce son frère Louis, alors à Paris, et qui en partit peu après comme aspirant pour l'école des élèves d'artillerie, établie alors à Châlons-sur-Marne, et qui revint trouver son frère dans la capitale après la journée du 5 octobre 1795 (13 vendémiaire an 4).

(4) Décrété d'accusation le 3 octobre 1793 pour sa

plaça son collègue Aubry au comité de la guerre.

Le travail de ce dernier avait excité beaucoup de réclamations ; les officiers déplacés se rendaient en foule à Paris ; plusieurs d'entr'eux étaient pleins de talents ; le plus grand nombre était sans mérite et s'était avancé par les clubs ; mais tous trouvant dans Napoléon un homme qui jouissait d'une réputation intacte s'attachaient, dans leurs pétitions, à le désigner comme une preuve de l'injustice et de la partialité de ce travail.

Bientôt après son installation, Doulcet proposa, dans l'armée de l'ouest, le commandement d'une brigade d'infanterie au général Bonaparte qui la refusa, surtout à cause de la nature de cette guerre.

L'offre de l'un et le refus de l'autre résultent d'un paragraphe qu'on va lire de la lettre suivante :

---

protestation des 6 et 19 juin précédents. *Moniteur* (n° 277) du 4 octobre 1793 (13 vendémiaire an 2).

Rappelé dans le sein de la Convention nationale le 8 mars 1795 (18 ventose an 3). *Moniteur* (n° 171) du 11 mars 1795 (21 ventose an 3).

Le 17 août 1795, 30 (1) thermidor an 3 (2), lettre autographe écrite de Paris par le général Bonaparte au commissaire ordonnateur Sucy, à Nice :

17 août 1795.

« Je vous fais mon compliment de vous être
» rendu à l'armée. Vous y serez utile et vous
» aurez la douce satisfaction de concourir de
» vos moyens au bien de la patrie. La fortune,
» la faveur et l'estime des hommes varient et
» sont en perpétuelle oscillation ; l'orgueil
» bien placé, d'avoir été utile et d'avoir mérité
» l'estime du petit nombre fait pour apprécier
» le génie et le beau, est aussi invariable,
» aussi constant avec vous que le sentiment de
» l'harmonie et le tact du sentiment naturel.
» L'on ma porté pour servir à l'armée de la

---

(1) Cette lettre, qu'on croirait d'abord datée du 3 thermidor, est néanmoins du 30, parce que Bonaparte n'a pas pu, le 3, adresser à Nice une lettre à M. de Sucy, qui alors, ou n'y était pas encore, ou n'avait pas encore eu le temps de faire parvenir l'avis de son arrivée au général Bonaparte. (P. j. n° LXVIII.)

(2) Le millésime, qui manque dans cette lettre (et dans presque toutes celles de Napoléon), doit se rapporter nécessairement à l'an 3, période où Bonaparte était à Paris et M. de Sucy commissaire-ordonnateur à l'armée d'Italie.

» Vendée comme général de la ligne : je n'ac-
» cepte pas ; beaucoup de militaires dirigeront
» mieux que moi une brigade (1), et peu on
» commandé avec plus de succès l'artillerie....
» Je me jette en arrière satisfait, de ce que l'in-
» justice que l'on fait aux services est assez
» sentie par ceux qui savent les apprécier.

» Tu occupes, mon ami, une place délicate;
» si le génie actif, l'expérience consommée,
» étaient ordinairement exclus de l'armée où
» tu te réunis avec des représentants incapa-
» bles; ici, environnés de tous les empyriques,
» un gouvernement versatile circonscrit de
» fripons..... pour ne rien dire de plus, il ne

---

(1) Selon moi, le général Bonaparte est parti en réforme de Toulon pour Paris ; il s'est arrêté à Valence chez M. de Sucy, qu'il a dû y voir si la mission de ce dernier * était terminée dans la capitale; dans le cas contraire, il est probable que Bonaparte a encore pu le trouver à Paris, ou lui écrire dès son arrivée.

Dans chacune de ces hypothèses, il aura fait part de sa position militaire à son ami ; et si déjà, alors, il eût été placé (ou menacé de l'être) dans l'infanterie, il l'en aurait instruit, et le 30 thermidor an 3, dans la lettre qui a donné lieu à cette note, il ne lui parlerait pas de ce fait comme d'une nouvelle.

* Note 1 de la page 88.

» pourrait pas gérer et mériter une réputa-
» tion..... Mais, mon ami, dans ce meilleur des
» mondes, faire le mieux qu'il est possible
» et se tenir récompensé de son témoignage,
» voilà le grand secret avec lequel on n'est
» jamais ni imposteur, ni flatteur, ni âcre,
» ni importun, ni vindicatif, ni criminel.

» Rien de nouveau ici; l'espérance seule
» n'est pas encore perdue pour l'homme de
» bien : c'est te dire l'état très-maladif où se
» trouve cet empire.

» Sois de constante gaîté et jamais de décou-
» ragement; si l'on trouve les hommes mé-
» chants et ingrats, souviens-toi de la grande,
» quoique bouffonne, maxime de Scapin (1) :
» *Sachons leur gré de tous les crimes que l'on*
» *ne commet pas.*

B. P.

L'adresse :

« Au citoyen Sucy, commissaire ordonna-
» teur, Nice, armée d'Italie. »

(Timbre de la poste : *P*).

Cachet : cire rouge, ayant pour empreinte les lettres B et P, entrelacées.

---

(1) Molière : *Fourberies de Scapin*, acte 2, scène 8.
(Pièces justificatives, n° LXVIII.)

Il paraît (ainsi qu'on le verra bientôt par la lettre du général Hoche à son chef d'état-major général) que le général Bonaparte reçut définitivement l'ordre d'aller à l'armée de l'ouest, et qu'il n'y obtempéra pas, postulant, a-t-on dit, le commandement de l'artillerie de Hollande.

Peu après, le représentant Doulcet, alarmé des nouvelles sinistres qui chaque jour arrivaient de l'armée d'Italie, et ayant connaissance du mémoire de Bonaparte qui, après l'affaire du Cairo, avait été envoyé au Comité de Salut public y convoqua les divers représentants qui avaient été délégués à Nice ; ils désignèrent le général Bonaparte comme étant celui qui connaissait le mieux les positions de l'armée, où il avait déjà rendu tant de services, et comme le plus capable d'indiquer le parti à prendre. Il reçut une réquisition de se rendre au Comité. Il eut plusieurs conférences avec Sieyes, Le Tourneur, Jean Debry et Doulcet (1) qui l'attacha au comité topographique, où se

---

(1) Napoléon premier consul donna une preuve de sa reconnaissance à M. Doulcet de Pontécoulant en l'appelant au Sénat conservateur le jour même où son âge lui permettait d'y être admis.

décidaient les plans de campagne et les mouvements des armées.

C'est alors que Bonaparte, au nom du Comité de Salut public, rédigea successivement pour les généraux Kellermann et Schérer, qui ne les comprirent pas, des projets et des instructions qu'un an après l'auteur fut appelé à réaliser lui-même en procurant de si beaux triomphes à la France et à ses armées.

Ce plan se trouve développé dans une série de pièces dont quelques fragments sont connus et dont l'authenticité ne peut être contestée; elles sont écrites par Junot et corrigées de la main de Bonaparte (1).

Un soir Bonaparte et Junot étaient allés au Jardin des Plantes; ces promenades solitaires avaient toujours un grand charme pour Napoléon; il avait alors plus de confiance, plus d'abandon et se sentait lui-même plus rapproché de la divinité, *dont un véritable ami*, disait-il, *est la fidèle image.*

Junot avait le cœur rempli de ces choses qui ont besoin d'être contées à un ami; mais depuis long-temps l'oreille de son général en

---

(1) Pièces justificatives, n° LXX, lettres *a-f*.

avait reçu la confidence : Junot enfin était amoureux, comme un fou, de Paulette (Pauline) Bonaparte; son âme, toute jeune et toute brûlante, n'avait pu résister à la vue d'une créature enchanteresse comme l'était Paulette. Il l'aimait avec passion; il l'aimait avec délire; son secret n'en fut pas un, pendant huit jours, pour le général Bonaparte ; son honneur lui ordonnait de parler, puisque sa raison n'avait pu l'empêcher de devenir amoureux.

Napoléon n'avait accueilli ni rejeté sa demande. Il le consolait, et ce qui y contribuait plus que toutes ses paroles, c'était la presque certitude que Paulette dirait *oui* avec plaisir, le jour où Junot pourrait lui offrir un établissement non pas riche, disait Bonaparte, mais enfin suffisant, pour ne pas avoir la douleur de mettre au jour des enfants qui soient malheureux.

Ce même soir, l'aide-de-camp entraîné, enhardi par ce que son général lui-même venait de lui dire, fut plus pressant qu'il ne l'avait encore été ; la veille il avait reçu de son père une lettre qu'il avait montrée à Bonaparte. M. Junot disait à son fils, qu'à la vérité il n'avait rien à lui donner dans le moment, mais que sa part serait un jour de 20,000 fr.

Je serai donc riche, disait Junot à Napoléon, puisqu'avec mon état j'aurai 1,200 liv. de rente : « Mon général, je vous en conjure, écrivez à la citoyenne Bonaparte et dites-lui que vous avez vu la lettre de mon père. Voulez-vous qu'il en écrive une autre à Marseille ? »

En sortant du Jardin des Plantes, le général et son aide-de-camp avaient passé l'eau dans un batelet, et à travers les rues ils avaient gagné le boulevart ; parvenus vis-à-vis les bains chinois, ils se promenaient dans la contre-allée. En remontant et descendant cette partie du boulevart, Bonaparte écoutait Junot attentivement, mais déjà ce n'était plus le même homme que sous les ombrages odorants qu'ils venaient de quitter. Il semblait qu'en rentrant dans tout ce bruit de la vie, dans ce tumulte de la société, il en eût repris les entraves et les obligations. Cependant son ton était toujours affectueux ; il donnait des avis.

« Je ne puis écrire à ma mère pour lui faire
» cette demande, disait-il à Junot, car enfin tu
» auras 1,200 liv. de rente, c'est bien, mais tu
» ne les as pas. Ton père se porte parbleu bien
» et te les fera attendre long-temps. Enfin, tu
» n'as rien, si ce n'est ton épaulette de lieute-
» nant. Quant à Paulette, elle n'en a pas même

» autant; ainsi donc résumons : tu n'as rien,
» elle n'a rien, quel est le total? rien (1). Vous
» ne pouvez donc pas vous marier à présent;
» attendons, nous aurons peut-être de meil-
» leurs jours, mon ami. Oui, nous en aurons
» quand je devrais aller les chercher dans une
» autre partie du monde. »

Vers cette époque on a attribué à Bonaparte l'intention d'aller servir à l'étranger; suivant les uns, il offrit ses services aux Anglais; selon les autres, aux Turcs. « Jamais, a dit Napo-
» léon, je n'en eus même l'idée, pas plus que
» d'aller me faire turc à Constantinople. » Tous ces récits sont des romans. Voici la vérité : La Porte s'occupait alors d'un armement contre la Russie et paraissait disposée à prendre à son service quelques officiers d'artillerie français. Bonaparte pensa sérieusement à prendre ce parti. L'Orient fixait déjà ses regards; il vit plusieurs fois M. Reinhard, archiviste des

---

(1) Mme la duchesse d'Abrantès a prétendu avoir transcrit cette conversation en entier et d'après son mari, qui avait gardé, dit-elle, le souvenir de tout, même de la partie du boulevart sur laquelle il était avec le général Bonaparte lorsque celui-ci lui dit ce mot bien remarquable à cause des événements postérieurs.

relations extérieures auprès du Comité de Salut public, pour avoir communication de papiers relatifs à la Turquie. Il rédigea une note adressée au Comité de Salut public, par laquelle il s'offrait d'aller en Turquie, et les projets d'arrêtés relatifs à cette mission (1). Ces projets écrits d'une autre main étaient corrigés par Napoléon; il avait écrit en entier le brouillon de la note.

L'expédition originale, signée de lui, remise au Comité de Salut public, était ainsi conçue:

Note du général Buonaparte :

» Aubert (2) }   2,500
» Cony   (3) }   canonniers.

» 30 août 1795 ou 13 fructidor an 3.   30 août 1795.

» Dans un temps où l'impératrice de Russie
» a resserré les liens qui l'unissent à l'Autriche,

---

(1) Elle fut réalisée l'année suivante, lorsque le général qui avait conçu ce projet commandait en chef l'armée d'Italie.

(2) Il faut lire Obert. Il devait faire partie, comme capitaine, du 6ᵉ régiment d'artillerie à pied.

(3) Lisez Cuny. M. Cuny cadet, qui sort aussi du même régiment, était déjà chef de bataillon en l'an 2, d'après l'*Almanach national* de cette année. Il allèrent en effet tous les deux à Constantinople. (Appendice, lettre R.)

» il est de l'intérêt de la France de faire tout
» ce qui dépend d'elle pour rendre plus redou-
» tables les moyens militaires de la Turquie.
» Cette puissance a des milices nombreuses et
» braves, mais ignorantes sur les principes de
» l'art de la guerre.

» La formation et le service de l'artillerie,
» qui influe si puissamment dans notre tactique
» moderne, sur le gain des batailles et presque
» exclusivement sur la prise et la défense des
» places fortes, est encore dans son enfance
» en Turquie.

» La Porte qui l'a senti a plusieurs fois de-
» mandé des officiers d'artillerie et du génie ;
» nous y en avons effectivement quelques-uns
» dans ce moment, mais ils ne sont ni assez
» nombreux, ni assez instruits, pour produire
» un résultat de quelque conséquence.

» Le général Bonaparte qui a acquis quelque
» réputation en commandant l'artillerie de nos
» armées en différentes circonstances, et spé-
» cialement au siége de Toulon, s'offre pour
» passer en Turquie avec une mission du gou-
» vernement. Il mènera avec lui six ou sept
» officiers, dont chacun aura une connaissance
» particulière des sciences relatives à l'art de la
» guerre.

» S'il peut, dans cette nouvelle carrière,
» rendre les armées turques plus redoutables
» et perfectionner la défense des places fortes
» de cet empire, il croira avoir rendu un ser-
» vice signalé à la patrie, et avoir à son retour
» bien mérité d'elle.

» BUONAPARTE. »

*Pièces relatives au projet de mission militaire,
à Constantinople.*

« Le gouvernement de la république fran-
» çaise voulant donner au grand Seigneur, son
» fidèle allié, une preuve de l'amitié qu'elle lui
» porte et de l'intérêt qu'elle prend à la pros-
» périté de ses armes, a délibéré, sur la de-
» mande qu'il a faite, pour qu'il soit envoyé en
» Turquie des officiers d'artillerie française.
» Considérant que le général Bonaparte,
» commandant en chef l'artillerie de l'armée
» d'Italie, a des connaissances profondes sur
» l'art de la guerre et spécialement sur la partie
» de l'artillerie, dont il a donné des preuves en
» dirigeant le siége de Toulon et nos succès en
» Italie, et en mettant sur une défense respec-
» table les côtes de la Méditerranée ;

» Arrête :

» Que le général Bonaparte se rendra à
» Constantinople avec ses deux aides-de-camp,
» capitaines, pour y prendre du service dans
» l'armée du grand Seigneur et contribuer, de
» ses talents et de ses connaissances acquises,
» à la restauration de l'artillerie de ce puissant
» empire, et exécuter ce qui lui sera ordonné
» par les ministres de la Porte ; il servira dans
» son grade et sera traité par le grand Seigneur
» comme les généraux de ses armées.

» Il sera accompagné, pour l'aider dans sa
» mission, par les citoyens Eudoche Junot et
» Henri Léorat, en qualité d'aides-de-camp,
» capitaines ; Songis (1) et Rolland (2) comme
» chefs de bataillon d'artillerie ; Marmont (3)
» et Aguettant (4) comme capitaines d'artil-

---

(1) Dont il a déjà été parlé.

(2) M. Rolland de Villarceaux, ancien camarade de Napoléon dans le régiment de la Fère, qui, plus tard, fut son aide-de-camp à l'armée de l'intérieur, aurait pu l'être encore à celle d'Italie, et devint préfet sous l'empire.

(3) Maréchal de France.

(4) Qui était alors inspecteur de la fonderie de Valence.

» lerie ; Bluit de Villeneuve, capitaine du
» génie ; Bourgeois et La Chasse, lieutenants
» d'artillerie de première classe ; Moissonet et
» Scheined, sergents-majors d'artillerie. »

Bonaparte, selon un usage qui paraît lui avoir été habituel, avait pris le soin de rédiger tous les arrêtés nécessaires pour l'exécution définitive de son projet ; plusieurs sont de simple formalité, sans intérêt, comme par exemple un arrêté de passeport. Je me bornerai à citer les suivants.

« Arrête :

» Que la commission des relations fera remettre au général Bonaparte, pour six mois d'appointements, en argent, tant pour lui que pour deux aides-de-camp, capitaines, deux chefs de bataillon d'artillerie, quatre capitaines d'artillerie de 1re classe, deux lieutenants d'artillerie, pour leur servir de frais de route au voyage qu'ils doivent faire, conformément à l'arrêté du Comité de Salut public de ce jour. »

« Arrête :

» Que la neuvième commission fera faire une caisse de différents instruments de mathématiques et de dessin, dont la note lui sera remise par le général Bonaparte. Cette caisse sera remise à la disposition de la commission des affaires extérieures qui la fera passer à Constantinople, à l'adresse du général Bonaparte. »

« Arrête :

» Que la commission d'instruction publique fera faire une caisse de livres relatifs à l'artillerie et à l'art de la guerre, dont la note lui sera remise par le général Bonaparte; ladite caisse sera envoyée à la commission des relations extérieures qui la fera passer à l'adresse dudit général, à Constantinople. »

31 août 1795.

31 *août* 1795, 14 *fructidor an* 3 (1).

13 septembre 1795.

Le 13 septembre 1795, 27 fructidor an 3,

---

(1) N'ayant pas voulu diminuer l'intérêt qu'offre le projet de mission militaire du général Bonaparte en Turquie, j'ai cru ne pas en séparer les diverses parties, et rapporter en note la lettre autographe que, sous la date ci-dessus, il écrivit de Paris au général Rossi dont il a déjà été fait mention :

« L'on m'assure, monsieur et cher parent, que
» vous êtes retiré à Avallon. Inquiet de savoir de vos
» nouvelles, je hasarde cette lettre.

» Vos parents, en Corse, sont fort inquiets sur

en marge de la note adressée au Comité de Salut public par le général Bonaparte était écrit :

« Le général de brigade Bonaparte a servi
» avec distinction à l'armée d'Italie, où il
» commandait l'artillerie.
» Mis en réquisition par le Comité de Salut

» vous ; ils m'ont fait écrire pour avoir des rensei-
» gnements. Si vous voulez leur écrire, envoyez-moi
» la lettre ; je la leur ferai parvenir.
» Dans l'incertitude si cette lettre vous parviendra,
» je ne vous en dis pas davantage. Je vous prie de
» croire que rien n'égale le désir que j'ai de pouvoir
» vous être bon à quelque chose, que le souvenir des
» bontés que vous avez toujours eues pour moi.
» BUONAPARTE.
» Sous l'enveloppe de Casabianca, député de Corse,
» rue de la Michodière, n° 19. »

Adresse :
« *Au citoyen Antonio Rossi, à Avallon, département de*
» *l'Yonne.* »

Timbre : P. Taxe : 10. Cachet : cire rouge ayant pour empreinte les lettres B et P entrelacées. (Pièces justificatives, n° LXIX.)

On serait tenté de croire que cette adresse n'est pas celle du général Bonaparte, mais celle du député corse Casabianca, si on ne savait pas que ce dernier logeait alors, et depuis long-temps, rue Fromenteau, maison Marigny.

» public il a travaillé avec zèle et exactitude
» dans la division de la section chargée des
» plans de campagne et de la surveillance des
» opérations des armées de terre, et je déclare
» avec plaisir que je dois à ses conseils la plus
» grande partie des mesures utiles que j'ai
» proposées au Comité pour l'armée des Alpes
» et d'Italie. Je le recommande à nos collègues
» comme un citoyen qui peut être utilement
» employé pour la république, soit dans l'ar-
» tillerie, soit dans toute autre arme, soit
» même dans la partie des relations extérieures.
» Doulcet. »

« En adhérant aux sentiments qu'exprime
» mon collègue Doulcet sur le général Bona-
» parte, que j'ai vu et entretenu, je crois que
» par les motifs mêmes qui fondent son opi-
» nion et la mienne, le Comité de Salut public
» doit se refuser à éloigner, dans ce moment
» surtout, de la république un officier aussi
» distingué. Mon avis est qu'en l'avançant dans
» son arme le Comité commence par récom-
» penser ses services, sauf ensuite, après en
» avoir conféré avec lui, à délibérer sur sa
» proposition, s'il y persiste.
« Jean Debry, *rapporteur.* »

Le 15 septembre 1795, 29 fructidor an 3, arrêté du Comité de Salut public qui aurait ordonné la radiation du général Bonaparte de la liste des officiers-généraux employés, attendu son refus de se rendre au poste qui lui aurait été assigné (1).

15 septemb. 1795.

Le 17 septembre 1795, 1er jour complémentaire an 3, lettre du général en chef Hoche à son chef d'état-major-général de l'armée de l'ouest, pour le prévenir que le chef de brigade d'artillerie Dutot remplace, dans le com-

17 septemb. 1795.

---

(1) Tantôt M. de Bourienne rapporte à l'an 2 l'acte de radiation du général Bonaparte, et je pense avoir prouvé le contraire pages 333 et 334 et notes; tantôt il ne le raie qu'en l'an 3. J'avoue que sous cette dernière date, l'arrêté que le *meilleur ami* de Napoléon attribue au Comité de Salut public porte les noms de membres qui en faisaient réellement partie; mais comment croire à cette prétendue disgrâce qui aurait eu lieu le 15 septembre 1795 (29 fructidor an 3), deux jours seulement après la date des notes élogieuses données le 13 septembre (27 fructidor) par deux représentants membres et organes du même Comité, et deux jours avant la lettre (qu'on va lire au texte) du 17 septembre (1er jour complémentaire an 3), dans laquelle le général Hoche parle du général Bonaparte comme appelé par le Comité de Salut public?

mandement de cette arme, le général Bonaparte appelé par le Comité de Salut public (1).

---

(1) Revenant une dernière fois sur la prétendue radiation du général Bonaparte, je ferai observer que le général Hoche, écrivant du fond de la Vendée, le 17 septembre 1795 (1er jour complémentaire an 3), à son chef d'état-major, que le général Bonaparte est appelé par le Comité de Salut public, avait dû être prévenu de cette mesure, ou avant le 13 septembre (27 fructidor), jour où des membres de ce même comité parlent élogieusement de ce général comme coopérant avec eux aux opérations militaires, ou plus certainement avant le 15 septembre (29 fructidor), jour où le Comité de Salut public ne pouvait pas baser une radiation sur le refus qu'aurait fait le général Bonaparte de se rendre à son poste, qui alors n'était autre que la division de la section de la guerre, où travaillait continuellement cet officier-général.

CHAPITRE XXIII.

Constitution de l'an 3; fermentation dans la capitale; Napoléon et Barras; Napoléon général en second provisoire de l'armée de l'intérieur; Napoléon et Menou; journées des 13 et 14 vendémiaire an 4 (5 ou 6 octobre 1795); Napoléon confirmé.

(DU 23 SEPTEMBRE 1795 OU 1ᵉʳ VENDÉMIAIRE AN 4, AU 10 OCTOBRE 1795 OU 18 VENDÉMIAIRE AN 4.)

La Convention nationale avait décrété la Constitution de l'an 3, qui confiait le gouvernement à cinq directeurs et la législature à deux conseils dits des *Anciens* et des *Cinq-Cents*.

Cette Constitution fut soumise à l'acceptation du peuple réuni en assemblées primaires.

On se récria, surtout à Paris, de ce que la Convention avait prescrit, dans deux lois additionnelles, que les deux tiers de la législature nouvelle seraient composés des membres de la Convention et que les assemblées électorales des départements n'auraient à nommer, pour la première fois, qu'un tiers seulement des deux conseils.

Les quarante-huit sections de la capitale se réunirent, rejetèrent les lois additionnelles et se succédaient à la barre de la Convention pour y déclarer hautement leur opinion.

Cependant, le 23 septembre 1795, 1er vendémiaire an 4, on proclama dans Paris l'acceptation de la Constitution et des lois additionnelles par la majorité des assemblées primaires de la république.

<small>24 septembre 1795.</small> Le 24 septembre 1795, 2 vendémiaire an 4, les sections de la capitale, sans tenir aucun compte de cette acceptation, nommèrent des députés pour former une assemblée centrale d'électeurs, qui se réunit à l'*Odéon*.

<small>25 septembre 1795.</small> Le 25 septembre 1795, 3 vendémiaire an 4, au soir, la Convention nationale rend un décret portant que les citoyens de Paris sont garants envers la nation de l'inviolabilité de la représentation nationale, et qu'en cas d'attentat sur elle, le nouveau Corps législatif et le Directoire exécutif se réuniront à Châlons-

sur-Marne, et que les généraux des armées tiendront prêtes à marcher les colonnes républicaines (1).

La Convention nationale annula l'assemblée de l'*Odéon*, la déclara illégale et ordonna à ses comités de la dissoudre par la force.

Le 2 octobre 1795, 10 vendémiaire an 4, la force armée se porta à l'*Odéon* et exécuta cet ordre ; quelques hommes rassemblés sur la place de ce nom firent entendre des murmures, se permirent quelques injures, mais n'opposèrent aucune résistance.

Cependant le décret qui fermait l'*Odéon* excita l'indignation des sections ; celle *Lepelletier*, dont le chef-lieu était au couvent des Filles-Saint-Thomas, était la plus animée.

Un décret de la Convention ordonna que le lieu de ses séances fût fermé, l'assemblée dissoute et la section désarmée.

Le 4 octobre 1795, 12 vendémiaire an 4, vers huit heures du soir, le général Menou, commandant en chef l'armée de l'intérieur, accompagné des représentants du peuple Delmas, La Porte et Le Tourneur (de la Manche),

2 octobre 1795.

4 octobre 1795.

---

(1) *Moniteur* (n° 7) du 29 septembre 1794 (7 vendémiaire an 4).

qui étaient chargés de diriger la force armée de Paris et de la 17me division militaire (1), se rendit avec un corps nombreux de troupes composé d'infanterie, cavalerie et artillerie, au lieu des séances de la section *Lepelletier* pour y faire exécuter le décret de la Convention. Cette petite armée était entassée dans la rue Vivienne, à l'extrémité de laquelle se trouve le couvent des Filles-Saint-Thomas. Les sectionnaires occupaient les fenêtres des maisons de cette rue. Plusieurs de leurs bataillons se formèrent dans la cour du couvent, et la force militaire que commandait le général Menou se trouva compromise. Le comité de la section s'était déclaré représentant du peuple souverain dans l'exercice de ses fonctions; il refusa d'obéir aux ordres de la Convention, et, après une heure d'inutiles pourparlers, le général Menou et les commissaires de la Convention se retirèrent, par une espèce de capitulation, sans avoir désarmé ni dissous ce rassemblement.

Les sectionnaires avaient promis au général

---

(1) Le 23 juillet 1795 (5 thermidor an 4) au soir. *Moniteur* (n° 311) du 29 juillet (11 thermidor) suivant.

Menou de se disperser, mais non pas à l'instant même, et ils s'étaient réservé en outre le droit de s'en rapporter à la décision du comité insurrectionnel.

Mais la section demeurée victorieuse se constitua en permanence, envoya des députations à toutes les autres sections, s'enhardit de ses succès et pressa, dans la nuit, l'organisation qui pourrait assurer sa résistance.

Le général Bonaparte, encore employé au Comité topographique, était ce soir-là au théâtre Feydeau avec M. Ozun (1), lorsque une vague inquiétude fut répandue dans la salle par des individus qui vinrent y annoncer que la bataille était engagée entre les troupes de la Convention et les sectionnaires.

Bonaparte sortit avec son ami et fut témoin du traité verbal que concluait le général Menou avec un nommé Charles Delalot, stipulant au nom des rebelles.

Il se dirigea en toute hâte vers la Convention

---

(1) M. Ozun, appartenant à une bonne famille du midi de la France, a été membre du Conseil des Cinq-Cents et du Tribunat, préfet du département de l'Ain, et venait d'être nommé préfet du palais des Tuileries quand il mourut.

à l'effet de connaître l'impression que devait produire sur cette assemblée cet armistice ridicule ; il arriva au milieu d'un tumulte effroyable ; on proposa diverses mesures, et on ordonna l'arrestation et la mise en jugement du général Menou.

5 octobre 1795.

Le 5 octobre 1795, 13 vendémiaire an 4, à quatre heures et demie du matin, sur la proposition de Merlin de Douai, la Convention nationale, en permanence, déféra au général de brigade Barras, représentant du peuple, les fonctions de commandant de la force armée de Paris et de l'intérieur.

Delmas, Laporte et Goupilleau de Fontenay lui sont adjoints (1).

Barras une fois nommé comprend l'embarras immense de la responsabilité qui va peser sur lui ; Carnot (2) qu'il interroge sur ce qu'il faut faire, lui dit :

« Je te conseille de t'adjoindre un bon général qui agira pendant que tu donneras des ordres.—Lequel?—Il y en a trente là.—Nom-

---

(1) *Moniteur* (n° 15) du 7 octobre 1795 (15 vendémiaire an 4), séance du 12 au soir.

(2) Son futur collègue au Directoire exécutif, en remplacement de Sièyes, qui n'accepta pas.

mes-en un ? — Brune, Verdier, Bonaparte (1).
— Ah ! celui-ci, je le connais, il a pris Toulon. — Qui sait, réplique Carnot en riant, s'il n'est pas destiné à prendre le couvent des Filles-Saint-Thomas ?

La gaîté de Carnot devint communicative ; Barras s'engoue tout-à-coup du général Bonaparte, et sur cette indication vague il l'envoie chercher.

Celui-ci arrivé au Comité du gouvernement, Barras le prend par le bras, l'attire vers un coin de la salle et lui demande s'il veut accepter le commandement sous lui ; Bonaparte, confondu de la proposition, demanda à tenir conseil avec lui-même ; Barras lui donna trois

---

(1) On a dit à tort que Bonaparte n'avait été désigné par Barras pour commander en second l'armée de l'intérieur qu'à cause de la pénurie d'officiers-généraux présents alors à Paris.

Mais outre MM. Verdier, Montchoisy, Brune, Carteaux, Berruyer, Vachot et Duvigier, cités dans le rapport du général Barras, c'est-à-dire du général Bonaparte (Pièces justificatives, n° LXXI), il y avait dans la capitale, à cette époque, au moins les généraux Duvigneau, Gardanne, Loyson, Dupont-Chaumont, Verdières, Lestranges, de Bar, Desperrières, et les adjudants-généraux Huart et Blondeau.

minutes pendant lesquelles il se tint debout et immobile devant lui.

Napoléon pesant, à la hâte, les chances de succès et de malheur, croit la France sacrifiée si les sections l'emportent, tous les fruits de la révolution perdus et de plus le triomphe des étrangers et l'abaissement humiliant de la patrie; revenant à Barras, il lui dit :

« Soit, j'accepte, mais je vous préviens
» que si je tire l'épée elle ne rentrera dans le
» fourreau que quand l'ordre sera rétabli. »
» — C'est ainsi que je l'entends moi-même,
» reprit Barras, c'est donc chose décidée. »

« Oui, ne perdons pas de temps; les minutes
» en ce moment sont des heures; l'activité
» seule peut nous rendre l'influence morale
» qu'un premier échec nous a fait perdre. »

Barras, dès que Bonaparte lui eut parlé ainsi, poussa un long soupir d'allégement et, sous prétexte de lui accorder une confiance illimitée, il se hâta de se mettre à l'écart en l'investissant des pouvoirs les plus illimités, et termina ainsi : — « Maintenant vous voilà au
» fait autant que moi, et, la bride sur le cou,
» chargez-vous de la partie purement militaire;
» je prends l'action civile sur mon compte;
» mais parbleu ne vous avisez pas de recourir

» à moi, j'aurai assez d'affaires de mon côté. »

Le premier soin de Napoléon fut d'aller voir le général Menou qui n'avait pas encore été transféré à la prison militaire et qui était retenu dans une des salles du Comité; en l'accostant Bonaparte lui dit : « C'est moi, général, c'est » Bonaparte qui vient causer avec vous; nous » nous connaissons peu, cependant assez pour » savoir réciproquement qui nous sommes. » Le général Menou lui demanda s'il était aussi prisonnier et s'il avait marché avec les sectionnaires. « Quant à moi, ajouta-t-il, je deviens » un nouvel exemple de la justice des répu- » bliques; je suis puni pour n'avoir pas voulu » verser le sang de mes concitoyens. »

Bonaparte lui répondit froidement, mais sans sécheresse : « Vous avez eu tort, général, » et grand tort dans cette circonstance; il y a » des instants où il y a plus que de la faiblesse » à ne pas frapper; des ménagements ne valent » plus rien là où la révolte est flagrante. »

Le général Menou, piqué de cette admonition, et plus frappé de la différence de l'âge que de l'espèce d'identité qui existait entre Bonaparte et lui, lui répondit assez brusquement : « Je ne veux pas recommencer Santerre » ou Henriot; au reste, général, que le tri-

» bunal qui doit me juger et me condamner
» soit prêt, me voilà à vos ordres, vous pou-
» vez me conduire. »

Le général Bonaparte, blessé d'avoir été pris pour un gendarme, désabusa bien vite le général Menou, lui expliqua l'objet de sa visite, et en obtint des renseignements plus favorables à la franchise qu'aux connaissances militaires de celui-ci (1).

5 octobre 1795.

Le 5 octobre 1795, 13 vendémiaire an 4, à six heures du matin, le général Bonaparte fit ses dispositions d'attaque contre les section-

---

(1) Le général Menou, mis en jugement le 22 octobre 1795 (30 vendémiaire an 4), fut acquitté honorablement le 2 novembre suivant (11 brumaire) par le conseil de guerre, présidé par le général Loyson, d'après les démarches déjà influentes du général Bonaparte, qui disait hautement que si ce général méritait la mort pour avoir parlementé avec la section *Lepelletier*, les représentants qui l'accompagnaient la méritaient aussi.

Au reste, à la suite de la journée du 13 vendémiaire, il n'y eut que deux exécutions capitales et plusieurs condamnations par contumace ; mais quand les fuyards vinrent se présenter devant le tribunal criminel de la Seine, ils furent définitivement acquittés sur le motif assez singulier que le 13 vendémiaire, il n'y avait point eu de révolte des sections.

naires (1) en même temps qu'il expédia, en toute diligence, le chef-d'escadron Murat (2), du 21me régiment de chasseurs à cheval, avec 300 chevaux, pour ramener, de la plaine des Sablons dans le jardin des Tuileries, un parc de quarante bouches à feu confié à une garde de 25 hommes, que Murat sauva, grâce à cette politesse de sabre qui, suivant Napoléon, manque rarement son effet sur des hommes civils.

Après plusieurs décharges, Saint-Roch fut enlevé par les troupes conventionnelles. La colonne Lafond, prise en tête et en écharpe par l'artillerie placée sur le quai, à la hauteur du guichet du Louvre et à la tête du Pont-Royal, fut mise en déroute; les rues Saint-Honoré et Saint-Florentin, ainsi que les lieux adjacents, furent balayés. Une centaine d'hommes essayèrent de résister au Théâtre-de-la-République, quelques obus les délogèrent; à six heures du soir tout était fini.

---

(1) *Rapport du général Bonaparte*, qui, d'après M. de Bourienne, lui aurait été envoyé à Sens, en copie, par le général Bonaparte, qui l'aurait écrite lui-même. (Pièces justificatives, n° LXXI.)

(2) Depuis roi de Naples.

Si pendant la nuit on entendit, de loin en loin, quelques coups de canon, ce fut pour empêcher les barricades que quelques habitants avaient cherché à établir avec des tonneaux.

Il y eut environ 200 tués ou blessés du côté des sectionnaires, et presqu'autant du côté des conventionnels, la plus grande partie aux portes de Saint-Roch; les blessés, parmi ces derniers, étaient apportés dans la salle des séances de la Convention et dans les pièces y attenantes, où ils étaient pansés par des femmes, au milieu des fusils, des gibernes et des cartouches que le général Bonaparte avait fait apporter pour armer les représentants eux-mêmes et les employés de leurs bureaux comme corps de réserve.

6 octobre 1795. Le 6 octobre 1795, 14 vendémiaire an 4, au matin, il existait encore des rassemblements dans la section Lepelletier; des colonnes conventionnelles débouchèrent contr'eux par les boulevards, la rue de Richelieu et le Palais-Royal; des canons avaient été placés aux principales avenues; les sections furent promptement délogées, et le reste de la journée fut employé à parcourir la ville, à visiter les chefs-lieux de section, ramasser les armes et lire des proclamations; le soir tout était rentré dans l'ordre et Paris se trouvait parfaitement tranquille.

Dans ces deux journées le général Bonaparte eut pour aides-de-camp les capitaines Junot et Muiron (1), peut-être M. de Villarceaux, et il fut puissamment secondé, quant

---

(1) Le capitaine Muiron suivit en Italie, comme aide-de-camp, le général en chef Bonaparte, et fut tué devant lui à Arcole, ayant déjà le grade de chef de brigade.

Le 19 novembre 1796 (29 brumaire an 5), Napoléon écrivit d'Arcole à Mme Muiron :

« Muiron est mort sur le champ de bataille. Vous » avez perdu un mari qui vous était cher, et moi un » ami auquel j'étais depuis long-temps attaché; mais » la patrie perd plus que nous deux par la mort d'un » officier distingué autant par ses talents que par son » courage. Si je puis vous être bon à quelque chose, » à vous, à son enfant, je vous prie de compter en- » tièrement sur moi. »

Le 28 décembre suivant (8 nivose an 6), le général en chef Bonaparte demanda au Directoire exécutif, en récompense des services rendus par Muiron, notamment au siége de Toulon, et dans la journée du 13 vendémiaire à Paris, enfin pour son dévoûment à la république, la radiation de Mme Bérault de Courville, sa belle-mère, et de M. Charles Bérault de Courville, son beau-frère, portés sur la liste des émigrés.

La veuve et le fils de Muiron le suivirent bientôt

à la partie administrative, par l'ordonnateur en chef Chauvet qui était en réforme à Paris (1).

10 octobre 1795.

Le 10 octobre 1795, 18 vendémiaire an 4, séance (2) de la Convention nationale à laquelle le général-représentant Barras annonce que les officiers de la brave armée qui, dans la journée du 5 octobre (13 vendémiaire), a vaincu les rebelles des sections de Paris sont à la barre et viennent exprimer les sentiments d'attachement et de dévouement dont ils n'ont cessé d'être animés pour la Représentation nationale.

---

au tombeau. Une frégate vénitienne reçut son nom. Échappée au combat naval d'Aboukir, elle ramena Napoléon d'Égypte en France, et depuis lors jusqu'à la Restauration, elle commanda le port de Toulon.

En 1815, Napoléon, fidèle au souvenir de l'amitié, se fia à la générosité anglaise sous le titre de *colonel Muiron*.

A Sainte-Hélène, il paya un dernier tribut à la mémoire de son ancien aide-de-camp en léguant 100,000 francs à la veuve, au fils ou petit-fils du colonel Muiron. (Appendice, lettre Z.)

(1) Peu après, il fut nommé secrétaire-général du ministère de la guerre, et suivit en Italie, comme ordonnateur en chef, le général Bonaparte.

(2) *Moniteur* (n° 22) du 14 octobre 1795 (22 vendémiaire an 4).

Le général Berruyer, au nom de la députation, prononce dans ce sens un discours auquel répond le président de la Convention, qui, au nom de cette assemblée, invite l'orateur à assister à sa séance, et, sur la proposition d'un membre, donne au général et à un militaire de chaque arme l'accolade fraternelle au milieu des plus vifs applaudissements.

Dans la même séance, le représentant Fréron insère, dans un discours analogue à la circonstance, les phrases suivantes :

« N'oubliez pas que le général d'artillerie
» Bonaparte, nommé dans la nuit du 4 octo-
» bre (12 vendémiaire), pour remplacer
» Menou, et qui n'a eu que la matinée du 13
» pour faire les dispositions savantes dont vous
» avez vu les heureux effets, avait été retiré
» de son arme pour le faire entrer dans l'in-
» fanterie.

» Fondateurs de la république, tarderez-
» vous plus long-temps à réparer les torts
» qu'en votre nom l'on fait essuyer à un grand
» nombre de ses défenseurs ? »

On assure que pendant ce discours, dont je ne cite qu'un extrait, le général Carteaux, qui gardait une demi-rancune au général Bonaparte, disait, en le désignant, à l'oreille du

général Montchoisy : « Je vous le donne pour
» le plus entêté de tous les militaires ; il veut
» faire tout à sa guise et jamais, avec lui, je
» n'ai pu diriger convenablement l'artillerie du
» siége de Toulon. On le dit habile, je ne le
» crois qu'opiniâtre; au demeurant, je le juge
» bon républicain. »

Enfin, dans la même séance, le représentant du peuple Barras montant de nouveau à la tribune, appelle, pour la première fois et d'après l'initiative de son collègue Fréron, l'attention de la Convention nationale sur le général Bonaparte ; c'est à ses dispositions savantes et promptes, dit-il enfin, qu'on doit la défense de cette enceinte autour de laquelle il avait distribué des postes avec beaucoup d'habileté.

Le représentant Barras demande que la Convention confirme la nomination de Bonaparte à la place de général en second de l'armée de l'intérieur. Cette proposition est décrétée.

Lors de son commandement de l'armée de l'intérieur, le général Bonaparte eut à lutter

---

(1) *Moniteur* (n° 23) du 15 octobre 1795 (23 vendémiaire an 4), suite de la séance du 18.

surtout contre une grande disette qui donna lieu à plusieurs scènes populaires. Un jour entr'autres que la distribution avait manqué, et qu'il s'était formé des attroupements nombreux à la porte des boulangers (1), Napoléon passait avec une partie de son état-major pour veiller à la tranquillité publique, un gros de la populace, des femmes surtout, le pressent, demandent du pain à grands cris ; la foule s'augmente, les menaces s'accroissent et la situation devient des plus critiques. Une femme, monstrueusement grosse et grasse, se fait particulièrement remarquer par ses gestes et par

---

(1) A cette époque, suivant M. de Bourienne, le général Bonaparte venait souvent diner chez lui ; et comme on manquait de pain, et qu'on n'en distribuait parfois à la section que deux onces par jour, il était d'usage de dire aux invités d'apporter leur pain, puisqu'on ne pouvait s'en procurer pour de l'argent.

Napoléon et Louis, son frère, jeune homme doux et aimable, ajoute son ancien condisciple, apportaient leur pain de ration, qui était noir et rempli de son, et, continue-t-il à regret, c'était l'aide-de-camp seul qui le mangeait ; on donnait au général le pain très-blanc que se procuraient M. et Mme Bourienne, qui le faisaient faire *en cachette*, chez un *pâtissier*, avec de la farine arrivée clandestinement de Sens, *où ils avaient des fermes.*

ses paroles : « Tout ce tas d'épaulettiers, cria-t-
» elle en apostrophant le groupe d'officiers qui
» accompagnaient Napoléon, se moquent *indé-
» finiment* de nous; pourvu qu'ils mangent et
» qu'ils s'engraissent bien, il leur est fort égal
» que le pauvre peuple meure de faim. » Napoléon l'interpelle : « La bonne, regarde-moi
» bien ; quel est le plus gras de nous deux ? »
Or Napoléon était alors bien maigre (1), un
rire universel désarme la populace et l'état-major continue sa route.

---

(1) « J'étais à cette époque, » aurait-il dit pendant son exil, « un véritable parchemin. »

CHAPITRE XXIV.

Napoléon, Eugène.... et la vicomtesse de Beauharnais ; Napoléon général de division ; général en chef de l'armée de l'intérieur ; de celle d'Italie ; la cape et l'épée ; mariage de Napoléon et de Joséphine ; Napoléon part de Paris, passe à Troyes, Châtillon-sur-Seine, Chanceaux, Dijon, Villefranche, Lyon, Marseille et Toulon, enfin arrive à Nice où il s'installe dans son commandement en chef.

(DU 10 OCTOBRE 1795 OU 18 VENDÉMIAIRE AN 4, AU 27 MARS 1796 OU 7 GERMINANAL 4.)

On venait d'exécuter le désarmement général des sections ; les perquisitions avaient été faites avec tant de rigueur dans les maisons qu'aucune arme n'y était restée.

Un matin on introduisit chez le général Bonaparte un enfant de quinze ans qui venait réclamer l'épée de son père, général de la république, mort sur l'échafaud (1). Cet enfant était Eugène de Beauharnais (2); sa naïveté pieuse, son enthousiasme, ses larmes touchèrent le cœur du général Bonaparte qui lui fit rendre l'arme de son père; à cette vue, l'enfant

---

(1) A l'âge de trente-quatre ans, le 23 juillet 1794 (5 thermidor an 2), cinq jours seulement avant la mort de Robespierre.

Mme de Beauharnais, renfermée elle-même pendant dix-huit mois dans la maison des Carmes de la rue de Vaugirard, y tomba gravement malade lorsque son acte d'accusation, c'est-à-dire l'arrêt de sa mort, lui fut notifié.

Heureusement, un brave et généreux médecin polonais, chargé de la soigner, déclara que sa maladie allait en faire justice, et qu'elle n'avait pas trois jours à vivre si elle était retenue plus long-temps prisonnière. Elle obtint sa liberté.

A sa sortie de prison, Joséphine eût été réduite à la misère avec ses deux enfants, si ses amies ne se fussent empressées de venir à son secours : de ce nombre étaient Mmes Talien et Récamier. Toutes trois étaient inséparables. Leurs charmes, leur tournure, leur amabilité, les faisaient remarquer partout où on les voyait, soit à la promenade, soit aux fêtes civiques, soit au spectacle; seulement Mme de Beauharnais s'affligeait en songeant qu'elle ne pourrait plus procurer à Eugène et à Hortense un établissement digne de leur nom et de leur ancienne position.

(2) Né en 1780; devenu vice-roi d'Italie.

se mit à pleurer ; Napoléon en fut touché, et lui témoigna tant de bienveillance que Mme de Beauharnais se crut obligée de venir le lendemain lui faire une visite de remerciements, qu'il s'empressa de lui rendre.

Cette veuve était charmante, d'une figure angélique, attrayante, pleine de bonté ; elle était d'une taille moyenne mais modelée avec une rare perfection ; il y avait une souplesse, une légèreté incroyables dans tous ses mouvements ; sa démarche aérienne respirait la majesté ; sa physionomie était expressive, sa douceur charmante. Belle dans la joie comme dans la douleur, elle offrait dans ses yeux son âme toute entière ; ils étaient bleu foncé, à demi fermés par de longues paupières légèrement arquées, entourés des plus beaux cils du monde, et doués d'un regard irrésistible. Quoique l'aspect de Joséphine fût imposant, il semblait que la sévérité lui fût impossible. Elle avait des cheveux longs, blonds, soyeux ; le teint châtain-clair, la peau éblouissante de finesse et de fraîcheur, un son de voix si ravissant qu'on éprouvait du plaisir à l'entendre.

Napoléon devenu aussitôt amoureux de Joséphine, y passait presque toutes ses soirées. C'était, l'a-t-il dit lui-même, la réunion la plus agréable de Paris. On y rencontrait habituellement le vieux M. de Montesquiou, le duc de Nivernais et plusieurs autres débris de l'ancienne cour. Souvent le cercle entier, électrisé par ses souvenirs, s'écriait en se resserrant : « Allons faire un tour à Versailles. »

Dès cette époque le général Bonaparte fit des visites plus fréquentes, à Chaillot, chez le général Barras, qui déjà faisant en grand seigneur les honneurs de la république, recevait souvent Mme de Beauharnais.

Joséphine ne sut jamais dissimuler ses impressions ; celle qu'avait produite Napoléon sur son cœur la première fois qu'elle l'avait vu, avait été trop vive pour qu'elle pût échapper aux yeux clairvoyants de Mme Tallien qui l'en plaisantait gaiement, et de Mme Récamier, qui déjà avait su démêler dans les traits du jeune général quelque chose qui décelait un homme extraordinaire.

Barras qui avait lu dans les yeux de son protégé le secret qu'il renfermait au fond du cœur, dit un soir à Joséphine :

« Madame, que pensez-vous du général Bo» naparte ? » — « Mais... citoyen », répondit-elle, un peu embarrassée de cette brusque demande, « j'en pense beaucoup de bien.... » Je crois même qu'il ira loin un jour. »

Ce propos rapporté à Napoléon le décida à offrir son cœur, sa main et sa fortune à la veuve du vicomte de Beauharnais.

Barras tenait alors à avoir en sa possession le plan de campagne que Napoléon avait fait précédemment pour opérer la conquête d'Italie. Carnot l'avait emprunté à ce dernier, et lorsqu'il le lui rendit le jeune général s'empressa de le remettre à Barras, en lui disant :

« Voilà le présage de nombreuses victoires » et d'une belle conquête ; quant à moi il ne » m'en faut qu'une : celle du cœur de Mme de » Beauharnais. »

« Vous l'avez faite, général, je le sais. »

Dès ce moment le mariage de Napoléon avec Joséphine fut arrêté.

Le 16 octobre 1795, 24 vendémiaire an 4, le général de brigade Bonaparte, commandant en second l'armée de l'intérieur, est promu au grade de général de division (1).

16 octobre 1795.

Il établit dès lors son quartier-général rue Neuve des Capucins (2). C'est là que le général

---

(1) Quoique le général en chef (nominal, à la vérité) ne fût que général de brigade.

(2) Dans un hôtel où étaient, en 1829, les archives du ministère des affaires étrangères.

recevait ses connaissances, le matin seulement, et les invitait à des déjeuners somptueux; mais il ne tutoyait déjà plus ses anciens amis; M. de Rey (1), quoique son condisciple, fut le plus récalcitrant; aussi Bonaparte lui tourna le dos et ne lui adressait plus la parole (2).

20 octobre 1795.

Le 20 octobre 1795, 28 vendémiaire an 4 (3), billet autographe du général Bonaparte qu'on croit adressé à Mme de Beauharnais.

« Je ne conçois pas ce qui a pu donner lieu
» à votre lettre..... Je vous prie de me faire le
» plaisir de croire que personne ne désire
» autant votre amitié que moi et n'est plus prêt
» que moi à pouvoir faire quelque chose qui
» puisse le prouver..... Si mes occupations me

---

(1) Note 4 de la page 377.

(2) Cependant le général en chef Bonaparte procura à M. de Rey une place d'inspecteur aux vivres, que celui-ci ne put accepter à raison d'une maladie de poitrine qui l'enleva à ses nombreux amis peu d'années après.

(3) Quoique la date de l'année ne soit pas mentionnée sur ce billet, on voit qu'elle se rapporte à l'an 4 de la république, car il n'y a pas eu de vendémiaire an 1er; le 28 vendémiaire an 2, Bonaparte était sous Toulon, et plus tard, il a signé sans *u*.

» l'avaient permis, je serais venu moi-même
» porter ma lettre.

» BUONAPARTE. »

Le 22 octobre 1795, 30 vendémiaire an 4 (1), séance de la Convention nationale, où le général-représentant Barras fait un long rapport sur la journée du 5 octobre 1795, 13 vendémiaire an 4.

22 octobre 1795.

Pour le succès de ses plans, le parti de Barras avait alors besoin de réchauffer le souvenir déjà refroidi de cette journée; l'orateur s'attribua toutes les dispositions militaires et la rectification de ce qu'il avait trouvé de défectueux dans le placement des différents postes; il nomma les généraux qu'il avait chargés de les exécuter sous ses yeux; il ne dit sur Bonaparte que ses mots :

« Le général Bonaparte, connu par ses
» talents militaires et son attachement à la ré-
» publique, fut nommé, sur ma proposition,
» commandant en second. »

Le 26 octobre 1795, 4 brumaire an 4, séance de la Convention nationale, où le re-

26 octobre 1795.

---

(1) *Moniteur* (n° 35) du 27 octobre 1795 (5 brumaire an 4).

présentant du peuple Barras donne à plusieurs reprises sa démission de commandant-général de l'armée de l'intérieur qui est enfin acceptée.

26 octobre 1795. Le 26 octobre 1795, 4 brumaire an 4, arrêté du Comité de Salut public (1) qui nomme le général de division Bonaparte aux fonctions de général en chef de l'armée de l'intérieur en remplacement du général Barras, dont la démission est acceptée (2).

28 octobre 1795. Le 28 octobre 1795, 6 brumaire an 4, au soir, Joséphine de Beauharnais aurait écrit le billet suivant au général Bonaparte (3) :

---

(1) J'ai le droit de penser que Bonaparte fut nommé général en chef de l'armée de l'intérieur par le Comité de Salut public, puisque, dans la séance tenue ledit jour*, Barras, insistant auprès de la Convention nationale pour qu'elle acceptât sa démission, ce qu'elle fit, déclara que le Comité de Salut public, prévenu de cette disposition, allait le remplacer par un autre général.

(2) Barras espérait d'être nommé membre du Directoire exécutif, ce qui eut lieu en effet le 1ᵉʳ novembre 1795 (10 brumaire an 4), d'après le *Moniteur* (n° 45) du 6 novembre (15 brumaire).

(3) Je crois que ce billet, qui ne porte ni date de mois ni d'an, est bien du même jour que j'ai indi-

* *Moniteur* (n° 43) du 4 novembre 1795 (13 brumaire an 4).

» « Vous ne venez plus voir une amie qui
» vous aime ; vous l'avez tout-à-fait délaissée ;
» vous avez bien tort, car elle vous est ten-
» drement attachée.

» Venez, demain septidi, déjeûner avec moi,
» j'ai besoin de vous voir et de causer avec vous
» sur vos intérêts.

» Bon soir, mon ami, je vous embrasse.
» Veuve BEAUHARNAIS. »

Le 19 janvier 1796, 29 nivose an 4, le général de division Bonaparte rédige et signe un projet d'attaque intitulé : *Note sur l'armée d'Italie* (1).

19 janvier 1796.

---

qué, et on partagera peut-être mon opinion si l'on combine le reproche d'absence que fait Joséphine à Bonaparte avec l'excuse de ses occupations, qui, dans son billet du 20 octobre 1795 (28 vendémiaire an 4), l'aurait empêché d'aller la voir.

(1) On a dit que ce projet fut adressé au général Clarke, qui aurait été alors ministre de la guerre, tandis que c'était le général Aubert du Bayet, qui, nommé à ces fonctions le 5 novembre 1795 (14 brumaire an 4)*, passa, trois mois après, à l'ambassade de Turquie.

Le 17 janvier 1797 (28 nivose an 5), le général du Bayet, dans l'audience qu'il obtint du Grand-Seigneur, lui présenta une compagnie d'artillerie

* *Moniteur* (n° 45) du 6 novembre 1795 (15 brumaire an 4).

Joséphine de Beauharnais, dont le général Bonaparte avait demandé la main, adressa à une de ses amies une longue lettre dans laquelle elle lui demandait des conseils (1).

Le 3 février 1796, ou 4 pluviose an 4, il eut pour aide-de-camp le capitaine Marmont, qui, le 8 du même mois (19 pluviose an 4), fut promu au grade de chef de bataillon.

---

alors dénommée volante, et lui notifia l'avénement du Directoire exécutif : « *Au moins celui-là n'épousera pas une archiduchesse d'Autriche,* » répondit le sultan Sélim III, qui faisait ainsi allusion au propos qu'aurait tenu Cambacérès, qui aurait dit relativement à Madame, fille de Louis XVI : « *Ils voulaient tous l'épouser, à commencer par feu Robespierre.* »

De Constantinople*, il écrivit au général en chef Bonaparte, alors en Italie, une lettre dont je ne citerai que ce fragment :

« 1er août 1797 (14 thermidor an 5).

» . . . . Il doit sans doute m'être permis
» de me glorifier de vos exploits, d'abord comme
» citoyen français, ensuite comme ministre qui sut
» vous apprécier, long-temps avant votre gloire, au-
» près du Directoire exécutif. »

(1) Cette lettre n'a dû être écrite que lorsque Bonaparte était déjà général de division ; car avant cette époque, Barras n'aurait pas pu promettre pour lui, à Joséphine, le commandement en chef de l'armée d'Italie.

* Où il mourut le 17 décembre 1797 (27 frimaire an 6).

Le 23 février 1796, 4 ventose an 4, le général de division Bonaparte, commandant en chef l'armée de l'intérieur, est nommé au commandement en chef de l'armée d'Italie (1),

23 février 1796.

---

(1) Dans cette nomination, les directeurs Laréveillère-Lepeaux, Carnot et Barras se prononcèrent de suite pour Bonaparte ; Letourneur, qui penchait pour Bernadotte, et Rewbell pour Championnet, se joignirent ensuite à leurs trois collègues.

« Il n'est point vrai, » a dit Carnot, « que ce soit
» Barras qui ait proposé Bonaparte pour le comman-
» dement de l'armée d'Italie ; c'est moi-même. Mais
» sur cela, on a laissé filer le temps pour savoir
» comment il réussirait ; et ce n'est que parmi ses
» intimes que Barras se vanta d'avoir été l'auteur de la
» proposition au Directoire. Si Bonaparte eût échoué,
» c'est moi qui étais le coupable : j'avais proposé un
» jeune homme sans expérience, un intrigant ; j'avais
» évidemment trahi la patrie : les autres ne se mê-
» laient point de la guerre, c'était sur moi que devait
» tomber toute la responsabilité. Bonaparte est triom-
» phant : alors c'est Barras qui l'a fait nommer, c'est
» à lui qu'on en a l'obligation ; il est son protecteur,
» son défenseur contre mes attaques : moi, je suis
» jaloux de Bonaparte ; je le traverse dans tous ses
» desseins, je le persécute, je le dénigre, je lui refuse
» tout secours, je veux évidemment le perdre. Telles
» sont les ordures dont on remplit dans le temps les
» journaux vendus à Barras. »
(Tiré de la *Réponse au rapport fait par J.-Ch.
Bailleul sur la conjuration du 4 septembre* 1796
(18 *fructidor an* 5). Hambourg. 1799).

en remplacement du général Scherer (1).

Quand Bonaparte apprit sa nomination de Joséphine, à qui Barras avait eu la galanterie de l'annoncer, il s'écria : « J'y perdrai la tête, » ou l'on me reverra plus haut que l'on ne s'y » attend. »

« Avancez-le, » disait un général au Directoire, « ou il s'avancera sans vous. »

Très-peu de jours avant son mariage, le général Bonaparte adressa, à sept heures du matin, l'épître suivante à Mme de Beauharnais :

« Je me réveille plein de toi. Ton portrait » et l'enivrante soirée d'hier n'ont point laissé » de repos à mes sens. Douce et incomparable » Joséphine, quel effet bizarre faites-vous sur » mon cœur ! Vous fâchez-vous ? Vous vois-je » triste ? Êtes-vous inquiette !... mon âme est » brisée de douleur, et il n'est point de repos » pour votre ami..... Mais en est-il donc da- » vantage pour moi lorsque, vous livrant au

---

(1) Qui avait succédé dans ce commandement au général Kellermann, et celui-ci au général Dumerbion, qui en était encore investi lorsque le général d'artillerie Bonaparte s'éloigna de cette armée.

» sentiment profond qui me maîtrise, je puise
» sur vos lèvres, sur votre cœur, une flamme
» qui me brûle ? Ah ! c'est cette nuit que je me
» suis bien aperçu que votre portrait n'est pas
» vous. Tu pars à midi, je te verrai dans trois
» heures. En attendant *mio dolce amor*, reçois
» un millier de baisers ; mais ne m'en donne
» pas, car ils brulent mon sang.

» B....... »

Le 9 ventose an 4, 28 février 1796, le général Bonaparte écrivit et signa une note en marge de la lettre que, sous cette date, le général de brigade Duvigneau, chef de l'état-major-général de l'armée de l'intérieur (1), écrivit à un employé de ses bureaux pour le prévenir de son licenciement (2).

Lorsque fut décidé son mariage avec Joséphine de Beauharnais, le général Bonaparte, anticipant sur ses futurs priviléges d'époux,

28 février 1796.

---

(1) Il paraît qu'alors le général Hatry, qui devait remplacer le général Bonaparte au commandement de l'armée de l'intérieur, n'était pas encore arrivé à son poste, et que le général Duvigneau exerçait provisoirement ses fonctions, comme semble l'indiquer le style impératif de cette lettre.

(2) Pièces justificatives, n° LXXV.

conduisait, assez souvent à pied, sa jolie fiancée dans les différentes maisons qu'ils fréquentaient. Un jour elle le pria de l'accompagner chez M. Raguideau, vieux notaire que la jeune veuve honorait de toute sa confiance, et qu'elle consultait, non-seulement sur ses affaires d'intérêt, mais encore, comme on va le voir, sur les secrets les plus intimes que puisse renfermer un cœur de femme.

Arrivé chez le notaire (1), à la porte de la pièce où travaillaient les clercs, Joséphine se détache du bras de Napoléon qui reste dans l'étude pour l'attendre, et elle entre aussitôt dans le cabinet particulier de l'homme d'affaires. Mais le hasard veut que la jeune veuve, en entrant, laisse par mégarde la porte du cabinet entr'ouverte, de sorte que le futur entend de sa place, sans en laisser échapper un seul mot, toute la conversation qu'on va rapporter :

« M. Raguideau, » dit Joséphine, « je viens » vous faire part de mon prochain mariage. »
— « Vous ! Madame ; et avec qui ? »
— « J'épouse, dans quelques jours, le gé» néral Bonaparte. »

---

(1) Rue Saint-Honoré, près de la place Vendôme.

— « Comment ! veuve d'un militaire, vous
» allez en épouser un autre ? le général Bona-
» parte! dites-vous. Ah! oui, je me le rappelle,
» le commandant de l'armée de l'intérieur, l'ex-
» chef de bataillon qui donna à Toulon une
» leçon d'artillerie au général Carteaux.

— « Lui-même, M. Raguideau. »

— « Mais, c'est un homme sans fortune,
» Madame. »

— « Il ne possède guère, il est vrai, que
» sa maison de la rue Chantereine(1). »

— « Une bicoque ! Et votre mariage est irré-
» vocablement arrêté ? » .

— « Sans doute, Monsieur. »

— « Tant pis pour vous, Madame. »

— « Pourquoi donc, s'il vous plaît, M. Ra-
» guideau ? »

— « Pourquoi ? parce que mieux vaut res-
» ter veuve que d'épouser un petit général,
» sans avenir et sans nom. Votre Bonaparte

---

(1) Ou Bonaparte n'avait pas encore acquis cet hôtel (qui, lors de son mariage, était déjà habité par Joséphine, logeant chez sa tante Mme de Beauharnais), ou l'acte était privé, puisqu'on verra plus tard l'analyse de la vente publique qui fut passée par Me Raguideau. (Appendice, lettre S).

» sera-t-il jamais un Dumourier, un Pichegru ?
» Sera-t-il jamais l'égal de nos grands généraux
» de la république ? J'ai le droit d'en douter....
» Du reste, voyez-vous, Madame, la carrière
» des armes ne vaut rien maintenant, et je
» préférerais, moi, à tous les grades militaires
» possibles une place de fournisseur à l'armée. »

— « Chacun son goût, Monsieur, » répondit sèchement Joséphine, blessée sans doute de l'irrévérence avec laquelle le notaire avait parlé d'un homme qu'elle aimait ; « chacun
» son goût; vous voyez-vous, dans le mariage,
» une affaire d'argent.... »

— « Et vous, Madame, » interrompit alors l'obstiné Raguideau, « vous y voyez une affaire
» de cœur et d'inclination, voilà ce que vous
» vouliez dire, n'est-il pas vrai ? Eh bien ! vous
» avez tort ; les épaulettes d'or du général Bo-
» naparte vous ont trop éblouie, songez-y
» bien, et n'allez pas vous préparer un repentir
» inévitable en épousant, je le répète, un
» homme sans fortune, un homme qui n'a
» que *la cape et l'épée* » (1).

---

(1) **Plusieurs années s'écoulèrent** : les campagnes d'Italie, les victoires d'Égypte grandirent le *petit général ;* puis vint le 18 brumaire ; puis encore Napo-

En entendant cette conversation, le général qui redoutait peut-être un peu, pour ses pro-

---

léon, peu satisfait du consulat à vie, voulut l'empire ; et la France, consultée, répondit par quatre millions d'adhésions écrites qu'elle donnait l'empire héréditaire à son premier consul. Il fallut donc couronner Napoléon, et le pape vint à Paris pour la cérémonie du sacre.

Le jour de cette solennité, au moment où il allait partir pour l'archevêché, Napoléon sembla se rappeler pour la première fois le notaire Raguideau. Au sortir des petits appartements, l'empereur se promenait tout joyeux dans la salle du Trône, quand tout-à-coup il s'arrêta, et faisant signe à un de ses chambellans : « Qu'on aille chercher le notaire Ra-
» guideau, » lui dit-il ; et le chambellan fit exécuter aussitôt l'ordre de son souverain.

En apprenant que Napoléon demandait à le voir, l'homme d'affaires, surpris, se perdit dans mille conjectures sans jamais se douter, comme on le pense bien, du motif véritable de cette brusque convocation. Quand il fut arrivé aux Tuileries, et qu'il eut traversé quelques-unes de ses salles toutes resplendissantes de dorures et toutes pleines de maréchaux, de ministres et de grands-officiers de l'empire, on l'introduisit dans la salle où Napoléon l'attendait en causant avec Joséphine.

« Ah ! c'est vous, Raguideau, » dit aussitôt l'empereur en souriant à demi : « je suis bien aise de
» vous voir. »

Et sans autre préambule, il ajouta :

« Vous rappelez-vous le jour où j'accompagnai
» chez vous, en 1796, je crois, Mme de Beauharnais.

ets de mariage, le résultat des conseils de Raguideau, bouillonnait sur sa chaise, d'impa-

---

» aujourd'hui impératrice de France? » Et il appuya à dessein sur ce mot d'impératrice. « Vous rappelez-
» vous l'éloge que vous fîtes de la carrière militaire
» et le panégyrique personnel dont je fus moi-même
» l'objet? Eh bien, qu'en dites-vous maintenant,
» Raguideau? êtes-vous bon prophète?...... Vous
» annonciez que je n'aurais jamais que la cape et
» l'épée..... j'ai marché cependant, et j'ai fait plus
» d'un pas, malgré vos prédictions..... Je ne vous
» parle pas de ma fortune...... après huit ans de
» mariage, j'apporte en dot une couronne à mon
» épouse!...... la couronne de France!...... »

Et en disant ces mots, il pressait la main de Joséphine, muette d'étonnement à cette scène inattendue.

Stupéfait de cette apostrophe, mais se rappelant alors ses malencontreux pronostics, Raguideau ne put que balbutier, avec un embarras et un trouble toujours croissants, quelques paroles sans suite :

« Sire... je ne pouvais... Quoi! sire, vous avez...
» entendu......? »

— « Tout, Raguideau : les murs ont des oreilles....
» et je vous dois une punition sévère; car, enfin, si
» ma bonne Joséphine eût suivi vos conseils, ils lui
» eussent coûté, à elle, un trône, et à moi, la meil-
» leure des femmes..... Vous êtes bien coupable,
» Raguideau! »

A ces mots de *coupable* et de *punition*, le pauvre notaire, plus déconcerté que jamais, pâlit et frissonna de tous ses membres; il crut presque que l'empereur allait le faire passer devant un conseil de guerre

tience et de colère; ses brusques mouvements trahissaient, pendant cet entretien, son dépit

pour avoir osé douter de son génie et de son avenir, et allait tomber à ses genoux pour lui demander grâce, quand Napoléon, après s'être amusé pendant quelques instants de l'épouvante du *donneur de conseils*, en eut pitié, et pour dissiper ses terreurs :

« Allons, rassurez-vous, » lui dit-il avec bonté : « ma punition sera paternelle. Je vous condamne..... » à aller aujourd'hui, à Notre-Dame, assister à la » cérémonie de mon couronnement...... et que je » vous y voie !... entendez-vous, monsieur ? Trouvez- » vous dans l'église..... sur le passage de mon cor- » tége. »

Alors Raguideau, rassuré, respirant plus à l'aise, bégaya quelques excuses, et puis sortit de la salle à reculons pour se rendre à Notre-Dame; et Napoléon, de son côté, après avoir ri quelques instants avec Joséphine du *prophète Raguideau*, descendit dans la cour des Tuileries, monta en voiture et partit pour l'archevêché.

En ce moment, dix heures sonnaient à l'horloge du palais impérial, et une salve d'artillerie annonçait le départ de l'empereur; un quart-d'heure après, une nouvelle salve annonçait son arrivée.

En quittant la métropole pour retourner à l'archevêché, Napoléon aperçut Raguideau dans la foule, et lui sourit avec bonté. Le pauvre tabellion, ébloui de toute cette pompe, pouvait à peine en croire ses yeux. Seulement, quand l'empereur sourit en passant devant lui, Raguideau lui fit une salutation si profonde qu'on eût dit que son front allait toucher la terre.

et son mécontentement; enfin, il fut vingt fois sur le point d'ouvrir tout-à-fait la porte du cabinet et de dire au notaire de s'occuper de ses contrats de vente et de ses inventaires, au lieu de s'immiscer dans les affaires des autres; au moment surtout où les mots de *cape* et d'*épée* frappèrent son oreille, il se leva vivement, ses yeux étincelaient, et il fit un pas vers la porte. Heureusement la crainte de se couvrir de ridicule le retint et il alla se rasseoir sur sa chaise, un peu honteux de ce mouvement irréfléchi.

Peu d'instants après, Joséphine sortit, d'un air boudeur, du cabinet du notaire qui l'accompagna jusqu'à la porte de l'étude, et Bonaparte, en prenant le bras de sa future épouse pour la reconduire chez elle, fit à l'homme d'affaires, sans rien lui dire, le salut le plus froid et le plus dédaigneux.

Pendant le trajet, Joséphine put remarquer peut-être que Napoléon la regardait et lui pressait le bras encore plus tendrement qu'à l'ordinaire; cependant il garda avec elle le plus profond silence sur ce qu'il venait d'entendre (1).

---

(1) Et jusqu'au jour du sacre, ni Raguideau ni

Le 1ᵉʳ mars 1796, 11 ventose an 4, le général Bonaparte eut pour aide-de-camp le chef de brigade Murat (1).

1ᵉʳ mars 1796.

Le 9 mars 1796, ou 19 ventose an 4, acte de mariage (2), à Paris, de Napoléon Bonaparte (3), qui se dit encore général en chef de

9 mars 1796.

Mᵐᵉ Bonaparte n'eurent lieu de soupçonner que leur conversation avait eu pour auditeur invisible celui-là même qui en était l'objet.

(1) Il fut nommé à ce grade, le 18 novembre 1795 (27 brumaire an 4)*, pour sa belle conduite à la journée du 13 vendémiaire précédent (5 octobre 1795), au succès de laquelle il prit une part brillante en ramenant des Sablons à Paris l'artillerie conventionnelle, qui déjà était attelée par les sectionnaires de cette capitale.

(2) Pièces justificatives, acte officiel, n° LXXVI.

(3) Le mariage civil n'eut lieu qu'à dix heures du soir, parce que Napoléon s'était fait attendre longtemps à la municipalité. Là, le maire, n'ayant pu vaincre le sommeil qui l'accablait, s'était enfin assoupi. En entrant dans la salle, le général Bonaparte lui frappe vivement sur l'épaule, et lui dit avec impatience : « Allons donc, monsieur le maire ! réveillez-vous et venez vite nous marier. »

Joséphine, dit-on, avait tiré un favorable augure de cet empressement, qui n'était, en dernière analyse, que le signal de la volonté d'un homme qui voulait être obéi de suite.

* Et non, comme on l'a dit erronément, le 18 novembre 1793, puisque le 5 octobre 1795 (13 vendémiaire an 4), il était encore chef d'escadron, d'après le rapport de Bonaparte sur cette journée.

l'armée de l'intérieur (1), et de Marie-Joséphine-Rose de Tascher.

Napoléon se dit être âgé de 28 ans et être né le 5 février 1768 (2).

Sa femme se donne le même âge et exhibe un acte de naissance du 23 juin 1767 (3).

---

(1) Quoique depuis quinze jours il fût promu au commandement en chef de l'armée d'Italie, qu'on voulait peut-être cacher jusqu'à son départ de Paris.

(2) Napoléon, je l'ai déjà dit, est né le 15 août 1769 : son extrait de baptême (Pièces justificatives, n° vi), la note de M. de Kéralio, en 1783, à Brienne, et son bulletin de sortie de ce collége en 1784, le démontrent suffisamment.

Il serait possible que pour faire sa cour* à Joséphine, Napoléon ait voulu se vieillir d'un an, et se soit servi de l'acte de naissance de Joseph, son frère aîné, que quelques biographes font naître précisément le 5 février 1768.

(3) On a dit que Joséphine, née réellement le 23 juin 1763, avait substitué à son acte de naissance celui d'une de ses sœurs, qui avait quatre ans de moins qu'elle, et que cette pièce, montrée rapidement au général Bonaparte**, ne fut pas lue par

* Pour rapprocher son âge de celui de sa future, qui le dissimulait fortement, comme on va le voir.

** Qui paraît n'avoir pas été dupe de cette supercherie, puisqu'à Sainte-Hélène, il a cité une grande dame qui, en se mariant, avait trompé son mari de cinq ou six ans au moins, en imaginant de produire l'extrait baptistaire d'une sœur cadette morte depuis longtemps. L'empereur ajoutait : « La pauvre Joséphine s'exposait pour- » tant par là à de grands inconvénients : ce pourait être réellement » un cas de nullité de mariage. »

Il n'y eut pas de cérémonie religieuse (1).

L'abbé Fesch, Joseph, Louis et Jérôme assistèrent au mariage de Napoléon.

Ou il n'y a pas eu de contrat, ou probablement il n'a pas été passé par M. Raguideau (2).

En sortant de la municipalité, les époux allèrent habiter un hôtel de la Chaussée-d'Antin, rue Chantereine, n° 6 (3).

Napoléon ne goûta pas la douceur entière de la lune de miel, car la situation des affaires

---

l'officier de l'état civil, qui eut la complaisance d'en relater les diverses dispositions dans l'acte de mariage, où il oublia de donner à Joséphine la qualité de veuve de Beauharnais.

(1) Elle n'eut lieu que plus tard, et seulement trois jours avant le sacre, d'après la demande formelle du pape.

La bénédiction nuptiale fut célébrée dans la chapelle des Tuileries, à minuit, par le cardinal Fesch, devant un très-petit nombre de témoins, parmi lesquels figuraient le prince Eugène et le général Duroc, grand maréchal du palais.

(2) Cependant, plus tard, Napoléon eut recours à ce même notaire. (Appendice, lettre S.)

(3) Chez Mme Fanny, comtesse de Beauharnais, tante de la nouvelle mariée, de qui le poète Lebrun disait méchamment :

« Fanny, belle et poète, a deux petits travers :
» Elle fait son visage et ne fait pas ses vers. »

Elle est morte à Paris le 2 juillet 1813.

politiques commandaient impérieusement son départ; il employa le peu d'instants qu'il passa encore dans la capitale à régler ses affaires personnelles, à visiter les ministres, à prendre aux archives de la guerre tous les documents dont il avait besoin.

Il ne rentrait chez lui que pour travailler sur la carte des Alpes, méditer sur les états de sa nouvelle armée et de celle des ennemis et préparer son plan de campagne.

Joséphine venait l'interrompre, il lui donnait un baiser et la renvoyait. Revenait-elle encore? il redoublait la dose en murmurant un peu. Enfin, se fâchant tout-à-fait, il prenait le parti de se barricader, et quand elle se plaignait : « Patience, ma bonne amie, lui disait-il, » nous aurons le temps de faire l'amour après » la victoire. »

11 mars 1796. Le 11 mars 1796, ou 21 ventose an 4, le général Bonaparte part en poste de Paris avec son aide-de-camp Junot et l'ordonnateur en chef Chauvet (1) pour le quartier-général de l'armée d'Italie.

---

(1) Qui, immédiatement après son arrivée à Nice, fut envoyé par le général en chef pour faire des achats à Gênes, où il mourut le 2 avril 1796 (13 germinal an 4).

Il emporta avec lui, à Nice, 48,000 francs en or et 100,000 francs en traites, qui furent en partie protestées ; c'est avec ce faible secours, qui mit à sec le trésor, que le général en chef de cette armée, manquant de tout depuis longtemps, devait la conduire, au pas de charge, dans les plaines fertiles d'Italie.

Le général Bonaparte passa à Troyes (1), et à Châtillon-sur-Seine chez le père de M. Marmont (2), où il a dû s'arrêter, puisque c'est de là qu'il adressa à Joséphine une procuration pour toucher, à Paris, quelques sommes qui lui étaient dues.

Le 14 mars 1796, ou 24 ventose an 4, à six heures du soir, Napoléon était au relais de Chanceaux, d'où il écrit une seconde lettre ainsi conçue :

14 mars 1796.

« Je t'ai écrit de Châtillon et je t'ai envoyé
» une procuration pour que tu touches dif-

---

(1) Ainsi qu'on va le voir dans la lettre qu'il écrivit le 16 mars 1796 (26 ventose an 4), de Villefranche, au général Rossi.

(2) Nommé aide-de-camp du général Bonaparte le 3 février 1796 (14 pluviose an 4), et promu au grade de chef de bataillon d'artillerie le 8 février (9 pluviose) suivant.

» férentes sommes qui me reviennent.......

» Chaque instant m'éloigne de toi, adorable
» amie, et à chaque instant je trouve moins
» de force pour supporter d'être éloigné de toi.
» Tu es l'objet perpétuel de ma pensée; mon
» imagination s'épuise à chercher ce que tu
» fais. Si je te vois triste, mon cœur se déchire
» et ma douleur s'accroît; si tu es gaie, folâtre
» avec tes amis, je te reproche d'avoir bientôt
» oublié la douloureuse séparation de trois
» jours; tu es alors légère et dès lors tu n'es
» affectée par aucun sentiment profond.
» Comme tu vois, je ne suis pas facile à me
» contenter; mais, ma bonne amie, c'est bien
» autre chose si je crains que ta santé soit al-
» térée ou que tu aies des raisons d'être cha-
» grine, que je ne puis deviner; alors je re-
» grette la vitesse avec laquelle on m'éloigne
» de mon cœur. Je sens vraiment que ta bonté
» naturelle n'existe plus pour moi, et que ce
» n'est que tout assuré qu'il ne t'arrive rien de
» fâcheux que je puis être content. Si l'on me
» fait la question si j'ai bien dormi, je sens
» qu'avant de répondre j'aurais besoin de rece-
» voir un courrier qui m'assurât que tu as bien
» reposé. Les maladies, la fureur des hommes
» ne m'affectent que par l'idée qu'ils peuvent

» te frapper, ma bonne amie. Que mon génie,
» qui m'a toujours garanti au milieu des plus
» grand dangers, t'environne, te couvre, et
» je me livre découvert. Ah! ne sois pas gaie,
» mais un peu mélancolique, et surtout que
» ton âme soit exempte de chagrin, comme
» ton corps de maladie : tu sais ce que dit là-
» dessus notre bon Ossian.

» Ecris-moi, ma tendre amie, et bien lon-
» guement, et reçois les mille et un baisers de
» l'amour le plus tendre et le plus vrai. »

Suscription :

« A la citoyenne Beauharnais, rue Chante-
» reine, n° 6, à Paris. »

Le 16 mars 1796, ou 26 ventose an 4, le
général Bonaparte était à Villefranche d'où il
adressa (1) la lettre suivante au général Antonio
de Rossi (2), à Avallon:

---

(1) Pièces justificatives, n° LXXVII.
Cette lettre, qui a été écrite par Junot, et dont
l'adresse est de la main de Napoléon, est néanmoins
très-curieuse, en ce que c'est sans doute pour la
première fois qu'il a supprimé l'*u* de son nom (puisqu'il signa encore *Buonaparte* dans son acte de mariage, sept jours auparavant).

(2) Qui, en 1792, comme on l'a vu, avait nommé
Bonaparte adjudant-major d'un bataillon de volontaires.

« J'ai reçu, mon cher parent, l'invitation que
» vous avez bien voulu me faire de passer
» quelques jours chez vous ; vous me rendez
» trop de justice pour douter du plaisir que
» j'aurais eu à passer quelques instants avec
» vous, mais des raisons de service m'ont
» obligé de passer par Troyes ; je serai plus
» heureux j'espère dans une autre circons-
» tance ; si je puis vous être bon à quelque
» chose à l'armée d'Italie, je vous prie de
» compter toujours sur l'estime et l'amitié que
» vous avez droit d'attendre de moi. »

Napoléon continuant sa route par Lyon descendit de voiture près la porte de la Citadelle, à Valence, traversa la ville en faisant une visite à Mmes Sucy (1), à son ancienne hôtesse et à la famille Aurel, et pour rejoindre sa voiture qui relayait au faubourg Saunière, il longea la place des Clercs, y accosta M. Boveron-Desplaces aîné (2) et lui fit des offres de service (3).

---

(1) Dont il allait revoir le fils et le frère.

(2) Qu'il avait connu en Corse et à Valence.

(3) Qu'il a réalisées plus tard, courrier par courrier, lorsque l'avocat demanda au premier consul la présidence du tribunal civil de l'arrondissement de Valence, qui venait d'être vacante par la mort de M. Chaix Deloche.

Lors de sa rencontre avec Bonaparte, M. Desplaces se promenait avec l'abbé Bosc (1) que le premier reconnut très-bien (2).

De Valence, le général passa à Marseille et débarqua à l'hôtel Beauveau.

Il revit sa famille logée rue Paradis, Lucien qui venait d'être réintégré comme commissaire des guerres (par le représentant Fréron qui avait une nouvelle mission dans le midi) et ses trois sœurs, habitant avec leur mère (3).

Il passa en revue la garnison de Marseille (4) et dîna chez Fréron, qui recherchait Paulette en mariage, avec l'adjudant-général Leclerc (5) qui commandait dans cette place.

Le 24 mars 1796, ou 4 germinal an 4, le

---

(1) Qu'il avait connu, comme on a vu, en 1788, à Valence.

(2) Et à qui, plus tard, l'empereur fit offrir un évêché que l'abbé crut devoir refuser.

(3) Joseph, dit-on, n'était pas encore arrivé de Paris; Louis, qui venait d'être nommé aide-de-camp de son frère, était en arrière; Jérôme venait d'être placé au collége de Juilly.

(4) Qui, ainsi que la 8ᵉ division militaire, faisait partie de l'armée d'Italie.

(5) Qui l'épousa peu après.

général Bonaparte était déjà arrivé à Toulon (1) où il reçut la visite de la marine (2) et de la garnison, qu'il inspecta.

25 mars 1796.
Le 25 mars 1796, ou 5 germinal an 4, le général en chef Bonaparte arriva à Nice, quartier-général de l'armée d'Italie (3).

---

(1) Puisque, sous cette date, le représentant Fréron lui adresse une lettre (Pièces justificatives, n° LXXVIII) qui, combinée avec le départ caché de Bonaparte pour Toulon, démontre clairement que le prétendu acquiescement donné verbalement par celui-ci au mariage de sa sœur n'était qu'une véritable défaite confirmée plus tard par un refus plus prononcé.

(2) M. Decrès, alors capitaine de vaisseau, et depuis ministre de la marine sous Napoléon, empereur, dit qu'avant sa nomination au commandement en chef de l'armée d'Italie, il l'avait beaucoup connu à Paris, et se croyait, lorsqu'il passa à Toulon pour se rendre à Nice, en toute familiarité avec lui : « Aussi, quand nous apprenons, » disait-il, « que le » nouveau général va traverser la ville, je m'offre » aussitôt à tous les camarades pour les présenter, » en me faisant valoir de mes anciennes liaisons avec » lui. Je cours plein d'empressement, de joie. Le » salon s'ouvre. Je vais m'élancer, quand l'attitude, » le regard, le son de voix, suffisent pour m'arrêter. » Il n'y avait pourtant en lui rien d'injurieux; mais » c'en fut assez : à partir de là, je n'ai jamais été tenté » de franchir la distance qui m'avait été imposée. »

(3) Ce fait est prouvé 1° par la lettre que, dès le 27 mars (7 germinal), il adresse de cette place au

Le 27 mars 1796, ou 7 germinal an 4, le général de division Bonaparte prend, à Nice, le commandement en chef de l'armée d'Italie (1).

Ainsi ce héros qui jusqu'alors n'avait appartenu qu'à la France, bientôt, appuyé sur les ailes de la victoire, s'élancera vers la postérité.

---

commissaire-ordonnateur en chef (Pièces justificatives, n° LXXXI); 2° parce que, dans cette lettre, il lui en rappelle une autre qu'il lui a écrite la veille, par conséquent le 26 mars (6 germinal); 3° et principalement par une autre dépêche, datée aussi de Nice le 1er avril 1796 (12 germinal an 4), où le général en chef dit au commissaire-ordonnateur Sucy : « Il y a sept jours que je suis arrivé. » (Appendice, lettre AA.)

(1) Comme on le voit aussi par sa lettre précitée, dudit jour, à l'ordonnateur Sucy, sous le n° 88 de son registre de correspondance, et par la lettre que le lendemain 28 mars 1796 (8 germinal an 4) il adressa au Directoire exécutif : « Je suis depuis plu-
» sieurs jours dans l'enceinte de l'armée dont j'ai
» pris depuis hier le commandement. »

CHAPITRE XXV
ou
APPENDICE.

Correspondance du général en chef de l'armée d'Italie avec l'ordonnateur Sucy; billets autographes de Napoléon à M. de Sucy pour objets de service et à Carnot sur Joséphine; mission militaire en Turquie; Joséphine se rend à Milan; correspondance de Napoléon avec le Directoire exécutif sur Malte et l'Égypte; démission itérative donnée par le général en chef au Directoire qui la refuse; billet autographe à ce sujet que Napoléon adresse à Barras; annonce la paix; son voyage à Rastad et Paris; Napoléon et Raguideau; général en chef de l'armée d'Égypte, Napoléon est autorisé à revenir; lettre de Louis Bonaparte au citoyen Aurel; Napoléon passe à Valence; lettre sur lui du général Championnet au Directoire; manuscrit de l'île d'Elbe; testament et codicilles de l'empereur Napoléon.

A.

(N° 4 du registre de M. de Sucy. — Brouillon écrit par M. de Montalivet.)

Au quartier-général de Savone, le 11 germinal an 4 de la république française (31 mars 1796).

Le commissaire ordonnateur S. Sucy, au général en chef Buonaparte.

J'ai reçu hier à Gênes, général, la lettre que vous avez adressée au commissaire ordonnateur en chef Chauvet. Il ne pourra se rendre à vos désirs, étant retenu au lit par une maladie d'un caractère assez grave et qui probablement l'empêchera de s'occuper des affaires de l'armée pendant une quinzaine de jours. Je tâcherai de suppléer, d'ici et de Gênes, à ce contre-temps fâcheux.

L'objet le plus pressant est le fourrage, puisque, du 10 au 27 courant, il vous arrive sur le Var 4,000 chevaux, indépendamment des moyens de transports, soit pour l'artillerie, soit pour les autres services que vous attendez de l'intérieur.

J'ai vu le citoyen Novaro en partant de Gênes; Chauvet lui avait fait donner 60,000 fr. de Gênes, F. B°., et déjà il espérait faire filer, sur Oneille et Albenga, 8,000 quintaux de foin des environs de Gênes, ainsi que 28,000 boisseaux de grenailles, mais ces expéditions ne seront faites que dans le courant de la décade, et la voie de mer étant incertaine je ne puis vous dire le moment précis de l'arrivée des bâtiments sur ces deux places. J'ai pris d'ailleurs des mesures pour activer leur chargement et leur départ.

Le général Casalta espère obtenir 800 à 1,000 quintaux de la vallée; Novaro y envoie quelques fonds pour faciliter leur entrée ; il faudra aussi prendre à Albenga tout ce qui s'y trouvera, ainsi qu'aux environs. Le commissaire du gouvernement Salicetti vient de me dire qu'un nommé Picommi ferait filer 4,000 quintaux sur Albenga ; voilà toutes les ressources que je puis vous annoncer pour le moment et que je connais ; voilà sur quoi vous pouvez compter, c'est bien peu de chose ; j'en fais part au commissaire-ordonnateur Lambert. Je lui communique également la répartition d'une somme de 285,064 fr. F°. B°. de Gênes que le commissaire du gouvernement a fait mettre à ma disposition.

Dès avant-hier, j'ai cherché à prendre connaissance des mesures prises par l'ordonnateur Chauvet, et ne pouvant obtenir de lui des renseignements, j'ai rassemblé les personnes avec lesquelles je pensais qu'il avait traité. Plusieurs marchés étaient commencés mais aucun n'était arrêté ; après m'être concerté avec le commissaire Salicetti, j'en signerai plusieurs pour des objets pressants, et sur lesquels il y avait des arrangements pris.

Vous aurez d'ici à dix jours 60,000 paires de souliers rendues à Savone, Final, Loano, Albenga et Finale ; 6 à 7,000 sacs pour les vivres.

Je vais arrêter un marché passé par Chauvet, par lequel vous aurez 700   de
dans la rivière, depuis Vintimiglia jusqu'à
    . 50,000 fr. ont été destinés pour assurer ces arrangements.

Dès le 21, l'on donnera la viande fraîche dans les postes de la rivière, et le 25, à Orméa, Garessio et Bardinetto.

Le commissaire ordonnateur Lambert était chargé, par l'ordonnateur en chef Chauvet, de prendre les rênes de l'administration jusqu'à son retour, il peut continuer, seulement je l'engage à commencer ses dispositions pour le service des commissaires des guerres que j'avais concerté avec Chauvet. Je le prie de vous communiquer ma lettre.

Je serai alternativement ici et à Gênes, jusqu'à nouvel ordre, ainsi que cela sera le plus nécessaire.

Salut et fraternité.

AA.

(N° 245 du registre de correspondance du général Bonaparte.)

Au quartier-général à Nice, le 12 germinal an 4 (1ᵉʳ avril 1796).

Bonaparte, général en chef de l'armée d'Italie, au citoyen Sucy, commissaire ordonnateur.

Si l'ordonnateur en chef m'eût envoyé, il y a sept jours que je suis arrivé, une lettre pareille à celle que je reçois de vous, mon cher ordonnateur, j'eusse pris des mesures pour assurer le service des fourrages; mais toutes les lettres que j'ai reçues de Gênes tendaient à m'endormir.

La route, depuis le Rhône au Var, est approvisionnée; Nice l'est pour un mois; Menton l'est également.

Par le courrier que je vous expédie, j'écris au citoyen Navarre pour le presser et je donne des ordres au général Casalta; je serai demain au soir à *la Bordiguières*; vous recevrez ci-joint l'état du mouvement de la cavalerie, les charrois filent à force, et demain il part 2,000 mulets, ils seront tous adressés à Finale et Vado.

Si le citoyen Navarre est de bonne foi, avec les avances qu'il a reçues à Paris et les 60,000 fr. que vous lui avez donnés, vous ne devriez plus avoir d'inquiétudes ; transportez-vous à *Varegio* et prenez des engagements pour 30,000 fr., à condition que les fourrages seront rendus à *Loano*, *Finale*, *Oneille* avant le 25 du mois, je ferai honneur à vos engagements à Albenga.

Le blé est assuré par la compagnie *Flosque*, ce citoyen qui se rendra à Gênes m'a promis 20 mille paires de souliers qui seront payés à Paris.

Je ferai partir demain 5 mille paires d'ici ; 12 mille paires partiront de Marseille ; vous remettrez la lettre ci-jointe, par laquelle Collot ordonne à sa maison de faire partir 10 mille paires de souliers et huit cents quintaux de foin. Pressez le départ des souliers que vous avez achetés.

Je pars demain pour la Bordiguières ; je serai à Albenga le 15 ; je vous y attends le plus tôt possible.

Le quartier-général, composé de tous les agents des services, est parti aujourd'hui. Lambert part avec moi.

Adieu, mon cher ordonnateur, activité et courage.

BONAPARTE.

B.

Brouillon d'une lettre de M. de Sucy, au général en chef Bonaparte.

L'ordonnateur en chef, mon cher Bonaparte, me mande que vous revenez encore à l'idée de me revoir à l'armée ; ce n'est point avec vous que je dirai que je suis ici par ordre du gouvernement, mais c'est avec peine que je combattrai, par d'autres motifs, ce projet. Tous les jours ajoutent à la persuasion où je suis que je puis être utile ici, et l'envie que certaines gens ont de m'en éloigner m'en est une nouvelle preuve. S'il faut quelqu'un pourquoi n'y resterais-je pas ? Ai-je démérité depuis que l'on m'a accordé ce poste comme un moyen de me reposer. Je vous l'ai déjà dit : ici je puis servir l'armée comme administrateur; ailleurs cela m'est impossible. Mon épuisement physique et moral est un obstacle plus encore que l'opinion où je suis, que ne pouvant faire le bien, il est inutile que je me déplace en devenant témoin impuissant du mal; il faudrait des potences pour votre administration, il n'est point dans mes principes de les relever; je crois avoir rempli ma tâche; mon zèle m'a usé; je n'ai plus de moyens pour reprendre des travaux qui demandent une tête fraîche et forte.

Je suis flatté, je vous dois la vérité, mon cher Bonaparte; me tirer d'ici est me perdre pour une carrière que je ne puis reprendre par la répugnance que m'a donnée tout ce que j'ai vu. Chacun a le sentiment de soi; je vous assure que je me trouve déplacé avec les agents immoraux, sans honneur et sans patriotisme, qui sont encore en grand nombre à votre armée.

Tout ce que je vous ai dit là-dessus n'était pas un subterfuge; si malgré mes observations vous persistez dans vos idées, c'est que vous croirez ma démission un sacrifice utile à la patrie. J'ai fait jusqu'à présent le bien que j'ai pu pour le bien même, je tâcherai de supporter ce que le sentiment de l'ingratitude a de pénible pour un ami sensible et délicat.

Si mon attachement a encore quelque prix pour vous, recevez-en l'assurance.

(Cette lettre doit être postérieure au 14 germinal an 4, date d'une lettre (que j'ai) par laquelle l'ordonnateur Sucy informe de Savonne le général en chef à Albenga, que l'ordonnateur en chef Chauvet est mort la veille à Gênes.

En refusant d'être de nouveau ordonnateur en chef de l'armée d'Italie, M. de Sucy cédait peut-être à un mouvement de dépit contre Bonaparte, ne voulant pas succéder à Chauvet, qui, amené par lui de Paris, deux ans auparavant, avait été l'adjoint de M. de Sucy, alors commissaire des guerres à Valence.)

BB.

Billet sans date (1) *autographe de Bonaparte, général en chef de l'armée d'Italie, à l'ordonnateur Sucy, à Gênes.*

Dépêche, je te prie, mon cher Sucy, le

---

(1) Ce billet, sur un carré de papier, à tranches dorées, doit avoir été écrit à Milan, peu après le 21 mai 1796, ou 2 prairial an 4, date d'une lettre que le général Bonaparte adressa aux citoyens Paravicini et Braccini dont le nom est identique avec le déten-

citoyen Paravicini (1) qui doit aller sur-le-champ à Livourne pour où je l'ai chargé d'une commission. Ses appointements commenceront de floréal jusqu'aujourd'hui.

Je te salue. Tout va bien ici.

BONAPARTE.

C.

Billet de Bonaparte au directeur Carnot.

Je suis au désespoir, ma femme ne vient pas ; elle a quelque amant qui la retient à Paris. Je maudis toutes les femmes, mais j'embrasse de cœur mes bons amis.

BONAPARTE.

CC.

Mission militaire à Constantinople.

Après l'avènement du général Bonaparte au commandement en chef de l'armée d'Italie, le

---

teur des nombreuses lettres copiées récemment, en Corse, par M. Blanqui, membre de l'Académie des sciences morales et politiques.

(1) Dont le nom a déjà figuré au texte.

BB

dépêche je te prie Marchand avec la Ce,
Faraovieuxi qui doit aller sur le champ à Avourin
pres au ou je l'ai chargé d'une commission —
les appartements Commencent de flerir
jusqu'aujourd'hui. —
Je te salue ; tout va Ceurou —

Bonaparte

C

je fais Interprir mon femme rustire, pas, elle
a quelque amis cet Parisiens exprès ce n'avedt tusorles francais
Nous Zenballe decom meromo moi

Bonaparte

Directoire exécutif donnant suite aux projets que Napoléon avait soumis au Comité de Salut public, six mois auparavant, se décida à envoyer à Constantinople une mission militaire, ainsi composée :

Le général de division Aubert du Bayet, ambassadeur; le général de brigade Ménars; les aides-de-camp Carra-Saint-Cyr (1) et de Casteras (2); le capitaine du génie Bertrand (3);

---

(1) Epousa la veuve du général Aubert du Bayet; est devenu général de division.

(2) Ancien officier, comme son collègue, dans le régiment d'infanterie de Bourbonnais, d'où sortait aussi le général Aubert du Bayet.

(3) Qui a été officier-général du génie et grand maréchal du palais de l'empereur Napoléon dont il a partagé l'exil.
Traversant l'Italie, le capitaine Bertrand alla faire une visite au général en chef Bonaparte, qui, le voyant officier du génie, lui donna une commission relative au métier : c'était peu loin du quartier-général; à son retour, le capitaine Bertrand vint certifier au général en chef qu'il avait trouvé la chose impossible. Sur quoi, celui-ci lui dit avec bonté : « Mais, voyons un peu, monsieur, comment vous y êtes-vous pris ? ce qui est impossible pour vous, ne l'est peut-être pas pour moi. » — En effet, à chacun des moyens du capitaine Bertrand, Napoléon répliquait : Je le crois bien, et en substituait d'autres, si

des officiers instructeurs d'infanterie et de cavalerie ; les officiers d'état-major de l'artillerie Cuny et Obert (1) ; des officiers d'ouvriers d'artillerie ; la 1re compagnie (2) du 1er régiment d'artillerie à cheval qui était commandée par les citoyens Legrand, capitaine-commandant, qui, malade au moment du départ, ne suivit pas le mouvement ; Camus, capitaine en second qui, hors d'état de continuer à servir activement, revint avant sa compagnie de Constantinople à Valence, où était stationné le

---

bien qu'en peu d'instants, le premier fut convaincu et se retira, non sans emporter, disait-il à Napoléon sur le rocher de l'exil, un sentiment profond et des souvenirs qui l'ont si bien servi depuis.

(1) Cités (quoique leur nom y ait été défiguré) dans le projet soumis par le général Bonaparte au Comité de Salut public. (Page 397)

(2) Cette compagnie n'était pas destinée à aller à Constantinople, mais le général Aubert du Bayet qui la rencontra en Italie la trouva si belle, qu'il demanda et obtint l'ordre de l'emmener en Turquie, en échange d'une autre compagnie dite de Paris, qui était arrivée trop tard à Toulouse, pour concourir à la réorganisation du 1er régiment, et que le chef de brigade Jaillot, pour s'en débarrasser, avait destinée à cette expédition.

1er régiment d'artillerie à cheval (1); et Vallier, lieutenant, qui plus tard ramena cette compagnie de Turquie en France ; M. de Pampelonne (2), directeur de la fonderie et de l'arsenal qu'on se proposait d'établir à Constantinople ; et une soixantaine d'artistes exerçant des professions ayant rapport à l'artillerie.

Le général Aubert du Bayet se rendit, avec son état-major, à Toulon (3) ; il s'embarqua

---

(1) Il fut placé à la tête de la 3me compagnie du même régiment et mourut à l'hôpital de Valence, le 12 mai 1799 (23 floréal an 7).

(2) M. de Pampelonne, mon parent, avait été grand-vicaire de l'évêque de Viviers, député de la sénéchaussée de Villeneuve-de-Berg, en 1789, aux États-généraux à Paris, où il se lia avec les membres les plus distingués de l'Assemblée constituante, dont il partageait les opinions. Il échappa au régime de la terreur en devenant l'un des entrepreneurs de la fonderie de Valence.

(3) En passant par Valence, malheureusement pour cette ville, d'où il fit diriger sur Constantinople tout le matériel de la fonderie et de l'arsenal (qui, dès-lors, furent supprimés par le fait); espérant ainsi faire décider la question* de l'école d'artillerie en faveur de la ville de Grenoble, d'où le général Aubert du Bayet était originaire et où il avait épousé la nièce de Mgr. l'évêque.

* Depuis si long-temps débattue.

sur un bâtiment qui, poursuivi par les Anglais, fut obligé de se réfugier à Gênes où l'ambassade débarqua, traversa l'Italie que conquerrait le général Bonaparte, le golfe Adriatique et se rendit par terre (1) à Constantinople.

L'artillerie à cheval s'embarqua plus tard à Toulon, sans chevaux ni canons, et put arriver à Constantinople après avoir échappé aux croisières anglaises.

Les artistes qu'on avait recrutés, en grande partie à Paris, en partirent individuellement à la fin d'avril 1796 (commencement de floréal an 4).

Le 23 juin 1796 (5 messidor an 4), ils s'embarquèrent à Toulon.
Le 6 juillet 1796 (18 messidor), ils arrivèrent à Gênes où ils débarquèrent*.
Le 16 — 28 — à Voltaggio.
Le 17 — 29 — à Tortonne**.
Le 27 — (9 thermidor) à Voghere.
Le 28 — 10 — à Pavie**.
Le 3 août 1796 16 — à Plaisance.

---

(1) Par la même route suivie par les artistes attachés à l'artillerie.

* A cause des Anglais qui croisaient devant le port.
** Ces haltes et contre-marches étaient subordonnées au mouvement de l'armée française en Italie.

J	Le	4 août 1796	(17 thermidor)	à Borgo-San-Donino et retour à Plaisance*.	
J	Le	6	—	19	—	à Borgo-San-Donino (de nouveau).
J	Le	7	—	20	—	à Plaisance, encore.
J	Le	12	—	25	—	à Borgo-San-Donino, pour la 3me fois.
J	Le	14	—	27	—	à Parme.
J	Le	15	—	28	—	à Reggio.
J	Le	16	—	29	—	à Modène.
J	Le	17	—	30	—	à Bologne*.
J	Le	6 sept. 1796	(20 fructidor)	à Imola et Faenza.	
J	Le	7	—	21	—	à Césène et Rimini où ils s'embarquèrent.
I	Le	11	—	25	—	à Zara où ils débarquèrent.
I	Le	12	—	26	—	à Sebenico.
I	Le	15	—	29	—	à Tourretti?
I	Le	16	—	30	—	à Darnis.
I	Le	17	—	(1er jour C^{re})	à Sign.
I	Le	19	—	(3me jour C^{re})	à Bilebrig?
I	Le	20	—	4	—	à Snitze?
I	Le	21	—	5	—	à Ouskioup.
I	Le	22	—	(1er ven. an 5)	à Travnick.
I	Le	26	—	5	—	à Tarotsi?
I	Le	27	—	6	—	à Bosna-Saraï.
I	Le	29	—	8	—	à Pratche.
I	Le	1er oct. 1796	10	—	à Kianitz?
I	Le	2	—	11	—	à Bolanitz?
I	Le	3	—	12	—	à Pripol.
I	Le	4	—	13	—	à Chénitsa.

---

*. Ces haltes et contre-marches étaient subordonnées au mouvement de l'armée française en Italie.

Le 5 oct. 1796 (14 vend. an 5) à Leni-Khané.
Le 6   —   15   —   à Novi-Bazar.
Le 7   —   16   —   à Bagniska.
Le 8   —   17   —   à Ouchitern, d'où ils sont partis le même jour pour Pristina à cause de la peste.
Le 10 oct. 1796 (19 vend. an 5) à Katchianik.
Le 11   —   (20 vendém.) à Ouskiup.
Le 12   —   21   —   à Komanovaz.
Le 13   —   22   —   à Stratchina.
Le 14   —   23   —   à Palanka.
Le 15   —   24   —   à Ghioustenetil.
Le 16   —   25   —   à Doubnitsa.
Le 17   —   26   —   à Samakov.
Le 18   —   27   —   à Bagna.
Le 20   —   29   —   à Bazardgik.
Le 21   —   30   —   à Philippopoli.
Le 22   —   (1er brumaire) à Dervent-Cimimali.
Le 23   —   2   —   à Sémiskia.
Le 24   —   3   —   à Elepkia.
Le 25   —   4   —   à Andrinople.
Le 28   —   7   —   à Absa.
Le 31   —   10   —   à Bourgas.
Le 1er nov. 1796   11   —   à Tchorlou.
Le 2   —   12   —   à Buvadoz.
Le 3   —   13   —   à Kukusegmega.
Le 4.   —   14   —   à Constantinople.

Alors le général Aubert du Bayet et son état-major, et la compagnie d'artillerie à cheval, étaient déjà arrivés dans cette capitale.

Après deux ans de séjour à Constantinople,

les Français qu'y avait amenés cette mission retournèrent dans leur patrie, après avoir perdu leur chef et leur liberté, à la suite de l'expédition de l'Égypte qui indisposa la Porte Ottomane contre la République française. La compagnie d'artillerie légère était déjà retournée en Italie.

Cependant avant cette époque une vingtaine d'artistes étaient rentrés en France, en profitant du retour de la frégate *la Sérieuse*, qui avait porté Mme Aubert du Bayet de Toulon à Constantinople.

D.

Notes sur le voyage que fit Joséphine de Paris à Milan.

Après la prise de Milan par l'armée française en Italie, et au commencement de messidor an 4 (1), ou à la fin de juin 1796, Mme Bonaparte partit de Paris et alla rejoindre le général en chef son mari.

---

(1) Le passeport qui a servi à Mme Bonaparte pour ce voyage, a été délivré par le Directoire exécutif le 24 juin 1796 (6 messidor an 4.)

Joséphine était accompagnée de MM. Joseph Bonaparte, Junot, aide-camp du général Bonaparte, et Hippolyte Charles, capitaine adjoint à l'adjudant-général Leclerc, tous les quatre dans la même voiture.

Le prince Serbelloni, homme influent et patriote, de Milan, qui rendait ainsi, au nom de cette capitale, un hommage à la femme du général en chef, était dans la seconde voiture.

La troisième contenait les gens de service de Joséphine.

Ce fut plus tard que Mme Bonaparte mère arriva en Italie avec ses trois filles, dont l'une, Elisa, épousa le chef de brigade Bacciochi, et l'autre, Pauline, fut unie à l'adjudant-général Leclerc.

E.

MALTE.

Paris, le 15 prairial an 5 ou 3 juin 1797.

Le Ministre des relations extérieures au général Bonaparte.

.... Nous sommes instruits, depuis assez long-temps, que le prince de la Paix a le désir de devenir grand-maître de Malte : nul doute qu'il ne fasse les démarches les plus actives pour y parvenir. Il obtiendra aisément du roi d'Espagne, ou fera lui-même, le sacrifice de 5 ou 600,000 francs que vous jugerez nécessaires. Quant à l'expédition militaire, si on ne peut s'en dispenser, il est plus convenable qu'elle soit faite par l'Espagne; elle est d'ailleurs impossible pour nous. Malte ayant observé exactement la neutralité, ayant même plusieurs fois secouru nos vaisseaux et nos marins, nous n'avons aucun prétexte d'entrer en guerre avec elle, et à-coup-sûr le Corps législatif ne verrait pas de bon œil des hostilités contre elle ; tout ce que vous proposez peut être exécuté par l'Espagne, et ce sera avec ardeur, puisque celui qui gouverne ce royaume doit en profiter. Le Directoire me charge d'écrire sur cet objet à notre ambassadeur.

Ch. Delacroix.

F.

RÉPUBLIQUE FRANÇAISE. LIBERTÉ, ÉGALITÉ.

Au quartier-général de Montebello, ce 11 messidor an 5 de la république une et indivisible (29 juin 1797).

Bonaparte général en chef de l'armée d'Italie au citoyen Sucy, commissaire ordonnateur de présent à Milan.

J'ai reçu, citoyen, la note que vous m'avez remise de M. l'abbé Zanni. Vous pouvez en conséquence lui dire de se rendre à Milan et que je lui ferai donner l'argent nécessaire pour se rendre à Paris.

BONAPARTE.

Adresse :

Au citoyen Sucy, commissaire-ordonnateur, Milan. Cachet, cire rouge avec l'empreinte de la déesse de la Liberté, *Armée d'Italie* en exergue, et au-dessous, *République française.*

La pièce ci-dessous doit être un projet de lettre de recommandation du général en chef de l'armée d'Italie au ministre de l'intérieur, rédigé ou par M. de Sucy qui, comme on vient de le voir, portait de l'intérêt à l'abbé Zanni, ou par Bonaparte lui-même, qui alors aurait fait parvenir cette copie à l'ordonnateur :

« M. l'abbé Zanni, de Parme, citoyen mi-
» nistre, travaille depuis longues années à un
» ouvrage qui embrasse toute la partie histo-
» rique des arts de dessin depuis leur renais-
» sance. Le duc de Parme et différents
»   lui ont fourni les moyens de faire des
» recherches en Italie et en Allemagne. Il ne
» connaît pas la France. J'ai cru qu'il serait
» avantageux que M. l'abbé Zanni pût parler
» de notre école et de ses produits avec plus
» de connaissance de cause. Il en a un grand
» désir. Je l'envoie à Paris. C'est un homme
» simple, mais d'un grand savoir.
» Ce voyage le déterminera à donner une
» édition française de son ouvrage qui sera
» composé de 20 volumes in-8°, sous le titre
» d'*Encyclopédie des beaux-arts*. Il deviendra
» classique dans cette matière pour laquelle il
» n'existe pas de traité élémentaire.
» Je vous invite, citoyen ministre, et vous
» prie de faciliter à M. l'abbé Zanni les re-

» cherches qu'il se propose de faire dans nos
» collections nationales et particulières, en lui
» accordant la protection du gouvernement. »

G.

Passériano, le 27 fructidor an 5 ou 13 sept. 1797.

Le général Bonaparte au Ministre des relations extérieures.

.... Pourquoi ne nous emparerions-nous pas de l'île de Malte ? L'amiral Brueys pourrait très-bien mouiller là et s'en emparer; 400 chevaliers, et au plus un régiment de 500 hommes, sont la seule garde qu'ait la ville de La Valette. Les habitants, qui montent à plus de 100,000, sont très-portés pour nous et fort dégoûtés de leurs chevaliers, qui ne peuvent plus vivre et meurent de faim ; je leur ai fait exprès confisquer tous leurs biens en Italie. Avec l'île de Saint-Pierre que nous a cédée le roi de Sardaigne, Malte, Corfou, nous serions maîtres de toute la Méditerranée.

S'il arrivait qu'à notre paix avec l'Angleterre

nous fussions obligés de rendre le cap de Bonne-Espérance, il faudrait alors nous emparer de l'Égypte. Ce pays n'a jamais appartenu à une nation européenne, les Vénitiens seuls y ont eu une prépondérance précaire. On pourrait partir d'ici avec 25,000 hommes escortés par 8 ou 10 bâtiments de ligne ou frégates vénitiennes, et s'en emparer.

L'Égypte n'appartient pas au Grand-Seigneur.

Je désirerais, citoyen ministre, que vous prissiez à Paris quelques renseignements et me fissiez connaître quelle réaction aurait sur la Porte notre expédition d'Égypte.

Avec des armées comme les nôtres, pour qui toutes religions sont égales, mahométane, cophte, arabe, etc., tout cela nous est indifférent : nous respecterons les unes comme les autres.

BONAPARTE.

H.

Paris, le 2 vendémiaire an 6 ou 23 sept. 1797.

Le Ministre des relations extérieures au général en chef Bonaparte.

Le Directoire approuve vos idées sur Malte. Depuis que cet Ordre s'est donné un grand-maître autrichien, M. de Hompesch, le Directoire s'est confirmé dans le soupçon, déjà fondé sur d'autres renseignements, que l'Autriche visait à s'emparer de cette île; elle cherche à se faire puissance maritime dans la Méditerranée; c'est pour cela qu'elle a demandé de préférence, dans le traité de Léoben, la partie de l'Italie qui avoisine la mer; qu'elle s'est hâtée de s'emparer de la Dalmatie, qu'elle a trahi son avidité en prenant Raguse dont il n'avait pas été parlé; outre cela, comme elle dispose du gouvernement napolitain, Malte aurait pour elle un double avantage et servirait à attirer à elle toutes les productions de la Sicile. Ce n'est pas seulement dans des vues de commerce qu'elle a voulu émigrer du centre de l'Italie vers les côtes de cette presqu'île, mais encore dans des vues de conquêtes, plus éloignées à la vérité, elle se ménage les moyens d'attaquer par terre les provinces turques, auxquelles elle confine par l'Albanie et la Bosnie, tandis que, de concert avec la Russie, elle aurait pris ces mêmes provinces par le revers en entrant dans l'Archipel avec une flotte russe. Il est de notre intérêt de prévenir tout accroissement maritime de l'Autriche, et le Directoire désire que vous preniez les mesures nécessaires pour empêcher que Malte ne tombe entre ses mains.

Quant à l'Égypte, vos idées à cet égard sont grandes et l'utilité doit en être sentie. Je vous écrirai sur ce sujet *au large*. Aujourd'hui je me borne à vous dire que si l'on en faisait la conquête, ce devrait être pour déjouer les intrigues russes et anglaises qui se renouvellent si souvent dans ce malheureux pays. Un si grand service rendu aux Turcs les engagerait aisément à nous y laisser toute la prépondérance et les avantages commerciaux dont nous avons besoin. L'Égypte, comme colonie, remplacerait bientôt les productions des Antilles, et, comme chemin, nous donnerait le commerce de l'Inde; car tout, en matière de commerce, réside dans le temps, et le temps nous donnerait cinq voyages contre trois par la route ordinaire.

Ch.-Ma. Talleyrand.

I.

Passériano, le 4 vendémiaire an 6 (1).

Au Directoire exécutif.

Un officier est arrivé avant-hier de Paris à l'armée d'Italie ; il a répandu dans l'armée qu'il était parti de Paris, le 25, qu'on y était inquiet de la manière dont j'aurais pris les événements du 18 ; il était porteur d'une espèce de circulaire du général Augereau à tous les généraux de division de l'armée.

Il avait une lettre du ministre de la guerre à l'ordonnateur en chef qui l'autorisait à prendre tout l'argent dont il aurait besoin pour sa

---

(1) Tout prouve que cette lettre, quoique datée réellement du 4 vendémiaire an 5, est néanmoins du 4 vendémiaire an 6, ou 25 septembre 1797.

route ; vous en trouverez la copie ci-jointe. Il est constant, d'après tous ces faits, que le gouvernement en agit envers moi à-peu-près comme envers Pichegru après vendémiaire.

Je vous prie, citoyens directeurs, de me remplacer et de m'accorder ma démission. Aucune puissance sur la terre ne sera capable de me faire continuer de servir après cette marque horrible de l'ingratitude du gouvernement à laquelle j'étais bien loin de m'attendre.

Ma santé, considérablement affectée, demande impérieusement du repos et de la tranquillité.

La situation de mon âme a aussi besoin de se retremper dans la masse des citoyens. Depuis trop long-temps un grand pouvoir est confié dans mes mains. Je m'en suis servi dans toutes circonstances pour le bien de la patrie: tant pis pour ceux qui ne croient point à la vertu et pourraient avoir suspecté la mienne. Ma récompense est dans ma conscience et dans l'opinion de la postérité.

Je puis, aujourd'hui que la patrie est tranquille et à l'abri des dangers qui l'ont menacée, quitter sans inconvénient le poste où je suis placé.

Croyez que s'il y avait un moment de péril

je serais au premier rang pour défendre la liberté et la constitution de l'an 3.

BONAPARTE.

J.

Fac simile d'une lettre écrite de Passériano, le 4 vendémiaire (1), *par le général Bonaparte au directeur Barras* (2).

Citoyen,

Je suis malade et j'ai besoin de repos; je demande ma démission, appuie-la si tu es mon

---

(1) Par la connexion entre cette lettre et la précédente, on doit voir que, comme la première, elle est du 4 vendémiaire an 6, ou 25 septembre 1797.

(2) Quelques personnes à qui j'ai montré cette lettre, ayant pensé qu'elle pouvait être adressée à Carnot, ou au général Clarke, j'ai fait des recherches qui m'ont démontré que, 1° Carnot fut exclus du pouvoir le 18 fructidor an 5, ce que Bonaparte savait déjà le 26, d'après sa lettre au Directoire, sous cette date; 2° Clarke rappelé de l'armée d'Italie par un arrêté que le Directoire exécutif prit le 18 fructidor an 5, et dont le général en chef Bonaparte lui accusa réception le 2ᵐᵉ jour complémentaire an 5, ou 18 septembre 1797, la quittait à peine le 25 brumaire an 6.

[illegible]

Citoyen

Je suis réclamé depuis dix

huit jours je demande [illegible] que la lettre

[illegible] 2 ans [illegible]

[illegible] tribunal [illegible]

[illegible]

[illegible]

[illegible]

Bonaparte

ami. Deux ans dans une campagne près de Paris rétabliraient ma santé et redonneraient à mon caractère la popularité que la continuité du pouvoir ôte incessamment..... Je suis esclave de ma manière de sentir et d'agir, et j'estime le cœur bien plus que la tête.

BONAPARTE.

K.

Paris, le 6 vendémiaire an 6 ou 27 sept. 1797.

Le Ministre des relations extérieures au général en chef Bonaparte.

Le Directoire trouve à propos que je vous écrive itérativement et d'une manière plus positive au sujet de la proposition que vous faites de vous assurer de l'île de Malte. Il importe de prévenir l'Autriche, l'Angleterre et la Russie à cet égard. De nouveaux renseignements qui sont parvenus au Directoire, et les rapprochements qu'il a faits, le confirment dans l'opinion qu'il était fondé à avoir depuis longtemps, que cette île, devenue le foyer des intrigues autrichiennes, russes et anglaises, et gouvernée par un Grand-Maître autrichien, est à la veille de tomber sous la puissance de l'empereur ou de ses alliés.

La possession de cette île, jointe à l'Istrie et à la Dalmatie, ferait de l'Autriche une puissance maritime capable de donner des inquiétudes à la France et à la République cisalpine, dont il est aisé de prévoir qu'elle ne peut jamais être que l'ennemie. Malte lui donnerait, par sa situation, le moyen de troubler la navigation de toute la Méditerranée; il serait encore plus dangereux que cette île tombât au pouvoir des Anglais et des Russes.

D'après cette considération, le Directoire vous donne tous les pouvoirs nécessaires pour mettre à exécution le plan que vous avez proposé dans votre dépêche du 27 fructidor et vous autorise à donner à l'amiral Brueys tous les ordres convenables pour s'assurer de l'île de Malte, dans la vue d'éviter que l'Autriche ne s'en empare comme elle a fait de Raguse. Sa prise de possession de Raguse légitime notre prise de possession de Malte et nous en fait un devoir, afin de mettre cette île à l'abri de l'Autriche, avidité si connue et qu'elle a si évidemment montrée en s'emparant, avant le terme fixé, de l'Istrie et de la Dalmatie, et en envahissant même, et sans en avoir le moindre prétexte, cette république de Raguse, qui n'était pour rien dans les troubles de l'Italie, et à l'indépendance de laquelle aucune des puissances belligérantes n'était en droit de porter atteinte. Du reste, l'état de guerre dans lequel nous sommes avec l'empereur, la Russie, l'Angleterre, peut dispenser, si cela convient mieux, de donner aucun motif.

Je vous envoie quelques lettres de la plus grande conséquence, qu'il serait peut-être bon de faire parvenir d'avance à Malte par une voie sûre. Vous concevez qu'il est nécessaire d'y préparer l'opinion.

Ch.-Ma. TALLEYRAND.

L.

Passériano, le 10 vend. an 6 ou 1er octob. 1797.

Au Ministre des relations extérieures.

.... Tout ce que je fais, tous les arrangements que je prends dans ce moment-ci, c'est le dernier service que je puis rendre à la patrie.

Ma santé est entièrement délabrée, et la santé est indispensable et ne peut être substituée par rien à la guerre. Le gouvernement aura sans doute, en conséquence de la demande que je lui ai faite, il y a huit jours, nommé une commission de publicistes pour organiser l'Italie libre ;

De nouveaux plénipotentiaires pour continuer les négociations ou les renouer, si la guerre avait lieu au moment ou les événements de la guerre seraient les plus propices ;

Et enfin, un général qui ait sa confiance pour commander l'armée, car je ne connais personne qui puisse me remplacer dans l'ensemble de ces trois missions, toutes trois également intéressantes.

Je donnerai aux uns et aux autres des renseignements, soit sur les hommes, sur les mœurs, caractère, positions et les projets qui leur seront utiles, s'ils veulent en profiter.

Quant à moi, je me trouve sérieusement affecté de me voir obligé de m'arrêter dans un moment où peut-être il n'y a plus que des fruits à cueillir ; mais la loi de la nécessité maîtrise l'inclination, la volonté et la raison.

Je ne puis monter à cheval ; j'ai besoin de deux ans de repos.

BONAPARTE.

M.

Paris, le 12 vendémiaire an 6 ou 3 octob. 1797.

Au général Bonaparte.

Votre lettre du 4 de ce mois, citoyen général, étonne et afflige le Directoire exécutif qui se rassemble extraordinairement pour vous répondre à l'instant même de l'arrivée de votre courrier.

Comment est-il possible que vous ayez accusé d'ingratitude et d'injustice envers vous le gouvernement qui n'a cessé de vous marquer la plus entière comme la plus juste confiance ?

Vous devez être désabusé dès-à-présent sur les ombrages qui ont occasionné votre lettre, car depuis qu'elle est écrite vous avez dû entendre le citoyen Bottot. Vous aurez reçu différentes dépêches, tant du ministre des relations extérieures que du Directoire exécutif, et principalement celle du 8 de ce mois, dans laquelle le gouvernement vous met absolument dans la confidence de sa pensée et vous associe en quelque sorte à ses délibérations. Vous aurez même vu le général Bernadote qui vous aura transmis ce dont les membres du Directoire l'ont expressément chargé pour vous. Voilà des faits, citoyen général. Le Directoire exécutif a lieu de croire que vous aurez apprécié, d'après eux, les procédés du gouvernement à votre égard avant que votre courrier ne puisse vous être renvoyé.

Quant aux motifs des inquiétudes que vous avez conçues, les propos d'un jeune homme, propos que peut-être on lui a prêtés, pouvaient-ils l'emporter à vos yeux sur les communications constantes et directes du gouvernement?

Quant à la lettre du général Augereau, comme des représentants royalistes avaient écrit dans leur sens à des généraux de l'armée d'Italie, et que cela était connu à Paris, ce général a cru apparemment devoir y opposer le contre-poison. Cela ne pouvait être susceptible d'aucune interprétation contre vous.

La lettre mystérieuse du ministre de la guerre ne demandait sans doute que des fonds pour des frais de route. Cette demande d'argent paraît mal conçue; mais quelle qu'en soit la mauvaise rédaction, ces traits ne pouvaient vous atteindre, et vous n'avez jamais dû en conclure que le gouvernement vous traitât comme Pichegru. Il est vraiment inconcevable que vous fassiez au gouvernement et à vous-même l'injure de ce parallèle.

Citoyen général, craignez que les conspirateurs royalistes, au moment où peut-être ils empoisonnaient Hoche, n'aient essayé de jeter dans votre âme des dégoûts et des défiances capables de priver votre patrie des efforts de votre génie.

Jamais elle n'en eut tant besoin.

Vous parlez de repos, de santé, de démission?

Le repos de la république vous défend de penser au vôtre.

Si la France n'est pas triomphante, si elle est réduite à faire une paix honteuse, si le fruit de vos victoires est perdu, alors, citoyen général, nous ne serons pas seulement malades, nous serons morts.

Non, le Directoire exécutif ne reçoit pas votre démission.

Non, vous n'avez pas besoin avec lui de vous réfugier dans votre conscience et de recourir au témoignage tardif de la postérité.

Le Directoire exécutif croit à la vertu du général Bonaparte, il s'y confie.

Il vous l'a prouvé le 8 vendémiaire et ce n'était pas la première fois.

Au surplus, vous dites que s'il y a du péril vous serez au premier rang pour défendre la liberté et la constitution : le Directoire exécutif vous somme de votre parole. Il vous dénonce le péril que courent encore la liberté et la constitution, si de misérables et de petites intrigues empêchent la république de s'élever à ses destinées, s'il faut renoncer aux résultats de la conquête de l'Italie, si la grande nation est obligée de rétrograder. Concevez donc la véritable idée de l'énergie et du courage unanime que le 18 fructidor a donnés aux deux pouvoirs suprêmes de la France.

Au 18 fructidor, la France a repris sa place dans l'Europe ; elle a besoin de vous pour l'y maintenir.

S'il pouvait vous rester du doute..... Mais non, citoyen général, vous ne devez plus en avoir au moment où cette dépêche pourra vous parvenir, et désormais vous compterez sur le Directoire exécutif comme il compte sur vous.

Reveillère-Lépaux.

N.

Passériano, le 19 vend. an 6 ou 10 octob. 1797.

Au Directoire exécutif.

.... Ma santé considérablement affaiblie, mon moral non moins affecté, ont besoin d'un peu de repos et me rendent incapable de remplir les grandes choses qui restent à faire. Je vous ai déjà demandé un successeur. Si vous n'avez pas obtempéré à ma demande, je vous prie, citoyens directeurs, de le faire. Je ne suis plus en état de commander. Il ne me reste qu'un vif intérêt qui ne m'abandonnera jamais pour la prospérité de la république et la liberté de la patrie.

BONAPARTE.

O.

NOTES RELATIVES AU TRAITÉ DE CAMPO-FORMIO ET AU DÉPART DU GÉNÉRAL BONAPARTE POUR MILAN ET RASTAD.

Passériano, le 27 vend. an 6 ou 18 octob. 1797.

Le général en chef Bonaparte prévient le ministre des relations extérieures que la paix avec l'empereur a été signée la veille après minuit.

P.

Paris, 30 vend. an 6 ou 21 octob. 1797.

Au général en chef.

.... 21me Quant à l'île de Malte, vous avez déjà reçu les ordres de prendre toutes les mesures que vous croiriez nécessaires pour qu'elle n'appartînt à qui que ce fût qu'à la France. Vous avez dit au citoyen Bottot que cette possession était à vendre. Le Directoire exécutif attache un véritable prix à son acquisition et vous recommande de ne pas la laisser échapper.

Le président du Directoire exécutif,

L.-M. REVEILLÈRE-LÉPAUX.

Q.

Milan, 22 brumaire an 6 ou 12 novemb. 1797.

Au Directoire exécutif.

.... J'ai envoyé à Malte le citoyen Poussielgue sous le prétexte d'inspecter toutes les échelles du Levant, mais à la vérité pour mettre la dernière main au projet que nous avons sur cette île.

Le général en chef, BONAPARTE.

R.

NOTES SUR LE VOYAGE DU GÉNÉRAL BONAPARTE DE MILAN A RASTAD ET PARIS.

17 novembre 1797.
Le 17 novembre 1797, 27 brumaire an 6, le général Bonaparte nommé, par le Directoire exécutif, l'un des plénipotentiaires au congrès de Rastad, partit de Milan pour cette ville et coucha le même jour à Turin chez le ministre de France Ginguené.

21 novembre 1797.
Le 21 novembre 1797, 1er frimaire an 6, il arriva à Genève et descendit chez le résident de France (1).

Le lendemain il dîna à Rolle (patrie du général La Harpe qui venait d'être tué en Italie), passa à Lausanne et coucha à Moudon (2).

23 novembre 1797.
Le 23 novembre 1797, 2 frimaire an 6, le général Bonaparte aurait passé à Fribourg (3)

---

(1) *Moniteur*, n° 76, du 6 décembre 1797 ou 16 frimaire an 6.
(2) Même numéro du *Moniteur*.
(3) Suivant M. de Bourienne.

et arrivé à Avanches, où sa voiture se brisa, il continua la route à pied, accompagné seulement de quelques officiers et d'une escorte de dragons du pays.

Bonaparte s'arrêta près de l'ossuaire de Morat (1) qui n'est qu'à deux lieues d'Avanches; un officier qui avait servi en France offrit au général de l'accompagner et lui donna plusieurs détails militaires sur la bataille de Morat, enfin lui expliqua comment les Suisses, descendus des montagnes voisines, étaient venus, à la faveur d'un bois, le 23 juin 1476, tourner l'armée bourguignone, commandée par son duc

---

(1) *Moniteur*, n° 76, du 6 décembre 1797, article : Morat, 23 novembre.

Cet ossuaire était dans une chapelle au bord du lac de Morat; on y lisait l'inscription suivante :

INVICTISSIMI ATQUE FORTISSIMI CAROLI DUCIS BURGUNDIÆ EXERCITUS, MURATUM OBSIDENS, CONTRA HELVETIOS PUGNANS, HIC SUI MONUMENTUM RELIQUIT.
ANNO MCCCCLXXVI.

Au commencement de mars 1798, deux bataillons des départements de la Côte-d'Or et de l'Yonne (dans la ci-devant province de Bourgogne), appartenant à des demi-brigades qui faisaient partie de la division Brune, entrèrent à Morat, après la retraite des Bernois, et détruisirent ce monument de fond en comble.

Charles-le-Hardi ou le Téméraire (1), la mirent en déroute et lui tuèrent 18,000 hommes, dont les ossements furent érigés par les Suisses en trophée pyramidal dans la chapelle de Morat.

« Quelle était la force de l'armée des Bour-
» guignons ? » demanda le général Bonaparte ;
« 60,000 hommes à peu près, » répondit l'officier. « 60,000 hommes! » s'écria Napoléon ; « ils
» auraient dû couvrir ces montagnes........
» Aujourd'hui un général français ne ferait pas
» cette faute. — « C'est possible, général, » répartit galamment l'officier helvétique, « mais
» alors les Bourguignons n'étaient pas Fran-
» çais. »

Le soir du même jour 23 novembre, le général Bonaparte et sa suite arrivèrent à Berne et
passèrent au milieu d'une double file d'équipages très-bien éclairés et remplis de jolies femmes ; tout criait : *Vive Bonaparte ; vive le paci-*

---

(1) Dans cette journée le duc de Bourgogne perdit, avec tous ses bagages, le diamant le plus gros et le plus beau qui fut alors en Europe ; ce diamant, du poids de 55 karats, fut trouvé par un soldat, et vendu d'abord pour un écu ; porté ensuite en Angle- terre, il fut acheté plus tard par le régent de France, Philippe d'Orléans, et fait partie des joyaux de la couronne de ce royaume.

ficateur; il faut avoir vu cet enthousiasme spontané pour s'en faire une véritable idée.

Le général Bonaparte arriva dans la nuit à Soleure, où le capitaine d'artillerie Zeltner, malgré la défense qu'il en avait reçue de son gouvernement, fit tirer le canon en l'honneur de Napoléon.

Le 24 novembre 1797, 4 frimaire an 6, il arriva à Basle (1). 24 novemb. 1797.

La position sociale si élevée, où l'avaient placé ses victoires et la paix, avaient rendu insupportables au général Bonaparte le tutoiement et la familiarité de ses anciens condisciples.

M. de Comminges, le même qui fut au nombre de ceux qui accompagnèrent Napoléon de Brienne à Paris (page 59), et qui était alors émigré, se trouvait à Basle lorsque le général Bonaparte y arriva; M. de Comminges apprit cet événement et se présenta sans façon, avec une grande inconvénance (dit M. de Bourienne) et un oubli complet de tous les égards dus à une aussi grande illustration. Napoléon

---

(1) *Moniteur*, n° 74, 4 décembre, ou 14 frimaire, an 6; art. Basle, 25 novembre.

très-piqué refusa de le recevoir et s'en expliqua, de la manière la plus vive, avec son secrétaire : « Ses efforts, ajoute-t-il, pour réparer
» le mal furent absolument inutiles. Cette im-
» pression a toujours subsisté, et le général
» Bonaparte n'a jamais fait pour M. de Com-
» minges ce que ses moyens et ses anciennes
» liaisons d'enfance auraient justifié. »

Le général Bonaparte traversa Strasbourg. Le 27 novembre 1797, 7 frimaire an 6, il était déjà arrivé à Rastad (1).

27 novembre 1797.

A peine installé dans cette ville, le général

---

(1) D'après une lettre que le général en chef Augereau lui écrivit d'Offembourg, sous cette date :

« Vous êtes arrivé à Offembourg comme on tombe
» des nues, mon général, c'est un mauvais tour que
» vous avez joué à un de vos anciens lieutenants,
» qui, s'il avait été prévenu de votre passage, n'aurait
» certainement pas été privé du plaisir de vous em-
» brasser. Comme Rastad n'est pas, dit-on, le lieu
» du monde le mieux pourvu, ni le plus agréable,
» je vous envoie mon aide-de-camp Fournier ; il est
» chargé de vous offrir tout ce qui peut être à ma dis-
» position, une voiture, des chevaux, ou toute autre
» chose, s'il est en mon pouvoir de vous les procurer :
» j'ai des droits à la préférence.

» AUGEREAU. »

Bonaparte reçut du Directoire l'ordre de se rendre à Paris.

Le 30 novembre 1797, 10 frimaire an 6, il était encore à Rastad (1). *30 novemb. 1797.*

Le 5 décembre 1797, 15 frimaire an 6, à cinq heures du soir, il arriva dans la capitale et descendit rue Chantereine (2). *5 décembre 1797.*

Le 8 décembre 1797, 18 frimaire an 6, il visita plusieurs ministres (3). *8 décembre 1797.*

---

(1) Puisque, sous cette date et de cette ville, le général de division Alexandre Berthier, au nom du général Bonaparte, a adressé une lettre de service à M. Hippolyte Charles, capitaine aide-de-camp du général de brigade Le Clerc.

(2) *Moniteur*, n° 77, Paris, 7 décembre, ou 17 frimaire an 6.

(3) *Moniteur*, n° 79, Paris, 9 décembre, ou 19 frimaire an 6, où l'on voit aussi que le Directoire exécutif demande la mise en liberté du capitaine suisse Zeltner, emprisonné par ordre de son gouvernement, pour avoir rendu les honneurs militaires au général Bonaparte, lors de son entrée à Soleure.

S.

DIRECTION GÉNÉRALE DE L'ENREGISTREMENT
ET DES DOMAINES.

Direction de Paris. — Archives de l'enregistrement.

Extrait des registres de l'enregistrement des actes civils, 2ᵉ bureau, vol. 33. F° 50, v°. Cases 5 et 6. M. Camusat, receveur.

Du onze germinal an 6, enregistré, vente par Louise-Julie Carreau, femme séparée de François-Joseph Talma, demeurant, savoir : ledit Talma, rue de la Loi; et elle, rue de Matignon, faubourg Honoré, n° 2;

A Napoline Buonaparte, président de la légation française au congrès de Rastad, demeurant rue de la Victoire, n° 6;

D'une maison, susdite rue de la Victoire, ci-devant Chantereine, même numéro, appartenant à ladite citoyenne Talma comme l'ayant acquise par contrat devant Rouen, notaire, le 6 décembre 1781, insinué le 6 février suivant, moyennant *cinquante-deux mille quatre cents francs.*

Passé devant Raguideau, notaire à Paris, le 6 germinal an 6. — Reçu *deux mille quatre-vingt-seize francs*. . . . . 2,096 fr.

Dudit, enregistré, intervention de Charles-Louis Perdrix, homme de loi, rue Honoré, n° 67, qui se rend caution de ladite citoyenne Talma envers le citoyen Buonaparte pour raison des six mille quatre cents francs qui ont été payés à valoir sur le prix de ladite vente.

Devant *idem*. Reçu trente-deux francs. 32 f.

F° 185 v°, case 6 du journal n° 3.

Recherche dans sept bureaux d'actes civils. 7 f.
Extrait. . . . . . . » 50
Timbre . . . . . . » 35
———
7 85

[Pour extrait certifié conforme par l'archiviste de l'enregistrement, soussigné, et délivré sur la demande de M. Malleval, secrétaire-général de la préfecture de police.

Paris, le 20 juillet 1839.

RENARS.

Vu bon pour la signature de M. Renars, archiviste.
Paris, le 23 juillet 1839.

Le directeur de l'enregistrement du département de la Seine,
D'HOCHEREAU.

Vu par nous pair de France, préfet de la Seine, pour légalisation de la signature de M. d'Hochereau, directeur de l'enregistrement du département de la Seine, apposée ci-dessus.

Paris, le 26 juillet 1839.

Pour le pair de France, préfet, et par autorisation :
Le maître des requêtes, secrétaire-général,
L. DE JUSSIEU.

T.

EGYPTE (1).

Au Directoire exécutif.

Un bâtiment ragusais est entré le 7 pluviose dans le port d'Alexandrie. Il avait à bord les citoyens Hamelin et Livron, propriétaires du chargement du bâtiment, consistant en vins, vinaigres et draps. Il m'a apporté une lettre du consul d'Ancône, en date du 11 brumaire, qui ne me donne d'autre nouvelle que de me faire connaître que tout est tranquille en Europe et en France. Il m'envoie la série des journaux de Lugano, depuis le n° 36 (3 septembre) jusqu'au n° 43 (22 octobre), et la série du *Courrier de l'armée d'Italie* qui s'imprime à Milan, depuis le n° 219 (14 vendémiaire) jusqu'au n° 230 (6 brumaire).

---

(1) Cette lettre doit être postérieure au 1er novembre 1798 ou 11 brumaire an 7, date indiquée du départ de Louis Bonaparte, et antérieure au 1er mars 1799 ou 11 ventose an 7, époque éventuelle du retour en France du général Bonaparte.

Le citoyen Hamelin est parti de Trieste le 24 octobre, a relâché à Ancône le 3 novembre et est arrivé à Navarino, d'où il est parti le 28 nivose.

J'ai interrogé moi-même le citoyen Hamelin ; il a déposé les faits suivants :

Les nouvelles sont assez contradictoires ; depuis le 18 messidor je n'en avais pas reçu d'Europe.

Le 1er novembre mon frère est parti sur un aviso ; je lui avais ordonné de se rendre à Crotone ou dans le golfe de Tarente ; j'imagine qu'il est arrivé.

L'ordonnateur Sucy est parti le 26 frimaire.

Je vous ai expédié plus de soixante bâtiments de toutes les nations et par toutes les voies ; ainsi vous devez être bien au fait de notre position ici.

Nous avons appris par Suez que six frégates françaises, qui croisent à l'entrée de la mer Rouge, avaient fait pour plus de vingt millions de prises aux Anglais.

Je fais construire dans ce moment-ci une corvette à Suez, et j'ai ma flotille de quatre avisos qui navigue dans la mer Rouge.

Les Anglais ont obtenu de la Porte que Djezzar-Pacha aurait, outre son pachalick d'Acre celui de Damas. Ibrahim-Pacha, Abdallah-Pacha et d'autres pachas sont à Gaza et menacent l'Égypte d'une invasion. Je pars dans une heure pour aller les trouver. Il faut passer neuf jours dans le désert, sans eau ni herbes. J'ai ramassé une quantité assez considérable de chameaux, et j'espère que je ne manquerai de rien. Quand vous lirez cette lettre il serait possible que je fusse sur les ruines de la ville de Salomon.

Djezzar est un vieillard de soixante-dix ans, homme féroce, qui a une haine démesurée pour les Français; il a répondu avec dédain aux ouvertures amicales que je lui ai faites plusieurs fois.

J'ai dans l'opération que j'entreprends trois buts :

1° Assurer la conquête de l'Égypte, en construisant une place forte au-delà du désert, et dès-lors éloigner tellement les armées, de quelque nation que ce soit, de l'Égypte, qu'elles ne pourraient rien combiner avec une armée européenne qui viendrait sur les côtes;

2° Obliger la Porte à s'expliquer, et par-là appuyer la négociation que vous avez sans doute entamée et l'envoi que je fais à Constantinople du citoyen Bauchamp sur la caravelle turque;

3° Enfin, ôter à la croisière anglaise les subsistances qu'elle tire de Syrie, en employant les deux mois d'hiver qui me restent, à me rendre, par la guerre, toute cette côte amie.

Je me fais accompagner dans cette course du Mollah qui est, après le Mufti de Constantinople, l'homme le plus révéré dans l'empire musulman.

Des quatre scheicks des principales sectes; de l'Émir-Hadji, ou prince de la caravane.

Le ramadan qui a commencé hier a été célébré de ma part avec la plus grande pompe. J'ai rempli les mêmes fonctions que remplissait le pacha.

Le général Desaix est à plus de cent soixante lieues du Caire, près des cataractes. Il fait des fouilles sur les ruines de Thèbes. J'attends à chaque instant des détails officiels d'un combat qui aurait eu lieu contre Mourad-Bey, qui aurait été tué, et cinq à six beys faits prisonniers.

L'adjudant-général Boyer a découvert dans le désert, du côté de Faïoum, des ruines qu'aucun européen n'avait encore vues.

Le général Andréossy et le citoyen Berthollet sont de retour de leur tournée aux lacs Natrons et aux couvents des Cophtes. Ils ont fait des découvertes extrêmement intéressantes ; ils ont trouvé d'excellents natrons que l'ignorance des exploiteurs empêchait de découvrir. Cette branche de commerce de l'Égypte deviendra par-là encore plus importante.

Par le premier courrier je vous enverrai le nivellement du canal de Suez dont les vestiges se sont parfaitement conservés.

Il est nécessaire que vous nous fassiez passer des armes, et que vos opérations militaires soient combinées de manière que nous recevions des secours. Les événements naturels font mourir du monde.

Une maladie contagieuse s'est déclarée depuis deux mois à Alexandrie : deux cents hommes en ont été victimes. Nous avons pris des mesures pour qu'elle ne s'étende pas : nous la vaincrons.

Nous avons eu bien des ennemis à combattre dans cette expédition : déserts, habitants du pays, arabes, mamelouks, russes, turcs, anglais.

Si, dans le courant de mars, le rapport du citoyen Hamelin m'était confirmé, et que la

Paris le [Germinal an 5]

Louis Bonaparte aide de camp du Général en chef de l'armée d'orient.

Au C. Aurel Imprimeur libraire à avignon

Cité chez vous citoyen qu'a été imprimé en 93 (V.S.) une brochure ayant pour titre le Souper de Beaucaire. Si vous pouvez m'en envoyer plusieurs exemplaires je vous en ferai passer aussitôt le prix.

Salut & fraternité

Bonaparte

Rue du Rocher n. 505
Chez la baronne de Mouriez.

France fût en guerre contre les rois, je passerais en France.

Je ne me permets dans cette lettre aucune réflexion sur les affaires de la république, puisque depuis dix mois je n'ai plus aucune nouvelle.

Nous avons tous une entière confiance dans la sagesse et la vigueur des déterminations que vous prendrez.

BONAPARTE.

U.

Lettre de Louis Bonaparte à M. Aurel.

(Voyez page 258 et le *fac simile*.)

V.

Paris, le 7 prairial an 7 ou 26 mai 1799.

Au général Bonaparte, commandant en chef l'armée d'Orient.

Les efforts extraordinaires, citoyen général, que l'Autriche et la Russie viennent de déployer, la tournure sérieuse et presque alarmante que la guerre a prise, exigent que la république concentre ses forces. Le Directoire vient en conséquence d'ordonner à l'amiral Bruix d'employer tous les moyens qui sont en son pouvoir pour se rendre maître de la Méditerranée et pour se porter en Égypte, à l'effet d'en ramener l'armée que vous commandez. Il est chargé de se concerter avec vous sur les moyens à prendre pour l'embarquement et le transport. Vous jugerez, citoyen général, si vous pouvez avec sécurité laisser en Égypte une partie de vos forces, et le Directoire vous autorise, dans ce cas, à en confier le commandement à qui vous jugerez convenable.

Le Directoire vous verrait avec plaisir à la

tête des armées républicaines que vous avez jusqu'à présent si glorieusement commandées.

Signés Treillard, Lareveillère-Lepaux et Barras.

W.

Le général en chef Bonaparte en revenant d'Égypte passa à Valence, dans l'après-midi du 20 vendémiaire an 8, ou samedi 12 octobre 1799.

Pendant qu'on changeait de chevaux, Bonaparte reçut, dans sa voiture, la visite de plusieurs personnes qu'il avait connues auparavant à Valence.

M. Charlon cadet monta sur le siége et accompagna le général jusqu'à l'Isère.

Son ancienne hôtesse, Mlle Bou, déjà âgée, s'appuyant sur l'épaule de M. Bérenger, aujourd'hui membre de la Cour de cassation et de la Chambre des députés, s'élança sur le marchepied de la voiture et toucha la main pour la dernière fois au général Bonaparte.

Après avoir traversé l'Isère il rencontra plusieurs membres de l'administration départementale de la Drôme qui, prévenus tardivement à la campagne de M. Brosset, où ils avaient dîné, s'empressaient de retourner à Valence pour présenter leurs devoirs au général Bonaparte, qui leur aurait répondu sèchement qu'il ne reconnaissait pas de fonctionnaires publics de la Drôme au-delà de l'Isère. Cependant les limites de ce département sont à cinq lieues au nord de cette rivière.

X.

Extrait du dernier registre autographe du général Championnet, alors commandant en chef l'armée d'Italie, terminé le 17 décembre 1799 ou 26 frimaire an 8, par l'agonie de cet officier-général qui est mort le 9 janvier 1800 ou 19 nivose an 8.

« Coni, lé 14 octob. 1799 ou 22 vend. an 8.

« *Au Directoire exécutif*,

» Je viens d'apprendre d'une manière cer-
» taine, citoyens directeurs, l'heureuse arri-

» vée en France du général Bonaparte ; je me
» suis empressé de la faire connaître, par la
» voie de l'ordre, à l'armée d'Italie ; cette agréa-
» ble nouvelle a rempli tous les cœurs de joie
» et d'espérance, et je suis convaincu que l'ar-
» mée va marcher de victoire en victoire si
» elle est de nouveau guidée par ce héros :
» son nom seul porte la terreur dans les rangs
» ennemis et double le courage de nos soldats;
» il lui appartient de relever l'arbre de la li-
» berté dans les lieux où il le planta lui-même,
» et de faire trembler une seconde fois le tyran
» de l'Autriche sur son trône chancelant ; en
» vous invitant, citoyens directeurs, au nom
» de la patrie, de l'armée et de la liberté de
» l'Italie, de confier le commandement de l'ar-
» mée au général Bonaparte, je vous prie d'ac-
» cepter ma démission ; ce fardeau est trop
» pesant pour moi, et je serai complètement
» récompensé de tous les efforts que j'ai faits
» jusqu'à ce jour pour le triomphe de la répu-
» blique et la liberté de mes concitoyens, si je
» puis contribuer de nouveau à rendre heu-
» reuse et libre notre chère patrie.

» Championnet. »

« Coni, le 5 novemb. 1799 ou 14 brum. an 8.

» *Au Directoire exécutif.*

» Je rends compte au ministre de la guerre
» des opérations militaires qui ont eu lieu à
» l'armée d'Italie depuis le 29 du mois dernier
» jusqu'au 13 de ce mois.

» Je vous ai envoyé ma démission avec prière
» de me faire remplacer par le général Bona-
» parte.

» S'il avait reçu une autre destination je
» vous prie d'en choisir un autre; je vous dé-
» clare, en homme d'honneur, que je ne puis
» continuer de commander l'armée d'Italie; le
» courrier qui vous remettra ma dépêche atten-
» dra votre réponse; la confiance que vous me
» témoignez me persuade que vous me ferez
» remplacer sur-le-champ.

» Championnet. »

Y.

CONSIDÉRATIONS SUR L'ÉTAT DE L'EUROPE PAR NAPOLÉON (1).

Le fondement de notre société politique est tellement défectueux, chancelant, qu'il menace ruine; la chute sera terrible, et toutes les nations du continent y seront entraînées; nulle force humaine n'est capable d'arrêter le cours des choses : ainsi que la poire tombe quand elle est mûre, de même les états se réduiront en pourriture à la fin de leur automne.

Toute l'Europe civilisée se trouve dans la même position où jadis une partie de l'Italie s'est trouvée sous les Césars. L'orage de la révolution, dont quelques nuages s'étendirent sur toute la surface de la France, couvrira bientôt toute la partie du globe que nous habitons, d'une nuit effroyable, et ce n'est qu'après que la nature se sera épuisée de matières combustibles que le tonnerre cessera de gronder et qu'un jour plus serein paraîtra. *Le monde ne peut être*

---

(1) Papier oublié dans son secrétaire à l'île d'Elbe, trouvé après son départ (1815) par le capitaine Campbell, communiqué par la maîtresse de celui-ci, copié sur l'autographe de Napoléon.

Nota. Dans cette copie littérale du manuscrit on a laissé subsister les fautes de style et de français qui y sont en assez grand nombre, et qui par là même sont une preuve de plus que Bonaparte en est l'auteur.

sauvé qu'en faisant couler des fleuves de sang. Il n'y a qu'un terrible et violent ouragan qui puisse purger l'air empesté qui enveloppe l'Europe entière. Si nous nous abandonnons à la marche des événements, alors nous aurons le même sort que l'empire romain a essuyé, contre lequel les barbares du nord auraient fait de vains efforts, si les Romains n'avaient pas été dégénérés. *Moi seul pouvais sauver le monde et nul autre.*

Je lui aurais donné à vider le calice de douleur d'un seul trait, au lieu qu'à présent il faudra le boire goutte à goutte. Insensés! ils se croient sauvés en m'éloignant de la scène du monde; mais aucun de ceux qui connaissent l'esprit qui gouverne les nations et les cabinets de l'Europe ne sera de cette opinion, il sera plutôt persuadé du contraire. Parmi les nations qui figurent maintenant sur la scène du monde, il n'y en a pas une qui connaisse l'esprit de notre siècle; sans cela, chercherait-on à remettre sur l'ancien pied tout ce qui devrait périr ou être enseveli dans la nuit de l'oubli, ne s'accordant nullement aux lumières de notre temps et moins encore à notre position actuelle.

Ce qui fermente en Espagne et à Rome causera bientôt un incendie général sur toute la surface de l'Europe; ils appellent à grands cris du fond des tombeaux (dans lesquels reposent les morts depuis nombre de siècles après avoir éprouvé les misères, les folies et les maux de notre temps) un fantôme qu'ils regardent comme un esprit sauveur qui doit leur apporter le bonheur et la sagesse. Je prévois que la nature, comme il arrive dans certaines maladies, cherchera un remède à ses propres maux, quoi qu'en puissent dire les médecins......

Alors la crise sera terrible; je connais les hommes et mon siècle..... J'aurais hâté le retour du bonheur sur la terre, si ceux avec qui j'avais affaire n'eussent pas été des scélérats. Ils m'accusent de les avoir méprisés et rendus esclaves ; c'est leur esprit rampant, la soif de l'or et des distinctions qui les mirent à mes pieds. Pouvais-je faire un pas sans les fouler ? En vérité je n'avais pas besoin de leur tendre des piéges pour les attaquer ; il me suffisait de leur offrir la coupe des distinctions et des richesses mondaines, alors, semblables à un essaim de mouches affamées, on les voyait s'y précipiter avidement pour s'en rassasier. Les esclaves avaient besoin d'un maître et moi je n'avais pas besoin d'esclaves. Que penser de quarante millions d'habitants qui se plaignaient amèrement de l'oppression d'un seul individu, qu'un seul individu les opprime !

D'après toutes ces considérations il est impossible qu'ils puissent vivre long-temps en paix, et quand bien même Dieu leur donnerait le paradis il faudrait qu'ils l'abandonnassent de nouveau, parce qu'ils sont sortis de l'état d'innocence pour lequel il est fait.

La cupidité, l'envie, la vanité, la fausse gloire et un nombre infini de besoins et de passions indomptables les poursuivent comme des furies à travers cette vie orageuse ; ils parlent sans cesse de vertu, de générosité et d'amour tandis que, semblables à un chancre incurable, la vie, l'intérêt, l'ambition, rongent les replis les plus cachés de leurs cœurs. Ils connaissent et imitent fort bien l'usage de notre temps, faire semblant de servir Dieu et d'aimer les hommes, puis s'abandonner en secret à toutes sortes d'actions les plus honteuses sous le masque de l'hypocrisie dont ils se couvrent continuellement, ils cachent soigneusement leur méchanceté et leurs crimes, et feignent un dehors de vertu qu'ils n'ont pas ; ils se singent réciproquement par un langage doux et flatteur et *quoiqu'aucun d'entr'eux ne croie à l'honneur de l'autre*, néanmoins, par lâcheté, ils jouent ensemble le rôle qu'ils ont appris, manquant de courage pour se montrer tels qu'ils sont. Les meilleurs d'entr'eux sont ceux que l'on condamne le plus, parce qu'ils ne savent pas feindre, et la fausse vertu des autres donne plus d'éclats à leurs crimes. Tel est mon siècle : tous les liens de l'amitié et de la bienfaisance sont rompus, il n'en existe plus que pour la forme; de toutes parts l'esprit vertueux a disparu et n'a laissé que le linceul avec lequel ils se jouent, quoique privés de bon sens, comme les enfants font de leur toupie. La loi n'est qu'un mot vague auquel la force donne de la valeur; quiconque ne peut pas s'y soustraire doit naturellement s'y soumettre. La ruse et la force se partagent le butin du monde entier.

Les antichambres se trompent réciproquement par une hypocrisie conventionnelle; publiquement, par des protestations dangereuses et nuisibles, de sorte que le dupé doit encore honorer le dupeur. Si ces tombeaux vains s'ouvrent au cri de la voix céleste, les hommes se fuiraient eux-mêmes avec une sorte d'horreur, parce que l'air corrompu de leur moralité destructive les empesterait de son souffle.

Ils ont besoin de se couvrir d'une enveloppe douce, unie, odoriférante et d'un aspect de complaisance, pour cacher la puanteur et la crasse de leur intérieur intellectuel; pour dérober à l'œil du vulgaire leurs mauvaises mœurs, il fallait adopter des manières gracieuses, ce qu'on appelle dans la bonne compagnie, *savoir vivre*.

Rien ne m'a plus révolté que cette manie pour les mensonges qui les domine sans cesse et à laquelle je me vis moi-même dans la nécessité de faire des sacrifices pour ne point être obligé de combattre contre eux à découvert. La vie de la classe supérieure n'est qu'un mensonge continuel; la classe inférieure n'est guère meilleure. La différence c'est que cette dernière agit avec moins de malice et que par conséquent elle est moins vicieuse que la première, vu que l'homme éclairé et civilisé est tourmenté de mille besoins pendant la vie, qui sont inconnus à l'homme pauvre et ignorant.

Rousseau le leur a dit cent fois, mais incapables de le comprendre, ils trouvent bon de le tourner en ridicule et de l'anathématiser.

Il n'y a de bonheur pour personne que dans la simple nature; renonçant à toutes ces manières frivoles, à toutes ces caricatures théâtrales de notre temps, soyons plus sincères, moins courtisans, plus sérieux, plus réfléchis et moins singes. Voilà le moyen le plus sûr de voir renaître parmi nous l'âge d'or. La civilisation et la culture ont suscité un nombre infini de besoins et éveillé en nous toutes les passions endormies; nous   et ce qui est encore pire, c'est que cette même culture nous enseigne à cacher nos vices sous l'empreinte de la vertu, puisque l'esprit cultivé est toujours au service du cœur corrompu..... Cette fausse monnaie de morale met le comble à notre méchanceté. La vie privée de nos contemporains n'est qu'un bavardage continuel privé de bon sens, une conversation décousue, la lecture d'un rôle étudié avec soin; tout ce qu'ils disent et font n'est autre chose qu'un thème prescrit par le maître d'école qu'ils viennent ensuite nous réciter comme de petits écoliers. *Ces raisons et tant d'autres me forçaient de les mépriser au point que je ne pouvais ajouter foi à ce qu'ils me disaient. Qu'un seul de ceux qui m'entouraient puisse oser se vanter de n'avoir rien à se reprocher, alors je l'en croirai sur sa parole..... Ils expo-*

saient en vente avec emphase le peu de vertu qui leur restait, ne trouvaient point d'acheteur pour leur mauvaise marchandise. Je me suis servi de tous les moyens dont un homme plein de force et de courage est susceptible pour les corriger, mais je les ai trouvés sourds à ma voix, et, s'il est permis de se servir de termes usités, nul d'entre eux ne peut échapper aux flammes éternelles, récompense digne de quiconque *vend son Dieu, sa patrie et son honneur.*

J'ai arrêté le cours de la révolution qui, semblable à un déluge, menaçait d'inonder toute l'Europe ; les trônes des rois chancelaient, les autels étaient renversés et leur prêtres fuyaient de toutes parts, méprisés, insultés, hués par la foule. Le fanatisme de la liberté s'était emparé de tous les esprits, et la flamme de la révolution rongeait le vieil édifice de l'Europe, qui, sans moi, allait s'écrouler immanquablement et ensevelir sous ses décombres et les sceptres et les couronnes..... J'ai conjuré le terrible esprit de nouveauté qui parcourait le monde comme un monstre destructeur..... J'ai rendu à la croyance et aux systèmes de nos pères l'influence qu'ils avaient perdue ; d'une main j'ai repoussé l'ennemi au dehors et contenu les autres au dedans. *Quel autre que moi aurait pu le faire?* La France n'était-elle pas en guerre avec elle-même ? Ses enfants enivrés d'une fureur aveugle ne s'entr'égorgeaient-ils pas ? Déchirée dans son sein par des passions aussi exaltées que dangereuses, tourmentée par un grand nombre de bourreaux, dépouillée par la cupidité des représentants du peuple, de ces hommes lâches et sans force, méprisée des étrangers dont les armées triomphantes menaçaient les frontières, alors elle me regardait comme son ange tutélaire. Ce sera à la postérité de me juger, *persuadé qu'elle saura mieux apprécier mes grandes actions que la race présente,* vendue aux ministres anglais. Je me soucie fort peu de ce que l'on peut dire, penser ou écrire sur mon compte.... Jamais un état ne fut élevé à un si haut point de grandeur que la France l'a été sous mon règne et c'était mon ouvrage. On m'accuse d'avoir fait et laissé faire beaucoup de mal; quand l'orage plane sur la surface de la terre pour purifier l'air et féconder les montagnes, les vallées et les plaines d'une pluie abondante, doit-on se plaindre si dans sa course les toits et les tuiles mouvantes sont enlevées, ou qu'il abatte des fruits et des arbres? le soleil même, lorsque sur le pôle arctique il répand sa lumière bienfaisante, tue et brûle toutes les plantes vitales situées sous sa ligne. *Mon cœur magnanime* se refusait à toutes les joies communes, ainsi qu'à la douleur ordinaire. Jamais je n'ai partagé les sentiments qui animent la populace indolente et faible. Si les vertus d'une âme faible me manquent, j'en ignore aussi les vices; enfin, si mon cœur était inaccessible aux maux que font éprouver les misères humaines, il était aussi aux plaintes de la fausse mendicité, à l'attrait de la volupté et au bigotisme de la fourberie trompeuse..... Avec l'aimable popularité d'un César et d'un Henri IV, je n'aurais pas trouvé, il est vrai, un seul Brutus mais bien cent Ravaillac.... La fleur de la nation n'avait-elle pas péri sur l'échafaud, au milieu des acclamations de joie d'une populace effrénée et sanguinaire? Dans le temps où le peuple n'est qu'égaré, un regard doux, une main bienfaisante suffisent pour le ramener et arrêter le torrent prêt à entraîner dans sa course la chaumière du paisible habitant et à ensevelir sous ses ondes furieuses l'innocence qui fuit loin du sol qui l'a vue naître, pour échapper aux griffes des tigres qui le poursuivent..... Si les Français avaient reconnu les droits des autres, alors on aurait aussi respecté les leurs;

mais comme je ne vois partout que l'ambition et l'intérêt dominer (*prendre à tous et ne donner à personne*), que tous voulaient commander et qu'aucun ne voulait obéir, alors je résolus de mettre fin à cette dispute insensée en leur prenant à tous ce qu'ils désiraient si avidement et qu'ils ne pouvaient absolument posséder ; aussi les hommes qui demandaient à grands cris la liberté, bien entendu pour eux seulement, devaient avant tout apprendre à la connaître et à l'apprécier par une obéissance aveugle..... Qui veut jouir doit avant tout apprendre à se vaincre lui-même. C'est ainsi que par une réciprocité volontaire il revient à chacun ce qui lui est dû. Je leur ai si bien imprimé cette maxime qu'ils ne l'oublieront pas sitôt, je l'espère..... De là viennent la haine et la calomnie dont ils m'accablent ; de là vient la rage qu'ils ont de me persécuter, et pourquoi ? parce que je n'ai pas pu me résoudre à faire passer leurs torts pour des bienfaits, ni accorder à leurs désirs ce que leur folle cupidité cherchait. Maintenant ils font semblant de protéger le peuple et de défendre ses droits, pour couvrir d'un voile leur méchanceté et se donner un beau nom.

Quoique je n'aie pas fait un grand cas du peuple, parce qu'il est journalier, courtisan, cruel et capricieux comme les enfants (car il est toujours dans l'enfance) et foule aujourd'hui à ses pieds ce qu'il idolâtrait hier, néanmoins je lui voulus plus de bien que ceux qui depuis le renversement du trône l'ont si indignement trahi. Si j'avais voulu fermer les yeux sur leurs actions vicieuses, ils m'auraient volontiers pardonné mes fautes, lesquelles sont énormes à présent, vu qu'elles doivent justifier leurs crimes. Semblables aux mercenaires, ils avaient travaillé uniquement pour en recevoir le salaire et non par amour pour la patrie, ils voulaient donc une vie active et accompagnée de dangers imminents.... Je les avais conduits trop tôt à leur but, aussi ils m'abandonnèrent croyant pouvoir se passer de moi...... La campagne de Russie de 1812 était le tropique de mon bonheur. Si je me trouvais vainqueur je me voyais le vainqueur du monde. Je sais très-bien que je pouvais me sauver du naufrage et être un homme assez à mon aise, mais il est dans mon caractère de hasarder le tout pour le tout; il m'importe donc très-peu d'être blâmé par ceux qui font consister leur bonheur dans la possession d'une partie de ce qu'ils avaient, n'ayant pu conserver le tout. Mais moi, je veux tout ou rien. *Des demi-mesures et des demi-souhaits ne montrent que des demi-hommes.* J'aime à jouer le gros lot, et je l'aurais gagné si une puissance plus qu'humaine ne s'y fût opposée. Un froid vigoureux de 99 nuits suffit pour donner à mon sort et à celui de l'Europe une autre face. Alors mon mauvais génie m'apparut et m'annonça ma fin que j'ai trouvée à Leipsick. Je voyais l'orage se former sur ma tête, mais je le voyais sans crainte; il est impossible *que l'homme puisse toujours dominer les circonstances, mais il ne doit pas non plus se laisser gouverner par elles.....* Mes ennemis extérieurs ont eu un combat légal à soutenir contre moi, et *depuis qu'ils m'ont vaincu je les estime plus que je ne faisais quand j'étais leur vainqueur.....* Mais jamais je ne pardonnerai aux miens leur lâche trahison. Semblables à des insectes, ils s'étaient attachés à moi pour assouvir leur faim et ils m'abandonnèrent aussitôt qu'ils se virent rassasiés : je n'en fus nullement étonné, car *l'homme n'a point d'ami, c'est son bonheur qui en a.* C'est une vanité gigantesque qui sert vainement à ces petits nains, et qui leur a fait croire que je ne saurais pas survivre à la douleur d'être séparé d'eux. Comme j'avais joué cette fois un rôle particulier, ils croyaient tout bonnement que j'allais me mettre sur la scène pour leur donner un spectacle que je voulais représenter uniquement pour moi seul. J'avais, disaient-ils, consacré ma vie à un trône sur lequel j'avais bien voulu monter, *le trouvant libre*..... J'avais si souvent aux pieds ce vil échafaudage que j'en connaissais parfaitement la fragilité..... *Le prince était en moi dans mon terrible esprit qui par son ascendant soumit toute l'Europe à mes pieds*..... Le caprice du sort me fit, il est vrai, monter sur un trône, mais quand même j'aurais été au fond d'un cloître, j'aurais toujours été le même, quoique sous une forme différente.

Aux yeux du public je me suis revêtu de la pourpre impériale uniquement pour complaire à cette foule d'aveugles qui ne jugent de l'homme que par son extérieur. Il était à prévoir qu'ils exerceraient l'aiguillon de la médisance contre moi dans leurs bavardages et leurs écrits. Depuis vingt ans n'avaient-ils pas prêché l'évangile de vingt sauveurs, espérant qu'ils leur donneraient du pain et leur procureraient des honneurs. Je me suis refusé jadis à leur encens, pourquoi devrais-je me formaliser de ce qu'ils me condamneraient maintenant? Ne m'ayant pas donné la vie, je ne me l'ôterai pas non plus tant qu'elle voudra de moi. C'est lâcheté et non courage de sacrifier sa propre vie par attachement pour les choses fragiles et vaines de ce monde de misères. J'ai échappé la mort dans 50 batailles, sans la chercher ni la fuir. *Je ne connais aucun ennemi devant lequel j'aurais à rougir de ma propre conduite.* Je ne suis donc pas aussi malheureux que le prétendent ceux qui font consister leur bonheur dans les choses terrestres, tandis qu'il n'existe que dans la connaissance de soi-même.

Mais si l'on considère qu'ils ont pour système de mesurer les autres d'après leur âme, on ne s'étonnera plus de leur manière de penser sur mon compte. C'est une faiblesse humaine, laquelle je leur ai pardonné, si souvent, que je veux bien le faire encore cette fois.

D'après ce tableau on connaîtra bien les raisons pour lesquelles ils ne peuvent pas me comprendre, quoique ma conduite fût toujours aussi légale que mon langage était sincère : ainsi leur étonnement et leur ébahissement, quand j'ai monté sur le trône, furent égaux à ce qu'ils éprouvèrent quand j'y renonçai. Du moins j'ai mérité de l'Europe et de l'humanité en portant les Allemands à la connaissance d'eux-mêmes. Quant aux Anglais, je dirai seulement que l'histoire ne nous cite aucun fait qui témoigne qu'un peuple commerçant ait jamais travaillé au bonheur du genre humain.

Z.

TESTAMENT ET CODICILLES DE NAPOLÉON.

NAPOLÉON, etc., etc.,

Cejourd'hui 15 avril 1821, à Longwood, île de Sainte-Hélène.

Ceci est mon Testament, ou acte de ma dernière volonté.

I.

1° Je meurs dans la religion apostolique et romaine, dans le sein de laquelle je suis né, il y a plus de cinquante ans.

2° Je désire que mes cendres reposent sur les bords de la Seine, au milieu de ce peuple français que j'ai tant aimé.

3° J'ai toujours eu à me louer de ma très-chère épouse, Marie-Louise ; je lui conserve jusqu'au dernier moment les plus tendres sentiments : je la prie de veiller pour garantir mon fils des embûches qui environnent encore son enfance.

4° Je recommande à mon fils de ne jamais oublier qu'il est né prince Français, et de ne jamais se prêter à être un instrument entre les mains des triumvirs qui oppriment les peuples de l'Europe. Il ne doit jamais combattre ni nuire en aucune manière à la France ; il doit adopter ma devise : *Tout pour le peuple français*.

5° Je meurs prématurément, assassiné par l'oligarchie anglaise et son sicaire ; le peuple anglais ne tardera pas à me venger.

6° Les deux issues si malheureuses des invasions de la France, lorsqu'elle avait encore tant de ressources, sont dues aux trahisons de Marmont, Augereau, Talleyrand et Lafayette. Je leur pardonne : puisse la postérité française leur pardonner comme moi !

7° Je remercie ma bonne et très-excellente mère, le cardinal, mes frères Joseph, Lucien, Jérôme, Pauline, Caroline, Julie, Hortense, Catarine, Eugène, de l'intérêt qu'ils m'ont conservé ; je pardonne à Louis le libelle qu'il a publié en 1820 (1) ; il est plein d'assertions fausses et de pièces falsifiées.

---

(1) Que Napoléon n'avait probablement pas lu, et qui n'était, d'après ce qu'on en a dit dans le temps, que le *compte rendu* d'un souverain qui aima mieux descendre du trône où il était monté malgré lui, que d'être spectateur *impuissant* de maux qu'il ne lui était pas permis de soulager.

8° Je désavoue le manuscrit de Sainte-Hélène et autres ouvrages sous le titre de *Maximes, Sentences*, etc., que l'on s'est plu à publier depuis six ans : ce ne sont pas là les règles qui ont dirigé ma vie. J'ai fait arrêter et juger le duc d'Enghien, parce que cela était nécessaire à la sûreté, à l'intérêt et à l'honneur du peuple français, lorsque *** entretenait, de son aveu, soixante assassins à Paris. (Dans une semblable circonstance, j'agirais encore de même.)

II.

1° Je lègue à mon fils les boîtes, ordres et autres objets, tels que l'argenterie, lit de camp, armes, selles, éperons, vases de ma chapelle, livres, linge qui a servi à mon corps et à mon usage, conformément à l'état annexé coté (A). Je désire que ce faible legs lui soit cher, comme lui retraçant le souvenir d'un père dont l'univers l'entretiendra.

2° Je lègue à lady Holland le camée antique que le pape Pie VI m'a donné à Tolentino.

3° Je lègue au comte Montholon deux millions de francs, comme une preuve de ma satisfaction des soins filiaux qu'il m'a rendus depuis six ans, et pour l'indemniser des pertes que son séjour à Sainte-Hélène lui a occasionnées.

4° Je lègue au comte Bertrand cinq cent mille fr.

5° Je lègue à Marchand, mon premier valet de chambre, quatre cent mille francs. Les services qu'il ma rendus sont ceux d'un ami. Je désire qu'il épouse une veuve, sœur ou fille d'un officier ou soldat de ma vieille garde.

6° *Idem*, à Saint-Denis, cent mille francs.

7° *Idem*, à Novarre (Noverraz), cent mille francs.

8° *Idem*, à Peyron, cent mille francs.

9° *Idem*, à Archambaud, cinquante mille francs.

10° *Idem* à Corsor, vingt-cinq mille francs.

11° *Idem* à Chandell, vingt-cinq mille francs.

12° *Idem* à l'abbé Vignali, cent mille francs. Je désire qu'il bâtisse sa maison près de Ponte-Nuovo di Rostino.

13° *Idem* au comte de Las-Cases, cent mille francs.

14° *Idem* au comte Lavalette, cent mille francs.

15° *Idem* au chirurgien en chef Larrey, cent mille francs. C'est l'homme le plus vertueux que j'aie connu.

16° *Idem* au général Brayer, cent mille francs.

17° *Idem* au général Lefebvre-Desnouettes, cent mille francs.

18° *Idem* au général Drouot, cent mille francs.

19° *Idem* au général Cambronne, cent mille francs.

20° *Idem* aux enfants du général Mouton-Duverney, cent mille francs.

21° *Idem* aux enfants du brave Labédoyère, cent mille francs.

22° *Idem* aux enfants du général Girard, tué à Ligny, cent mille francs.

23° *Idem* aux enfants du général Chartrand, cent mille francs.

24° *Idem* aux enfants du vertueux général Travot, cent mille francs.

25° *Idem* au général Lallemant l'aîné, cent mille francs.

26° *Idem* au comte Réal, cent mille francs.

27° *Idem* à Costa de Bastelica, en Corse, cent mille francs.

28° *Idem* au général Clausel, cent mille francs.

29° *Idem* au baron de Menneval, cent mille francs.

30° *Idem* à Arnault, auteur de *Marius*, cent mille f.

31° *Idem* au colonel Marbot, cent mille francs. Je l'engage à continuer à écrire pour la défense de la gloire des armes françaises, et à en confondre les calomniateurs et les apostats.

32° *Idem* au baron Bignon, cent mille francs. Je l'engage à écrire l'histoire de la diplomatie française de 1792 à 1815.

33° *Idem* à Poggi, di Talivo, cent mille francs.

34° *Idem* au chirurgien Emmery, cent mille francs.

35° Ces sommes seront prises sur les six millions que j'ai placés en partant de Paris en 1815, et sur les intérêts, à raison de 5 p. 100, depuis juillet 1815. Les comptes en seront arrêtés avec le banquier par les comtes Montholon, Bertrand et Marchand.

36° Tout ce que ce placement produira au-delà de la somme de cinq millions six cent mille francs, dont il a été disposé ci-dessus, sera distribué en gratifications aux blessés de Watterloo, et aux officiers et soldats du bataillon de l'île d'Elbe, sur un état arrêté par Montholon, Bertrand, Drouot, Cambrone et le chirurgien Larrey.

37° Ces legs en cas de mort seront payés aux veuves et enfants, et, au défaut de ceux-ci, rentreront à la masse.

III.

1. Mon domaine privé était ma propriété, dont aucune loi française ne m'a privé, que je sache. Le compte en sera demandé au baron de la Bouillerie, qui en était le trésorier; il doit se monter à plus de deux cents millions de francs; savoir : 1° le portefeuille contenant les économies que j'ai, pendant quatorze ans, faites sur ma liste civile, lesquelles se sont élevées à plus de douze millions par an : j'ai bonne mémoire; 2° le produit de ce portefeuille; 3° les meubles de mes palais, tels qu'ils étaient en 1814. Les palais de Rome, Florence, Turin, y compris tous ces meubles, ont été achetés des deniers des revenus de la liste civile; 4° la liquidation de mes maisons du

royaume d'Italie, tels qu'argent, bijoux, meubles, écuries; les comptes en seront donnés par le prince Eugène et l'intendant de la couronne Compagnoni.

NAPOLÉON.

Deuxième feuille.

2. Je lègue mon domaine privé, moitié aux officiers et soldats qui restent des armées françaises, qui ont combattu depuis 1792 jusqu'à 1815 pour la gloire et l'indépendance de la nation; la répartition en sera faite au prorata des appointements d'activité; moitié aux villes et campagnes d'Alsace, de Lorraine, de Franche-Comté, de Bourgogne, de l'Ile de France, de Champagne, Forez, Dauphiné, qui auraient souffert par l'une ou l'autre invasion. Il sera de cette somme prélevé un million pour la ville de Brienne et un million pour la ville de Méry.

J'institue les comtes Montholon, Bertrand et Marchand mes exécuteurs testamentaires.

Ce présent testament, tout écrit de ma propre main, est signé et scellé de mes armes.

(Sceau.)   NAPOLÉON.

État A joint à mon Testament.

Longwood, île de Sainte-Hélène, ce 15 avril 1821.

I.

1. Les vases sacrés qui ont servi à ma chapelle à Longwood.

2. Je charge l'abbé Vignali de les garder et de les remettre à mon fils quand il aura seize ans.

II.

1. Mes armes; savoir : mon épée, celle que je por-

tais à Austerlitz, le sabre de Sobieski, mon poignard, mon glaive, mon couteau de chasse, mes deux paires de pistolets de Versailles.

2. Mon nécessaire d'or, celui qui m'a servi le matin d'Ulm, d'Austerlitz, d'Iéna, d'Eylau, de Friedland, de l'île de Lobau, de la Moskowa et de Montmirail; Sous ce point de vue, je désire qu'il soit précieux à mon fils. (Le comte Bertrand en est dépositaire depuis 1814.)

3. Je charge le comte Bertrand de soigner et conserver ces objets, et de les remettre à mon fils quand il aura seize ans.

III.

1. Trois petites caisses d'acajou, contenant, la première, trente-trois tabatières ou bonbonnières; la deuxième, douze boîtes aux armes impériales, deux petites lunettes et quatre boîtes trouvées sur la table de Louis XVIII, aux Tuileries, le 20 mars 1815; la troisième, trois tabatières ornées de médailles d'argent, à l'usage de l'empereur, et divers effets de toilette, conformément aux états numérotés I, II, III.

2. Mon lit de camp, dont j'ai fait usage dans toutes mes campagnes.

3. Ma lunette de guerre.

4. Mon nécessaire de toilette, un de chacun de mes uniformes, une douzaine de chemises, et un objet complet de chacun de mes habillements, et généralement de tout ce qui sert à ma toilette.

5. Mon lavabo.

6. Une petite pendule qui est dans ma chambre à coucher de Longwood.

7. Mes montres et la chaîne de cheveux de l'impératrice.

8. Je charge Marchand, mon premier valet de

chambre, de garder ces objets, et de les remettre à mon fils lorsqu'il aura seize ans.

IV.

1. Mon médailler.
2. Mon argenterie et ma porcelaine de Sèvres, dont j'ai fait usage à Sainte-Hélène : état *b* et *c*.
3. Je charge le comte Montholon de garder ces objets et de les remettre à mon fils quand il aura seize ans.

V.

1. Mes trois selles et brides, mes éperons, qui m'ont servi à Sainte-Hélène.
2. Mes fusils de chasse, au nombre de cinq.
3. Je charge mon chasseur Noverraz de garder ces objets, et de les remettre à mon fils quand il aura seize ans.

VI.

1. Quatre cents volumes choisis dans ma bibliothèque, parmi ceux qui ont le plus servi à mon usage.
2. Je charge Saint-Denis de les garder et de les remettre à mon fils quand il aura seize ans.

NAPOLÉON.

ÉTAT (*a*).

1. Il ne sera vendu aucun des effets qui m'ont servi ; le surplus sera partagé entre mes exécuteurs testamentaires et mes frères.
2. Marchand conservera mes cheveux et en fera faire un bracelet avec un petit cadenas en or, pour être envoyé à l'impératrice Marie-Louise, à ma mère et à chacun de mes frères, sœurs, neveux, nièces,

au cardinal, et un plus considérable pour mon fils.

3. Marchand enverra une de mes paires de boucles à souliers, en or, au prince Joseph.

4. Une petite paire de boucles, en or, à jarretières, au prince Lucien.

5. Une boucle de col, en or, au prince Jérôme.

État (a).

Inventaire de mes effets, que Marchand doit garder pour remettre à mon fils.

1. Mon nécessaire d'argent, celui qui est sur ma table, garni de tous ses ustensiles, rasoirs, etc.

2. Mon réveil-matin : c'est le réveil-matin de Frédéric II, que j'ai pris à Postdam (dans la boîte n. III).

3. Mes deux montres, avec la chaîne de cheveux de l'impératrice et une chaîne de mes cheveux pour l'autre montre. Marchand la fera faire à Paris.

4. Mes deux sceaux (un de France enfermé dans la boîte n. III).

5. La petite pendule dorée qui est actuellement dans ma chambre à coucher.

6. Mon lavabo, son pot à eau et son pied.

7. Mes tables de nuit, celles qui me servaient en France, et mon bidet de vermeil.

8. Mes deux lits de fer, mes matelas et mes couvertures, s'ils se peuvent conserver.

9. Mes trois flacons d'argent où l'on mettait mon eau-de-vie, que portaient mes chasseurs en campagne.

10. Ma lunette de France.

11. Mes éperons (deux paires).

12. Trois boîtes d'acajou, n°ˢ I, II, III, renfermant mes tabatières et autres objets.

13. Une cassolette en vermeil.

Linge de toilette.

Six chemises; six mouchoirs; six cravattes; six serviettes; six paires de bas de soie; quatre cols noirs; six paires de chaussettes; deux paires de draps de baptiste; deux taies d'oreillers; deux robes de chambre; deux pantalons de nuit; une paire de bretelles; quatre culottes-vestes de casimir blanc; six madras; six gilets de flanelle; quatre caleçons; six paires de gants; une petite boîte pleine de mon tabac;

une boucle de col en or,
une paire de boucles de jarretières en or,
une paire de boucles en or, à souliers, } Renfermés dans la petite boîte, n. III.

Habillement.

Un uniforme chasseur; un *dito* grenadier; un *dito* garde nationale; deux chapeaux; une capote grise et verte; un manteau bleu (celui que j'avais à Marengo); une jebeline petite veste; deux paires de souliers; deux paires de bottes; une paire de pantoufles; six ceinturons.

NAPOLÉON.

État (*b*).

Inventaire des effets que j'ai laissés chez M. le comte de Turenne.

Un sabre de Sobieski. (C'est par erreur qu'il est porté sur l'état A; celui-là est le sabre que l'empereur portait à Aboukir, et qui est entre les mains de M. le comte Bertrand).

Un grand collier de la Légion-d'Honneur.
Une épée en vermeil.
Un glaive de consul.
Une épée en fer.
Un ceinturon de velours.
Un collier de la Toison-d'Or.
Un petit nécessaire en acier.
Une veilleuse en argent.
Une poignée de sabre antique.
Un chapeau à la Henri IV et une toque, les dentelles de l'empereur.
Un petit médailler.
Deux tapis turcs.
Deux manteaux de velours cramoisi brodés, avec vestes et culottes.

1. Je donne à mon fils le sabre de Sobieski.
Idem, le collier de la Légion-d'Honneur.
Idem, l'épée en vermeil.
Idem, le glaive du consul.
Idem, l'épée en fer.
Idem, le collier de la Toison-d'Or.
Idem, le chapeau à la Henri IV et la toque.
Idem, le nécessaire d'or pour les dents, resté chez le dentiste.

2. A l'impératrice Marie-Louise, mes dentelles.
A Madame, la veilleuse en argent.
Au cardinal, le petit nécessaire en acier.
Au prince Eugène, le bougeoir en vermeil.
A la princesse Pauline, le petit médailler.
A la reine de Naples, un petit tapis turc.
A la reine Hortense, un petit tapis turc.
Au prince Jérôme, la poignée du sabre antique.
Au prince Joseph, un manteau brodé, veste et culotte.

Au prince Louis, un manteau brodé, veste et culotte.

NAPOLÉON.

Au dos des feuilles pliées et scellées, renfermant l'ensemble du Testament, se lisait :
« *Ceci est mon Testament, écrit tout en entier de ma propre main.* »

NAPOLÉON.

Avril, le 16. — 1821. Longwood.

Ceci est un Codicille à mon Testament.

1° Je désire que mes cendres reposent sur les bords de la Seine, au milieu de ce peuple français que j'ai tant aimé.

2° Je lègue au comte Bertrand, Montholon et à Marchand, l'argent, bijoux, argenterie, porcelaine, meubles, livres, armes, et généralement tout ce qui m'appartient dans l'île de Sainte-Hélène.

Ce codicille tout entier, écrit de ma main, est signé et scellé de mes armes.

NAPOLÉON.

Au dos se lisait : « Ceci est un Codicille de mon Testament, écrit tout de ma propre main. »

NAPOLÉON.

Ce 24 avril 1821. Longwood.

Ceci est mon Codicille ou acte de ma dernière volonté.

Sur la liquidation de ma liste civile d'Italie, telle qu'argent, bijoux, argenterie, linge, meubles, écurie, dont le vice-roi est dépositaire, et qui m'appartenaient, je dispose de deux millions que je lègue à mes plus fidèles serviteurs. J'espère que, sans s'autoriser d'aucune raison, mon fils Eugène Napoléon les acquittera fidèlement ; il ne peut oublier les quarante millions que je lui ai donnés, soit en Italie, soit par le partage de la succession de sa mère.

1. Sur ces deux millions, je lègue au comte Bertrand trois cent mille francs, dont il versera cent mille francs dans la caisse du trésorier, pour être employés, selon mes dispositions, à l'acquit de legs de conscience.

2. Au comte Montholon, deux cents mille francs, dont il versera cent mille francs à la caisse, pour le même usage que ci-dessus.

3. Au comte Las-Cases, deux cent mille francs, dont il versera cent mille francs dans la caisse pour le même usage que ci-dessus.

4. A Marchand, cent mille francs, dont il versera cinquante mille francs à la caisse, pour le même usage que ci-dessus.

5. Au comte Lavalette, cent mille francs.

6. Au général Hogendorf, Hollandais, mon aide-de-camp réfugié au Brésil, cinquante mille francs.

7. A mon aide-de-camp Corbineau, cinquante mille francs.

8. A mon aide-de-camp Caffarelli, cinquante mille francs.

9. A mon aide-de-camp Dejean, cinquante mille francs.

10. A Percy, chirurgien en chef à Waterloo, cinquante mille francs.

11. Cinquante mille francs ; savoir :

Dix mille francs à Peyron, mon maître d'hôtel ;

Dix mille francs à Saint-Denis, mon premier chasseur ;

Dix mille francs à Noverraz ;

Dix mille francs à Cursor, mon maître d'office ;
Dix mille francs à Archambaud, mon piqueur ;

12. Au baron Menneval, cinquante mille francs.

13. Au duc d'Istrie, fils de Bessières, cinquante mille francs.

14. A la fille de Duroc, cinquante mille francs.

15. Aux enfants de Labédoyère, cinquante mille francs.

16. Aux enfants de Mouton-Duvernet, cinquante mille francs.

17. Aux enfants du brave et vertueux général Travot, cinquante mille francs.

18. Aux enfants de Chartrand, cinquante mille francs.

19. Au général Cambronne, cinquante mille francs.

20. Au général Lefebvre-Desnouettes, cinquante mille francs.

21. Pour être répartis entre les proscrits qui errent en pays étrangers, Français, ou Italiens, ou Belges, ou Hollandais, ou Espagnols, ou des départements du Rhin, sur ordonnances de mes exécuteurs testamentaires, cent mille francs.

22. Pour être répartis entre les amputés ou blessés grièvement de Lagny, Waterloo, encore vivants, sur des états dressés par mes exécuteurs testamentaires, auxquels seront adjoints Cambronne, Larrey, Percy et Emmery, il sera donné double à la garde, quadruple à ceux de l'île d'Elbe, deux cent mille fr.

Ce codicille est écrit entièrement de ma main, signé et scellé de mes armes.

NAPOLÉON.

Au dos était écrit : « Ceci est mon Codicille, ou acte de ma dernièra volonté, dont je recommande l'exacte exécution à mon fils Eugène Napoléon. Il est tout écrit de ma propre main. »

NAPOLÉON.

Ce 24 avril 1821, à Longwood.

Ceci est un troisième Codicille à mon Testament du 15 *avril.*

1. Parmi les diamants de la couronne qui furent remis en 1814, il s'en trouvait pour 50,000,000 liv. qui n'en étaient pas et faisaient partie de mon avoir particulier; on les fera rentrer pour acquitter mes legs.

2. J'avais chez le banquier Torlonia, de Rome, deux à trois cent mille livres en lettres de change, de mes revenus de l'île d'Elbe, depuis 1815; le sieur de la Perrusse, quoiqu'il ne fût plus mon trésorier, et n'eût pas de caractère, a tiré à lui cette somme; on la lui fera restituer.

3. Je lègue au duc d'Istrie trois cent mille francs, dont seulement cent mille francs reversibles à sa veuve, si le duc était mort lors de l'exécution du legs. Je désire, si cela n'a aucun inconvénient, que le duc épouse la fille de Duroc.

4. Je lègue à la duchesse de Frioul, fille de Duroc, deux cents mille francs; si elle était morte avant l'exécution du legs, il ne sera rien donné à la mère.

5. Je lègue au général Rigaud, celui qui a été proscrit, cent mille francs.

6. Je lègue à Boisnot, commissaire-ordonnateur, cent mille francs.

7. Je lègue aux enfants du général Letort, tué dans la campagne de 1815, cent mille francs.

8. Ces huit cent mille livres de legs seront comme s'ils étaient portés à la suite de l'article 36 de mon testament, ce qui porterait à six millions quatre cent mille livres la somme des legs dont je dispose par

mon testament, sans comprendre les donations faites par mon second codicille.

Ceci est écrit de ma propre main, signé et scellé de mes armes.

NAPOLÉON.

Au dos se lisait : « Ceci est mon troisième Codicille à mon Testament, tout entier écrit de ma main, signé et scellé de mes armes.»

Sera ouvert le même jour, et immédiatement après l'ouverture de mon Testament.

NAPOLÉON.

Ce 24 avril 1821. Longwood.

Ceci est un quatrième Codicille à mon Testament. Par les dispositions que nous avons faites précédemment, nous n'avons pas rempli toutes nos obligations, ce qui nous a décidé à faire ce quatrième Codicille.

1. Nous léguons au fils ou petit-fils du baron Dutheil, lieutenant-général d'artillerie, ancien seigneur de Saint-André, qui a commandé l'école d'Auxonne avant la révolution, la somme de 100,000 fr., comme souvenir de reconnaissance pour les soins que ce brave général a pris de nous lorsque nous étions comme lieutenant et capitaine sous ses ordres.

2. *Idem*, au fils ou petit-fils du général Dugommier, qui a commandé en chef l'armée de Toulon, la somme de 100,000 francs ; nous avons sous ses ordres dirigé ce siége et commandé l'artillerie ; c'est un témoignage de souvenir pour les marques d'estime, d'affection et d'amitié que nous a données ce brave et intrépide général.

3. *Idem*, nous léguons 100,000 francs aux fils ou petits-fils du député à la Convention, Gasparin, repré-

sentant du peuple à l'armée de Toulon, pour avoir protégé et sanctionné de son autorité le plan que nous avons donné, qui a valu la prise de cette ville, et qui était contraire à celui envoyé par le Comité de salut public. Gasparin nous a mis par sa protection à l'abri des persécutions de l'ignorance des états-majors qui commandaient l'armée avant l'arrivée de mon ami Dugommier.

4. *Idem*, nous léguons 100,000 francs à la veuve, fils ou petit-fils de notre aide-de-camp Muiron, tué à nos côtés à Arcole, nous couvrant de son corps.

5. *Idem*, 10,000 francs au sous-officier Cantillon, qui a essuyé un procès comme prévenu d'avoir voulu assassiner lord Wellington, ce dont il a été déclaré innocent. Cantillon avait autant de droit d'assassiner cet oligarque, que celui-ci de m'envoyer périr sur le rocher de Sainte-Hélène. Wellington, qui a proposé cet attentat, cherchait à le justifier sur l'intérêt de la Grande-Bretagne. Cantillon, si vraiment il eût assassiné le lord, se serait couvert et aurait été justifié par les mêmes motifs, l'intérêt de la France de se défaire d'un général qui, d'ailleurs, avait violé la capitulation de Paris, et par là s'était rendu responsable du sang des martyrs Ney, Labédoyère, etc., etc., et du crime d'avoir dépouillé les musées, contre le texte des traités.

6. Ces 400,000 francs seront ajoutés aux six millions quatre cent mille francs dont nous avons disposé, et porteront mes legs à six millions huit cent dix mille francs; ces quatre cent dix mille francs doivent être considérés comme faisant partie de notre testament, art. 35, et suivre en tout le même sort que les autres legs.

7. Les neuf mille livres sterlings que nous avons données au comte et à la comtesse Montholon, doi-

vent, si elles ont été soldées, être déduites et portées en compte sur les legs que nous lui faisons par nos testaments; si elles n'ont pas été acquittées, nos billets seront annulés.

8. Moyennant les legs faits par notre testament au comte Montholon, la pension de vingt mille francs accordée à sa femme est annulée; le comte Montholon est chargé de la lui payer.

9. L'administration d'une pareille succession jusqu'à son entière liquidation, exigeant des frais de bureau, de courses, de missions, de consultations, de plaidoirie, nous entendons que nos exécuteurs testamentaires retiendront trois pour cent sur tous les legs, soit sur les six millions huit cent mille francs, soit sur les sommes portées dans les codicilles, soit sur les deux cents millions de fr. du domaine privé.

10. Les sommes provenant de ces retenues seront déposées dans les mains d'un trésorier, et dépensées sur mandat de nos exécuteurs testamentaires.

11. Si les sommes provenant desdites retenues n'étaient pas suffisantes pour pourvoir aux frais, il y sera pourvu aux dépens des trois exécuteurs testamentaires et du trésorier, chacun dans la proportion du legs que nous leur avons fait par notre testament et codicilles.

12. Si les sommes provenant des susdites retenues sont au-dessus des besoins, le restant sera partagé entre nos trois exécuteurs testamentaires et le trésorier, dans le rapport de leurs legs respectifs.

13. Nous nommons le comte Las-Cases, et à son défaut, son fils, et, à son défaut, le général Drouot, trésorier.

Ce présent codicille est entièrement écrit de notre main, signé et scellé de nos armes.

NAPOLÉON.

Ce 24 avril 1821. Longwood.

Ceci est mon Codicille ou acte de ma dernière volonté.

Sur les fonds remis en or à l'impératrice Marie-Louise, ma très-chère et bien-aimée épouse, à Orléans, en 1814, elle reste me devoir deux millions, dont je dispose par le présent codicille, afin de récompenser mes plus fidèles serviteurs, que je recommande du reste à la protection de ma chère Marie-Louise.

1. Je recommande à l'impératrice de faire restituer au comte Bertrand les trente mille livres de rente qu'il possède dans le duché de Parme et sur le Mont-Napoléon de Milan, ainsi que les arrérages échus.

2. Je lui fais la même recommandation pour le duc d'Istrie, la fille de Duroc, et autres de mes serviteurs qui me sont restés fidèles et qui me sont toujours chers ; elle les connaît.

3. Je lègue, sur les deux millions ci-dessus mentionnés, trois cent mille francs au comte Bertrand, sur lesquels il versera cent mille francs dans la caisse du trésorier pour être employés, selon mes dispositions, à des legs de conscience.

4. Je lègue deux cent mille francs au comte Montholon, sur lesquels il versera cent mille francs dans la caisse du trésorier, pour le même usage que ci-dessus.

Idem, deux cent mille francs au comte Las-Cases, sur lesquels il versera cent mille francs dans la caisse, pour le même usage que ci-dessus.

6. *Idem*, à Marchand, cent mille francs, sur lesquels il versera cinquante mille francs dans la caisse, pour le même usage que ci-dessus.

7. Au maire d'Ajaccio, au commencement de la révolution, Jean-Jérôme Lévi, ou à sa veuve, enfants et petits-enfants, cent mille francs.

8. A la fille de Duroc, cent mille francs.

9. Au fils de Bessières, duc d'Istrie, cent mille francs.

10. Au général Drouot, cent mille francs.

11. Au comte Lavalette, cent mille francs.

12. *Idem*, cent mille francs; savoir :

Vingt-cinq mille francs à Peyron, mon maître-d'hôtel ;

Vingt-cinq mille francs à Noverraz, mon chasseur;

Vingt-cinq mille francs à Saint-Denis, le garde de mes livres ;

Vingt-cinq mille francs à Santini, mon ancien huissier.

13. *Idem*, cent mille francs; savoir :

Quarante mille francs à Planat, mon officier d'ordonnance ;

Vingt mille francs à Hébert, dernièrement concierge à Rambouillet, et qui était de ma chambre en Égypte.

Vingt mille francs à Lavigne, qui était dernièrement concierge d'une de mes écuries et qui était mon piqueur en Égypte.

Vingt mille francs à Jeannet Dervieux, qui était piqueur des écuries et me servait en Égypte.

14. Deux cent mille francs seront distribués en aumônes aux habitants de Brienne-le-Château qui ont le plus souffert.

15. Les trois cents mille francs restant seront distribués aux officiers et soldats du bataillon de ma garde de l'île d'Elbe, actuellement vivants, ou à leurs veuves et leurs enfants, au prorata des appointements, et selon l'état qui sera arrêté par mes exécuteurs tes-

tamentaires; les amputés ou blessés grièvement auront le double. L'état en sera arrêté par Larrey et Emmery.

Ce codicille est écrit tout de ma propre main, signé et scellé de mes armes.

NAPOLÉON.

Au dos était écrit : « Ceci est mon Codicille ou acte de ma dernière volonté, dont je recommande l'exécution à ma très-chère épouse l'impératrice Marie-Louise.

NAPOLÉON.

Lettre des comtes Bertrand et Montholon.

Indépendamment des dispositions écrites que nous venons de rapporter, il en est d'autres ou antérieures ou verbales qui en font le complément. Une des principales est celle relative au général Gourgaud; la voici telle que les exécuteurs testamentaires l'ont publiée dans le *Galignani's Messenger* du 11 août 1824 :

« Monsieur,

» Nous avons lu avec surprise, dans votre feuille
» d'hier, un article relatif aux dernières dispositions
» de l'empereur Napoléon à Sainte-Hélène.
» Son testament avait été déposé, et avait dû l'être,
» à la cour des prérogatives de l'archevêque de Can-
» torbéry, dans le ressort de laquelle l'île Sainte-Hé-
» lène, dernière résidence du testateur, est située. Il
» ne nous appartient pas de faire connaître des actes
» qui n'étaient point destinés à devenir publics; mais
» nous croyons de notre devoir de déclarer, autant
» pour notre propre satisfaction, que par respect pour

» la mémoire de notre dernier capitaine, que, dans
» ses derniers moments, il n'a oublié, dans la répar-
» tition de ses bienfaits, aucune des personnes qui
» l'ont suivi dans son exil; et que le général Gour-
» gaud, dont le nom ne se voit pas sur les listes que
» vous avez publiées, a été l'objet d'une disposition
» spéciale de l'empereur, en reconnaissance de son
» dévoûment, et pour les services qu'il lui a rendus,
» pendant dix ans, comme premier officier d'ordon-
» nance et aide-de-camp, soit sur les champs de ba-
» taille en Allemagne, en Russie, en Espagne et en
» France, soit sur le roc de Sainte-Hélène.

» Si les legs faits sur les sommes demandées à l'ar-
» chiduchesse de Parme et au prince Eugène n'ont pu
» jusqu'ici recevoir leur exécution, cet accident doit
» être imputé à des événements indépendants de notre
» volonté, et sans doute étrangers aux illustres per-
» sonnages qui ont eu une si grande part aux affec-
» tions du testateur.

» Nous avons l'honneur, etc.

» *Signés :* le comte Bertrand ;

» Le comte de Montholon. »

Paris, le 7 août 1824.

FIN DE L'APPENDICE ET DU TOME PREMIER.

TABLE

DES PIÈCES ET DOCUMENTS

CONTENUS DANS L'APPENDICE.

Table des Pièces justificatives et Documents contenus dans le 25ᵉ chapitre ou Appendice de la *Biographie des premières années de Napoléon Bonaparte*.

Les Autographes sont désignés par un *.

LETTRES d'ordre.	DATES DES PIÈCES Grégorienne.	DATES DES PIÈCES Républicaine.	ANALYSE RAPIDE DES PIÈCES ET DOCUMENTS.	PAGES.
A.	31 mars 1796.	11 germ. an 4.	Lettre de l'ordonnateur Sucy, annonçant de Gênes au général en chef Bonaparte, qu'il vient d'y passer plusieurs marchés.	457
AA.	1ᵉʳ avril 1796.	12 germ. an 4.	Lettre de l'ordonnateur Sucy, qui entretient le général en chef de plusieurs objets de service.	461
B.	(2 avril 1796.)	(13) germinal an 4.	Lettre au général en chef, de l'ordonnateur Sucy, qui refuse de reprendre les rênes de l'administration de l'armée.	463
BB.*	21 mai 1796.	Après le 2 prairial an 4.	Lettre du gén. en chef, à l'ordonnateur Sucy, relative au citoyen Paravicini.	465
C.*	Au commenc.ᵗ de juin 1796.	A la fin de prairial an 4.	Autographe et traduction d'un billet où Bonaparte se plaint au directeur Carnot, du retard qu'apporte Joséphine à partir de Paris pour Milan.	466
CC.	juin 1796.	mess. an 4.	Notice sur une mission militaire à Constantinople.	473
D.	Fin juin 1796.	Com. de mess. 5.	Notes sur le voyage que fit Joséphine de Paris à Milan.	474
E.	3 juin 1797.	15 prair. an 5.	Lettre du ministre des relations extérieures, au général en chef Bonaparte, sur l'île de Malte.	474
F.	29 juin 1797.	11 mess. an 5.	Lettre du général Bonaparte, à l'ordonnateur Sucy, à qui il en envoie une de recommandation en faveur de l'abbé Zanni.	476
G.	13 sept. 1797.	27 fruct. an 5.	Lettre du général Bonaparte, au ministre des relations extérieures, sur Malte et l'Egypte.	478
H.	23 sept. 1797.	2 vend. an 6.	Lettre du ministre des relations extérieures, au général Bonaparte, sur Malte et l'Egypte.	480

— 549 —

I.	25 sept. 1797.	4 vend. an 6.	Lettre de démission, adressée par le général Bonaparte, au directeur Barras.	484
J.*	25 sept. 1797.	4 vend. an 6.	Autographe et traduction d'un billet du général Bonaparte, au directeur Barras.	485
K.	27 sept. 1797.	6 vend. an 6.	Lettre du ministre des relations extérieures, au général Bonaparte, sur l'île de Malte.	487
L.	1er oct. 1797.	10 vend. an 6.	Lettre au ministre des relations extérieures, du général Bonaparte, qui demande de nouveau sa démission.	489
M.	3 oct. 1797.	12 vend. an 6.	Lettre par laquelle le président Larévellière-Lépaux, au nom du Directoire, refuse la démission du général Bonaparte.	493
N.	10 oct. 1797.	19 vend. an 6.	Nouvelle lettre par laquelle le général Bonaparte insiste, auprès du Directoire, pour avoir sa démission.	494
O.	18 oct. 1797.	27 vend. an 6.	Note par laquelle le général Bonaparte prévient le ministre des relations extérieures que la paix a été signée la veille.	494
P.	21 oct. 1797.	30 vend. an 6.	Lettre de Larévellière, président du Directoire exécutif, au général Bonaparte, sur l'île de Malte.	494
Q.	12 nov. 1797.	22 brum. an 6.	Lettre par laquelle le général Bonaparte prévient le Directoire qu'il a envoyé le citoyen Poussielgue à Malte.	495
R.	17 nov. 1797.	27 brum. an 6.	Départ du gén. Bonaparte, de Milan pour Rastad, et notes sur ce voyage.	496
S.	26 mars 1798.	6 germ. an 6.	Vente par la citoyenne Talma, au général Bonaparte, par-devant Me Raguideau, notaire, d'une maison rue de la Victoire, à Paris.	502
T.	Commencem¹ de févr. 1799.	Fin de pluviose an 7.	Lettre du général Bonaparte, commandant en chef de l'armée d'Egypte, qui informe le Directoire de son départ probable pour la France.	504
U.*	24 mars 1799.	4 germ. an 7.	Lettre de Louis Bonaparte, à Monsieur Aurel, relativement au Souper de Beaucaire.	509
V.	26 mai 1799.	7 prair. an 7.	Lettre du Directoire, au général Bonaparte, qui est autorisé à quitter son armée s'il le juge convenable.	510
W.	12 oct. 1799.	20 vend. an 8.	Note sur le passage à Valence du général Bonaparte, revenant d'Egypte.	511
X.	14 oct. 1799.	22 vend. an 8.	Lettres du général en chef Championnet au Directoire, remplies de louanges et de vœux sur le général Bonaparte.	512
Y.	5 nov. 1799.	14 brum. an 8.	Manuscrit trouvé à l'île d'Elbe et attribué à Napoléon.	515
Z.	...... 1821.	....	Testament et Codicilles de Napoléon.	525

TABLE.

CHAPITRE I.

Généalogie; naissance, enfance de Napoléon; son départ pour la France continentale.
(Du 15 août 1769 à la fin de 1778.) . . . Page 1

CHAPITRE II.

Florence, le grand Duc; collége d'Autun; Charles Bonaparte à Paris; preuves de noblesse; admission à l'école royale militaire de Brienne; arrivée dans cet établissement.
(De la fin de 1778 au 23 avril 1779.) 17

CHAPITRE III.

Arrivée à l'Ecole militaire de Brienne-le-Château; Napoléon fabuliste; Cartel; départ pour Paris.
(Du 25 avril 1779 au 17 octobre 1784.) 27

CHAPITRE IV.

Arrivée à l'Ecole royale militaire de Paris; Napoléon législateur; mort de Charles Bonaparte, son père; lieutenant en second; départ pour Valence.
(Du 19 octobre 1784 au commencement d'octobre 1785.) 59

CHAPITRE V.

Napoléon, lieutenant en second d'artillerie, à Valence; historien.
(De la fin d'octobre 1785 au 12 août 1786.). . . 77

CHAPITRE VI.

Révolte à Lyon; départ successif des deux bataillons du régiment de la Fère pour cette ville, et plus tard pour Douai; ce corps est détaché sur les côtes de l'Océan dont il s'éloigne bientôt pour aller tenir garnison à Auxonne, où le rejoint Napoléon à l'expiration du semestre qu'il avait obtenu à Douai.
(Du 12 août 1786 au 1er mai 1788.) 101

CHAPITRE VII.

Napoléon rejoint son régiment à Auxonne; phrénologie; lettre à Paoli; révoltes; course à Montcenis; semestre.
(Du 1er mai mai 1788 au 1er septembre 1789.) . 121

CHAPITRE VIII.

Napoléon va en semestre dans son pays; l'abbé de Saint-Ruf; adresse à l'Assemblée nationale; lettre à Buttafuoco; Napoléon retourne à son corps avec son frère Louis.
(Du 1er septembre 1789 au 1er juin 1790.) . . . 139

CHAPITRE IX.

Napoléon et son frère Louis; Napoléon, aumônier;

courses à Dôle, à Citeaux et à Nuits; retour à Valence avec Louis Bonaparte.
(Du 1ᵉʳ juin 1790 aux derniers jours d'avril 1791.) 147

CHAPITRE X.

Napoléon revient tenir garnison à Valence comme premier lieutenant; court après la palme académique; obtient un congé pour aller en Corse et part de Valence avec son frère Louis.
(Du commencement de mai 1791 au 1ᵉʳ octobre de la même année.) 163

CHAPITRE XI.

Napoléon arrive en Corse; assiste à la mort de son grand-oncle Lucien; est nommé capitaine en second d'artillerie, et successivement adjudant-major et lieutenant-colonel en second d'un bataillon de volontaires nationaux corses.
(Au moins du 15 octobre 1791 au mois de mai 1792.) 191

CHAPITRE XII.

Napoléon, dénoncé, se rend à Paris, s'y justifie; journées des 20 juin et 10 août 1792; il ramène sa sœur Marie-Anne (Elisa) en Corse, où il est nommé lieutenant-colonel en premier du second bataillon des volontaires nationaux corses.
(Du mois de mai 1792 au mois de novembre de la même année.) 213

CHAPITRE XIII.

Expédition de Sardaigne, contre-attaque sur les îles de la Madeleine et de Saint-Etienne; Bonaparte en commande l'artillerie; ses discussions et sa rupture avec le général Paoli qui le fait exiler de Corse, ainsi que sa famille.
(De novembre 1792 au commencement de juin 1793.) 227

CHAPITRE XIV.

Napoléon arrive à Marseille avec les siens qu'il y laisse; il va joindre son régiment à Nice; il est chargé d'une mission qu'interrompt l'expédition du général Carteaux dans laquelle il prend part; souper de Beaucaire; Napoléon paraît au siége de Lyon; il va à Auxonne, à Vonges, de là à Paris, enfin, sous Toulon.
(Du commencement de juin 1793 au 22 septembre 1793 ou 1er vendémiaire an 2.). 243

CHAPITRE XV.

Napoléon commande l'artillerie du siége de Toulon, d'abord comme capitaine, plus tard comme chef de bataillon; concourt puissamment à la prise de cette place; il est nommé provisoirement général de brigade par les Représentants du peuple, délégués par la Convention nationale près l'armée d'Italie.
(Du 22 septembre 1793 ou 1er vendémiaire an 2 au 20 décembre 1793 ou 30 frimaire an 2.) . 265

CHAPITRE XVI.

Le général Bonaparte se rend de Toulon à Marseille ; la bonne aventure ; il est confirmé dans son grade de général de brigade d'artillerie ; est chargé du commandement en chef de cette arme à l'armée d'Italie et de l'armement du littoral ; dénoncé ; part pour Nice, quartier-général de cette armée.
(Du 22 décembre 1793 ou 2 nivose an 2 au (6)? mars 1794 ou 16 ventose an 2.) 299

CHAPITRE XVII.

Napoléon arrive à Nice ; prend le commandement en chef de l'artillerie de l'armée d'Italie, et concourt, avec elle, à de beaux faits d'armes, dont plusieurs sont attribués aux talents du général Bonaparte.
(Du 11 mars 1794 ou 21 ventose an 2 au moins, au 9 juillet 1794 ou 21 messidor an 2.). . . . 311

CHAPITRE XVIII.

Mission ; 9 thermidor ; suspension ; arrestation ; secret ; justification ; élargissement ; prétendue destitution ; réintégration réelle, quoique non avouée.
(Du 13 juillet 1794 ou 25 messidor an 2 au 18 septembre 1794 ou 2ᵐᵉ jour complémentaire an 2.). 327

CHAPITRE XIX.

Nouveaux succès de l'armée d'Italie auxquels

s'associe son général d'artillerie; Bonaparte et madame T.....; il quitte l'armée.
(Du 19 septembre 1794 ou 3ᵐᵉ jour complémentaire an 2 au 4 janvier 1795 ou 15 nivose an 3.) 337

CHAPITRE XX.

Marseille; Toulon; expédition maritime; Napoléon sauve la famille de Chabrillan, prétendue émigrée; réformé, retourne à Marseille.
(Du 7 janvier 1795 ou 18 nivose an 3 au 21 avril 1795 ou 2 floréal an 3.). 353

CHAPITRE XXI.

Le général Bonaparte arrivé à Marseille, y donne quelques ordres, prend congé de sa famille et part pour la capitale en passant par Avignon, Montelimar, Valence, Lyon et Châtillon-sur-Seine.
(Du 21 avril 1795 ou 2 floréal an 3, à une époque qui doit être antérieure, au 20 mai 1795 ou 1ᵉʳ prairial an 3.) 365

CHAPITRE XXII.

Arrivée à Paris; démarches inutiles auprès d'Aubry; Napoléon refuse le commandement d'une brigade d'infanterie dans la Vendée; est employé au comité de la guerre; mémoires et projets pour l'armée d'Italie; programme d'une mission militaire en Turquie; est destitué par Bourienne.
(Depuis une époque postérieure au 20 mai 1795 ou 1ᵉʳ prairial an 3, mais antérieure au 27 mai

1795 ou 8 prairial an 3 jusqu'au 23 septembre
1795 ou 1ᵉʳ vendémiaire an 4.) 375

CHAPITRE XXIII.

Constitution de l'an 3; fermentation dans la capitale; Napoléon et Barras; Napoléon, général en second provisoire de l'armée de l'intérieur; Napoléon et Menou; journées des 13 et 14 vendémiaire an 4 ou 5 et 6 octobre 1795; Napoléon confirmé.
(Du 23 septembre 1795 ou 1ᵉʳ vendémiaire an 4 au 10 octobre 1795 ou 18 vendémiaire an 4.) 407

CHAPITRE XXIV.

Napoléon et Eugène... et la vicomtesse de Beauharnais; Napoléon, général de division; général en chef de l'armée de l'intérieur; de celle d'Italie; la cape et l'épée; mariage de Napoléon et de Joséphine; Napoléon part de Paris, passe à Troyes, Châtillon-sur-Seine, Chanceaux, Dijon, Villefranche, Lyon, Marseille et Toulon, enfin arrive à Nice où il s'installe dans son commandement en chef.
(Du 10 octobre 1795 ou 18 vendémiaire an 4 au 27 mars 1796 ou 7 germinal an 4.). 425

CHAPITRE XXV ou APPENDICE.

Correspondance du général en chef de l'armée d'Italie avec l'ordonnateur Sucy; billets autographes de Napoléon à M. de Sucy pour objet de service, et à Carnot sur Joséphine; mission militaire en Turquie; Joséphine se rend à Milan;

correspondance de Napoléon avec le Directoire exécutif sur Malte et l'Egypte; démission itérative donnée par le général en chef au Directoire qui la refuse; billet autographe à ce sujet que Napoléon adresse à Barras; annonce la paix; son voyage à Rastad et à Paris; Napoléon et Ragnideau; général en chef de l'armée d'Egypte, Napoléon est autorisé à revenir; lettre de Louis Bonaparte au citoyen Aurel; Napoléon passe à Valence; lettres sur lui du général Championnet au Directoire; manuscrit de l'île d'Elbe; Testament et Codicilles de l'empereur Napoléon 457

FIN DE LA TABLE.

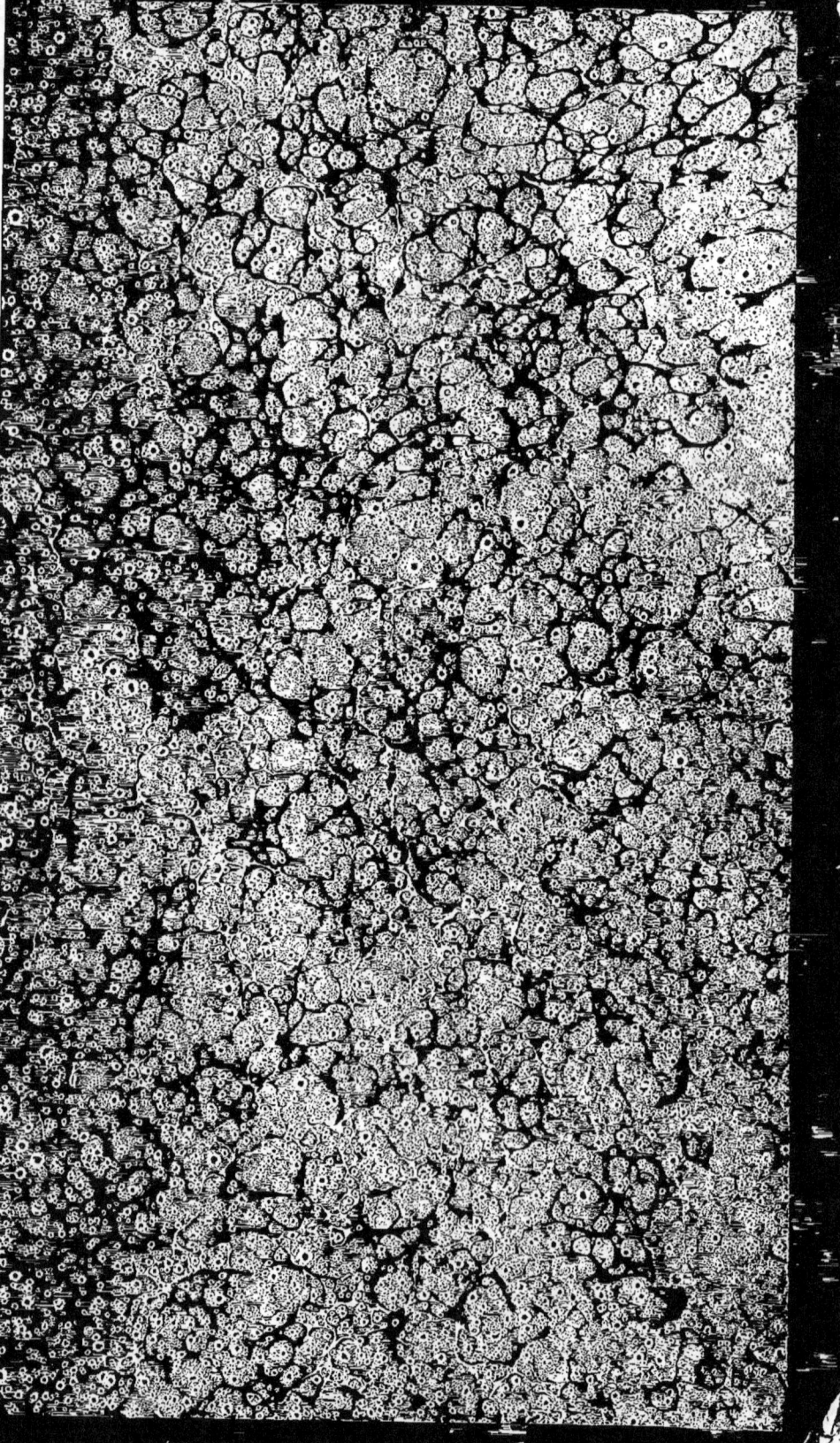

www.ingramcontent.com/pod-product-compliance
Lightning Source LLC
Chambersburg PA
CBHW050420240426
43661CB00055B/2213